Titus Simon

WIR GASSENKINDER

TITUS SIMON

Wir Gassenkinder

EINE SCHWÄBISCHE KINDHEIT
IN DEN 60ER-JAHREN

SILBERBURG

Professor Dr. Titus Simon, Jahrgang 1954, studierte Rechtswissenschaften, Sozialarbeit, Pädagogik und Journalistik. Er arbeitete mit jugendlichen Gewalttätern und in der Wohnungslosenhilfe, dann als Professor. Titus Simon ist verheiratet und hat drei erwachsene Kinder. Beim Silberburg-Verlag hat er bereits drei Romane veröffentlicht.

Einige Namen der in dieser Erzählung vorkommenden Personen wurden zur Wahrung von Persönlichkeitsrechten geändert. Sollte dieses Werk Links auf Webseiten Dritter enthalten, so machen wir uns die Inhalte nicht zu eigen und übernehmen für die Inhalte keine Haftung.

1. Auflage 2020

Umschlaggestaltung: BUCHFLINK Rüdiger Wagner, Nördlingen.
Coverfoto: © akg-images / ddrbildarchiv.de
Foto Seite 1: Murrhardt,
Platz am Oberen Tor in den 60er-Jahren.
© Bestand Murrhardter Zeitung/Michael Mauser –
Digitalisierung: Andreas Kozlik.
Lektorat: Gertrud Menczel, Böblingen.
Satz und Layout: Sabine Düde,
César Satz & Grafik GmbH, Köln.
Druck: CPI books, Leck.
Printed in Germany.

ISBN 978-3-8425-2290-9

Gelegentlich stellen sich Menschen die Frage, welches ihre früheste Erinnerung ist. In meinem Fall nimmt sie in der Murrhardter Ortsdurchfahrt ihren Ausgang. Ich darf an einer Ausfahrt im betagten Mercedes des Fahrradhändlers Holubek teilnehmen. Noch heute sehe ich das einem Kind riesig erscheinende Wageninnere. Über mir der schmuddelige Himmel, zu beiden Seiten Erwachsene. Die Beine ausgestreckt, da zu kurz, um in den Knien abgewinkelt den Boden zu erreichen. Vor mir die rissigen Ledersitze, deren brüchiges Rot von aufgebrochenem Naturbraun konturiert wurde. Auf dem Beifahrersitz lümmelte stets Frau Holubek, meist rauchend, gelegentlich einen Blick nach hinten werfend. Vom Fahrer blieben mir die großen geröteten Ohren in Erinnerung, das kahle Haupt meist unter einer Ledermütze verborgen.

Langholz

Dies ist die Geschichte eines unscheinbaren Hauses und seiner bunt zusammengewürfelten Bewohnerschaft. Ohne Krieg, Flucht, Vertreibung, Suche und Neubeginn wären sich viele der hier zusammentreffenden Menschen nie begegnet. Auch manche Liebschaft wäre nicht entstanden, und eine ganze Reihe Kinder wäre nie geboren worden. Aus diesem Grund ist dies auch ein Teil meiner Geschichte. Sie erzählt Momente meiner Kindheit und lässt markante Charaktere der aus Schwaben und Flüchtlingen bestehenden Familienzweige sichtbar werden.

Es ist die Zeit, in der ich vieles bereits wahrnehmen, spüren und erfahren konnte, manches in mich aufsog wie ein Schwamm, ohne freilich alles zu verstehen oder richtig zu deuten.

Der aus Richtung Gaildorf kommende Durchgangsverkehr floss damals noch durch den ersten Zipfel der Fornsbacher Straße und bog in einer gleichermaßen scharfen wie engen Rechtskurve in die Hauptstraße ein, die einige Jahre zuvor Adolf-Hitler-Straße geheißen hatte. Die starke Zunahme des Verkehrs und die wachsende Zahl ausladender Fahrzeuge machten die Durchfahrt zu einer Angelegenheit, die abenteuerlich war und häufig unvermeidlich zu einem Unglück führte. Wenn sich tagsüber ein Langholzfahrzeug mit einer frischen Holzladung näherte, sprangen wir Kinder herbei, um sensationslüstern zu schauen, ob wieder etwas passierte. Erwachsene verweilten ebenso neugierig, sofern sie Muße hatten. Aus dem Anwesen, das keineswegs nur im übertragenen Sinne immer wieder Stein des Anstoßes wurde, trat dann auch der Bäckermeister aus der Tür. Neben ihm lugte der Kopf seines Gesellen Ernst Hudelmaier hervor. Meist nutzte er die Gelegenheit, sich rasch eine Zigarette anzuzünden.

Wenn ich zu ihm in die Backstube kam, durfte ich gelegentlich süße Reste auskratzen. Später ließ er mich heimlich rauchen.

Die Kurve wurde aufs Unvorteilhafteste von der Bäckerei verstellt, die damals gleich gegenüber dem *Kronenladen* stand, den manche noch immer das *Banzhaf'sche Haus* oder *Bei 's Banzhafa* nannten, nach dem Besitzer, der bis Mitte der Dreißigerjahre ein gemischtes Warengeschäft betrieb und nebenbei auch noch als Orts- und Steuerbeamter wirkte. In meiner frühen Kindheit hieß die Bäckerei noch *Kinzers Bäck*. Nachdem der Bäckerssohn kurz nach dem Vater gestorben war, wurde das Haus verkauft. Die Backstube beließ man im alten Zustand. Vorne war jetzt nicht mehr nur ein Brotverkauf. Im neuen *VIVO* gab es neben Brot auch andere Lebensmittel. Bäcker Scholz war eingezogen, dessen Tochter mit mir die letzte Grundschulklasse besuchte.

Im Jahr zuvor waren wir Grundschüler noch in dem heruntergekommenen Grabenschulhaus untergebracht gewesen. Unsere neue Lehrerin hatten wir mit *Fräulein Ende* anzusprechen. Deren Pädagogik wurzelte tief in ihrer Vergangenheit, ihrer bis ans Lebensende ungebrochenen nationalsozialistischen Gesinnung. Ein Jahr später waren wir die Ersten, die ein Schuljahr lang im neu unterhalb des Stadtgartens errichteten Atriumbau unterrichtet wurden. Die vierte Klasse durfte ich beim Lehrer Frank verbringen. Die Zeit bei ihm – auch er ein Flüchtling – war die schönste meiner gesamten Schulzeit. Er war der Erste, der mir das Gefühl vermittelte, dass ich Fähigkeiten besaß, dass etwas in mir steckte.

Um das Tohuwabohu bei der Kurvenfahrt von Langholzfahrzeugen und Schwertransportern an dieser neuralgischen Stelle verfolgen zu können, musste Schuhmacher Wohlfahrt nicht eigens auf die Straße hinaustreten. Er saß im Haus schräg gegenüber im ersten Stock vor einem großen Fenster auf seinem eigens erhöhten Arbeitsplatz, von dem aus wenigstens zwei Generationen Schuhmacher das historische Germaniaeck vollständig überblicken konnten. Wenn sich in Blickrichtung Kino oder *Linde* etwas ereignete, was für ihn von Interesse war, reichte es aber nicht, neugierig den Hals zu recken. Nun musste auch er sich bequemen, von seinem Podest herunterzusteigen. Der darauf eingerichtete Arbeitsplatz des Schuhmachers war das Herzstück von Werkstatt und Laden.

Es gehörte zum Kindsein in der damaligen Zeit, dass man, etwa weil es draußen regnete oder kein anderer zum Spielen auftauchte, in diese oder jene Werkstatt hineinhuschte und eine Zeit lang den Handwerkern zuschaute, die meist schweigend ihre Arbeit verrichteten. Meister Wohlfahrt hatte freie Sicht auf die ersten Häuser der Fornsbacher Straße und auf alles, was sich zu seiner Linken abspielte. Damals überwog noch eine gänzlich andere Bebauung und Nutzung dieses Areals. Auf die wie ein Korken in den Flaschenhals der Straßenführung hineinragende Bäckerei habe ich bereits verweisen. Daran schloss, das erste Haus der Riesbergstraße bildend, ein später abgerissener Fachwerkbau an. In meinen Kindertagen wohnte darin der Altmetallhändler Sahm. Einige Jahre später befand sich dort auch die Zahnarztpraxis Nittel-Feldmann. Bei der Behandlung strichen den Patienten Katzen um die Füße. Das einst stattliche Fachwerkhaus war, wie viele andere auch, in den Sechzigerjahren auf scheußliche Weise mit grauem Eternit verkleidet worden. Die gegenüberliegende Wohlfahrt'sche Schuhmacherei beherbergte in früheren Zeiten das Gasthaus *Germania*. Die Außentreppe zu den Schankräumen war schon in früheren Jahren abgerissen worden.

Auf der Verlängerung der Fornsbacher Straße liegt heute die Einmündung der Gartenstraße, die in den Achtzigerjahren im Zuge des städtebaulichen Projekts *Gartenstraßendurchbruch* entstand. Die eng stehende Bebauung bildete einstmals den überschaubaren *Platz am Oberen Tor*. An die Bäckerei schloss das Geschäft des Elektrikers Horn an. Der ruhige Mann war eine Zeit lang unser wichtigster Händler für Märklin-Eisenbahnen und alle weiteren benötigten Elektroteile. Ganz ins Eck gedrängt befand sich die Küferei Stecher, an die sich ältere Murrhardter noch Jahrzehnte nach deren Schließung unter dem volksmundigen Namen *Hobelbank-Bar* erinnern können. Der findige Küfer machte der örtlichen Gastronomie durch einen regen Schwarzausschank Konkurrenz. Mehrere Generationen betrieben im Nachbarhaus die Schreinerei Pfund. Sie gehörte zu den Orten, an denen ich bei schlechtem Wetter als stiller Gast und Betrachter handwerklicher Arbeit Duldung fand.

Im mittlerweile abgerissenen Eckhaus Brunnengasse 1 befand sich die *Altvater-Drogerie*. Der Drogist Ernst Tobias war einer der zahlreichen Flüchtlinge, die es nach Murrhardt verschlagen hatte. Er stammte aus dem Altvater-Gebirge, das sich am östlichen Rand der Sudeten über Teile Niederschlesiens und Nordmährens erstreckt und heute auf polnischem und tschechischem Territorium liegt. Die Wintersportbegeisterten des schlesischen Bäderviertels, zu denen auch mein Vater gehörte, unternahmen vor dem Zweiten Weltkrieg dorthin gelegentlich Ski-Ausflüge. Tobias hatte sein neues Geschäft nach seiner alten Heimat benannt. Betrat man die Drogerie, so befand man sich in engen, niedrigen Räumen, in denen jeder Quadratzentimeter mit Drogerieartikeln zugestellt war.

Für die Mutter und die Großmutter hatte ich dort regelmäßig kleine Besorgungen zu machen. So auch an jenem Tag, als ich auf dem Weg zur Drogerie auf dem winzigen, leicht abschüssigen Vorplatz des Hauses einen laubfroschgrünen *Messerschmitt-Kabinenroller* stehen sah, den Spötter als den *Düsenjäger des kleinen Mannes* belachten. Der Kleinwagen besaß eine Plexiglashaube, die zum Einsteigen über ein Scharnier nach rechts übergekippt werden musste. Der Fahrer und eine weitere Person saßen hintereinander. Das Gefährt wurde mit einem Motorradlenker gesteuert. Kindlicher Übermut brachte mich an diesem Nachmittag auf den Gedanken, dass ich kräftig genug sein müsse, den Kleinwagen anzuschieben. Das Gefährt war überraschend leicht zu bewegen und rollte auf dem sanften Gefälle in Richtung Hauptstraße. Erschrocken zerrte ich an dem Gepäckgitter, das am kurzen Heck angebracht war. Aber was ich angeschoben hatte, war von mir nicht zu halten. Wohl auf die drohende Gefahr aufmerksam geworden, kam der Besitzer aus der Drogerie gerannt und brachte das Gefährt zum Stehen. Er hatte vergessen, die Handbremse anzuziehen, weshalb sein Tadel milde ausfiel.

Vor dem engen Durchgang zum Hinterhof meiner Großeltern gelangte man zur *Milchzentrale*, einer Zweigstelle der Murrhardter Molkerei, die sich in der Karlsstraße befand. Wer es sich leisten konnte, holte sich für 10 oder 20 Pfennig eine Waffeltüte mit Schlagsahne. Gleich daneben war die *Kronenmetzgerei,* damals noch mit Schlachterei im hinteren Gebäudeteil. Am Schlachttag lief das abgespülte Blut in dicken Strömen in die Kandel. Wir Kinder sahen vom Hof der Großeltern aus mit großer Selbstverständlichkeit dem Schlachtbetrieb zu. Wenn wir zu naseweis durch das Fliegengitter gafften, spritzte ein Metzger uns mit dem Wasserschlauch nass.

Die früher zugehörige Wirtschaft war längst aufgegeben worden, wie auch der schräg gegenüberliegende *Löwen.* Die aus diesem Hause stammende Wirtstochter gehörte zu den *Batschweibern*, die sich regelmäßig zum Tee bei meiner Großmutter einfanden. Gleich neben dem früheren *Löwen* hatte der Friseur Kübler seinen Salon. Auch dessen Mutter gehörte zu den alten Damen – in der Mehrzahl waren es Witwen –, die regelmäßig bei meiner Großmutter zu Gast waren. Dessen Sohn Klaus, einige Jahre jünger als ich, spielte mit großem Talent mit uns Älteren in den Höfen und auf den Straßen Fußball. Er war später mehrfacher deutscher Meister im Dreisprung und in dieser Disziplin auch Olympiateilnehmer.

Wenn nun die Langholzlaster sich Zentimeter um Zentimeter in die enge Kurve einschmiegten, verfolgten viele aus den genannten Häusern und Geschäften gespannt den weiteren Fortgang. Jene, die auf ihren Haarschnitt warteten, mischten sich unter die langsam größer werdende Gruppe Schaulustiger. Die hochbeladenen Fahrzeuge hielten in der Regel erst einmal an. Ein Beifahrer sprang aus dem Führerhaus, rannte ans Fahrzeugende und nahm auf einem eisernen Notsitz Platz, der in Höhe der Hinterachse angebracht war. Dort eines Tages als der *Schwigger* zu sitzen, der den Nachläufer steuerte, war der Traum vieler Jungen. Bei Regen und Sturm, Eis und Schnee, kurzum bei jeder Witterung nahm der eben noch unsichtbare Begleitmann diesen Platz ein. Jetzt fuhr der Holzlaster wieder vorsichtig an. Im Bemühen, den größtmöglichen Radius zu finden, streifte die Schnauze der Zugmaschine fast die Außenwand der Bäckerei. Zahlreiche Schleifspuren und graubraune Riefen auf dem Verkehrsschild, das den Weg nach Backnang wies, zeugten davon, dass nicht alle die Ideallinie gefunden hatten. Die Gaffer interessierte höchstens am Rande, ob die Zugmaschine das Haus oder das Schild touchierte. Wir wussten längst, dass der kritische Moment kam, wenn sich das linke Vorderrad über die Kante des Bordsteins wälzte, um noch die letzten Zentimeter des schmalen Gehwegs zu nutzen. Alle, die diese Zentimetergenauigkeit abfordernden Lenkmanöver beobachteten, waren darauf gespannt, ob das Zusammenspiel zwischen dem Fahrer und dem Mann, der die Kurbel über der Hinterachse drehte, so präzise war, dass das Gefährt die enge Kurve bewältigte, ohne

Schaden anzurichten. Zentimeter um Zentimeter schob sich die Zugmaschine die dunkelgraue Hauswand entlang. Rufe hallten hin und her. Der Mann, dessen Beine unter dem eisernen Schalensitz baumelten, kurbelte in rasender Geschwindigkeit am Steuerrad, das in kleinstmöglicher Übersetzung die schwer belastete Hinterachse unsichtbar um wenige Grad verschob. Hin und wieder hielt er inne, um dann sofort wieder schnellstmöglich das Rad zu drehen. Erneut schallten Rufe hin und her. Es waren knappe Anweisungen, manchmal Kürzeln ähnlich, deren Sinn sich nur den Beteiligten erschloss.

Wenn der Fahrer so dosiert Gas zu geben versuchte, dass das linke, scharf eingeschlagene Vorderrad die Bordsteinkante erklomm und ein, zwei Fußlängen entlangrollte, hielten die Schaulustigen den Atem an. Längst staute sich der Gegenverkehr bis zum Marktplatz oder noch weiter zurück, und auch hinter dem Langholzwagen hatte sich eine Schlange gebildet, die über die Waagenfabrik hinaus bis zum *Spintex* reichte. Die Ortskundigen fuhren schon seit geraumer Zeit an den *Murrlichtspielen* vorbei die Lindengasse hinunter, um die Blockade zu umgehen.

Wieder heulte der zwischenzeitlich gedrosselte Motor auf. Zentimeter um Zentimeter schob sich das Ungetüm um die Kurve. Wenn es gut ging, ruckelte der längste Stamm, an dem ein signalroter Lappen befestigt war, haarscharf am Schaufenster des Schuhmachers vorbei, ließ es zur leisen Enttäuschung des Publikums heil bleiben.

Doch manchmal, und ich meine, das in meiner Kindheit des Öfteren erlebt zu haben, wippte der längste Stamm zu unruhig oder war um eine Handspanne zu ausladend. Dann konnte der *Schwigger* noch so laut brüllen. Der Fahrer hörte ihn nicht mehr. Zu gewaltig dröhnte der Motor. Klirrend barst die Scheibe. Scherben fielen in das Innere des Schaufensters und auf den Gehweg. Der Schuhmacher blieb stets ruhig. Man sah ihn nicht einmal gestikulieren. Vielleicht war die Entschädigung durch die Versicherung so lukrativ, dass er als erfahrener Geschädigter gar nicht erst in Rage geriet. Oder er hatte gelernt, das Unvermeidliche gelassen hinzunehmen.

Ja, wenn ich's recht bedenke, habe ich Albert Wohlfahrt immer als ruhigen, eher leisen Zeitgenossen erlebt. Wenn man von der Riesbergstraße aus das ebenerdig angelegte Schuhgeschäft betrat, ertönte eine laute Klingel. War keine Kundschaft im Laden, stand meist niemand hinter der Verkaufstheke, hinter der sich eine Fülle eingelagerter Schuhschachteln in die Höhe türmte. Irgendwann ging im darüber gelegenen Stockwerk eine Tür auf, von der eine steile Treppe in den Laden hinabführte. Links und rechts der Treppe waren weitere Ablagen angebracht, in denen auch der kleinste Winkel mit Schuhen zugestellt war. Oben in der Werkstatt thronte der Meister auf seinem Arbeitsplatz. Rechts davon lag eine Wohnküche. Leder-, Leim- und Essensdünste vermengten sich.

Gleich gegenüber lag das großelterliche Haus. Für mich war es das Zentrum einer Welt, die aus Gärten, Bachrandstreifen, Plätzen, Straßen, Gassen, Höfen, Hausfluren und Werkstätten bestand und für Kinder frei zugänglich war.

Die Häuserzeile wurde gegen Ende des 19. Jahrhunderts errichtet. Sie reichte als geschlossener Block vom Bekleidungsgeschäft *Kronenladen* bis zum Steinmetz Griesheimer, der meist gebückt in eingestaubter blauer Montur über einem Grabstein werkelte. Das Haus mit der Nummer 3 erbaute der Küfermeister Carl Geistdörfer, mein Urgroßvater. Nachdem zwei Ehen kinderlos geblieben waren, heiratete er in fortgeschrittenem Alter ein drittes Mal. Aus der Verbindung mit meiner Urgroßmutter Gottliebin gingen die schönen Töchter Luise, Friederike und Lina hervor.

Am Gebäude erinnert ein in die hintere Natursteinwand eingelassener und später ausgemauerter riesiger Torbogen an die frühere Funktion. Die Öffnung war so ausladend, dass es ein Leichtes gewesen sein muss, einen Pferdewagen ins Innere zu bugsieren, um eines oder gar mehrere reparierte oder neu gebaute Holzfässer aufzuladen. Nach dem Tod des Küfers hatte man das hintere Tor vermauert. Der Laden und die hinteren Räume wurden an Gustav Gauß vermietet, der dort ein elektrotechnisches Installationsgeschäft betrieb und wohl der erste Elektriker Murrhardts gewesen ist. Kurz nach Kriegsende unternahm mein Großvater einen letzten Versuch, nach zwei Konkursen an dieser Stelle wieder als Kaufmann zu reüssieren. Während seine Schwarzmarktgeschäfte bis 1948 erfolgreich verliefen, scheiterte er mit dieser Unternehmung. Bis in die Neunzigerjahre war hinten eine Holztür erhalten geblieben, durch die man Laden und Geschäft vom Hof aus betreten konnte. Im Innern befand sich eine unbeheizte Küche mit altmodischem Spülstein und einer winzigen Kochgelegenheit. Später kam ein Abtritt hinzu, den man auf abenteuerliche Weise an die geschlossene Jauchegrube angeschlossen hatte. Das Plumpsklo im Erdgeschoss bereitete allerhand Probleme. Es stank bestialisch.

Man betrat das Haus von der Fornsbacher Straße. Über eine klobige, mit einem kleinen Drahtglasfenster versehene Haustür gelangte man direkt auf das betonierte Trottoir. Der Hausflur verlief nahezu ebenerdig und führte in seiner linken Hälfte zur untersten Treppe. Im hinteren rechten Teil war der Abstieg in einen ziegelgemauerten, stets muffelnden Keller. Bei Starkregen nahm der üble Geruch noch weiter zu. Eine zweiteilige Holzklappe überspannte das Treppenloch. War sie geöffnet und mit Riegeln an der Wand befestigt, tastete man sich über eine klapprige Holztreppe in den immer feuchten Keller hinunter, der für die Einlagerung verderblicher Dinge ungeeignet war.

Über die heruntergeklappte Holzabdeckung gelangte man zu einem lichtlosen Raum, dessen obere Begrenzung die ins Innere abfallenden Stufen der darüberliegenden Treppe bildeten. Er beherbergte Kohlen und Briketts, die über den Hausflur bequem eingelagert werden konnten. Später, als wir Kinder im entsprechenden Alter waren, wurde seitlich eine Fläche freigemacht, um Kinderräder, Roller und Radelrutsch unterzubringen. Oberhalb der ersten Treppe eröffnete sich ein geräumiger Treppenabsatz, der uns vor allem bei schlechtem Wetter als Spielfläche diente. Erwachsene, die nach oben oder unten wollten, mussten sich vorsichtig zwischen aufgebauten Türmen, Menagerien oder in Schlachtformationen positionierten Plastikcowboys, Indianern oder Spielzeugsoldaten hindurchtasten.

Zweimal im Jahr kam ein beleibter Hausierer ins Haus, der schwer atmend den ersten Treppenabsatz erreichte, kurz verharrte und grußlos zwischen unseren Aufbauten hindurchtapste. Helmut trug sommers wie winters den immer gleichen abgewetzten beigen Trenchcoat, der von einem defekten Gürtel gleicher Farbe gehalten wurde. Der Mann hatte einen großen Koffer bei sich, den er schwitzend bis vor die Glastür der großelterlichen Wohnung wuchtete. Wenn meine Großmutter nach seinem Klingeln an die Tür kam, öffnete er den Koffer. Er enthielt ein großes Sortiment an Bürsten aller Art, von denen die meisten in eigens gefertigten Gummihalterungen steckten. Helmut gehörte zu den rund 400 000 Menschen, die im Dritten Reich in Folge des *Gesetzes zur Verhütung erbkranken Nachwuchses* unfruchtbar gemacht worden waren. Auf Empfehlung von Ärzten hatte in seinem Fall das Stuttgarter Erbgesundheitsgericht entschieden, dass dem damals noch Minderjährigen im Städtischen Krankenhaus Bad Cannstatt *die Samenleiter residiert und unterbunden* wurden. Während unseres Spiels hörten wir seine fragmentarischen Erzählungen. Manchmal weinte er über sein Unglück. Dann nahm er seine altmodische, beschlagene Brille ab und wischte sich mit einem unsauberen Taschentuch übers Gesicht. Stets kaufte meine Großmutter ihm eine oder mehrere Bürsten ab. Wenn er seinen unförmigen Koffer wieder an uns vorbeischleppte, rückten wir verlegen zur Seite. Später hatte Helmut eine sichtlich verwahrloste, leicht verwirrte Frau bei sich, die er meiner Großmutter als seine Verlobte vorstellte. Wir Jungen waren darüber sehr verwundert, spekulierten fantasievoll darüber, wie *das gehen könne, wenn er doch nicht könne*. Rehabilitiert wurden Betroffene erst 2007. In den Genuss der 2011 vom Bundestag beschlossenen Entschädigungsansprüche wird Helmut wohl nicht mehr gekommen sein.

Auf der Höhe des Treppenabsatzes fiel Licht durch ein doppel- und ein einflügeliges Fenster. Wenn man das größere öffnete, gelangte man in gebückter Haltung über eine einfache, vor die Außenwand gestellte Holztreppe auf das *Höfle*. Wir Kinder hatten einen idealen Durchschlupf dorthin, wo die meisten unserer Spiele stattfanden. Aber auch meine siebzigjährige Großmutter stieg hier häufig ein und aus, etwa dann, wenn im Schuppen Holz zu holen war oder sie auf dem kürzesten Weg zur *Milchzentrale* wollte, um dort, was nur hin und wieder vorkam, selbst einzukaufen. Vor allem anderen war das ihr heiß geliebter Quark. Lediglich mein Großvater – weil zu beleibt – und meine Mutter – im Bemühen, ihre schicke Kleidung nicht zu verschmutzen und ihre kunstvoll hochgesteckte Frisur nicht zu derangieren – mieden diesen Hinausschlupf. Gemächlich spazierte mein Großvater ums Geviert, schlurfte, dabei mehrfach die Richtung wechselnd, an drei Seiten des *Kronenladens* vorbei und erreichte zwischen dem *Banzhaf'schen Haus* und dem vorderen Teil der *Kronenmetzgerei* das Höfle.

Dort war unser Spielplatz und manchmal auch der Ort, an dem wir Kinder ganze Nachmittage beim Holzmachen helfen mussten. Es begann mit dem Anliefern mehrerer Raummeter

Brennholz. Weitere kleine Mengen wurden vom Großvater mit dem Leiterwagen aus der Franzenklinge und aus dem Garten angekarrt. An einem trockenen Nachmittag tastete sich ein alter Bulldog an der Milchzentrale vorbei in den schmalen Hof. August Schäf, der ungefähr das Alter meines Großvaters hatte und in der Stadt auch für die Leerung der Gruben zuständig war, kam mit einer Bandsäge, die fest auf den Traktor montiert war. Nur wenige Worte wurden gewechselt, dann setzte sich das Band der Säge singend in Bewegung. Im Wechsel mit dem Großvater reichte ich dem Säger die Meterstücke, die er auf den Sägetisch legte und drei- oder viermal durchtrennte. Die *Hurgel* stapelten sich zu einem Haufen, der an Höhe und Umfang stetig wuchs. War das letzte Meterholz zersägt, schaltete Schäf das Gerät ab und bremste mit einem flach angelegten Stück Holz den Lauf des Bandes. Zügig wurde ein Glas Most getrunken, dann der Lohn errechnet und ausbezahlt. Vorsichtig lenkte der Säger den Traktor rückwärts wieder auf die Hauptstraße hinaus. Das Sägemehl wurde in eine Zinkwanne geschaufelt und mit dem Leiterwagen in den Garten gebracht. Auch an den kommenden Tagen gab es Arbeit. Während der Großvater gemächlich das Holz spaltete, sammelte ich die Scheite in einen Weidenkorb, dabei stets darauf achtend, nicht von einem umherfliegenden Holzstück getroffen zu werden. Die hintere Hälfte des an das Haus angebauten Holzstalls war mit rohen Bretterwänden so abgeteilt worden, dass das gespaltene Holz bis unters Dach gestapelt werden konnte. Mehr als ein *Fuffzgerle* sprang bei dieser Schufterei nicht raus.

In den Fünfziger- und Sechzigerjahren wohnten im Haus der Großeltern immer noch Flüchtlinge. Es herrschte nicht mehr die drückende Enge der unmittelbaren Nachkriegszeit. Der Laden beherbergte jetzt das Fahrradgeschäft Holubek. Schon am Namen war zu erkennen, dass es sich hier um Zugezogene handelte, Flüchtlinge aus dem Sudetenland. Das ebenerdig gelegene Geschäft war ein weiterer Mosaikstein meiner kindlichen Erlebniswelt. Holubeks waren die Einzigen, die ein Telefon besaßen. Das mächtige schwarze Ungetüm stand auf einer Verkaufsauslage, deren einzelne Gefache mit gerahmten Glasplatten abgedeckt waren. Darunter befand sich alles, was gebraucht wurde: Schrauben und Muttern jeder Größe, Fahrradlampen, Birnchen, Ventile, Züge für die verschiedenartigen Gangschaltungen, zusammengefaltete Schläuche, Flickzeug. Auch die von uns so begehrten Taschenlampen samt zugehörigen, für uns Kinder oftmals kaum erschwinglichen Batterien gab es zu kaufen.

Wer zum Holubek kam, wurde von vielfältigen Gerüchen empfangen. Öl, Gummi, Klebstoff, Bakelit und die muffeligen Ausdünstungen eines an die siebzig Jahre nicht mehr aufgefrischten Mauerputzes vermengten sich mit den Ausdünstungen einer winzigen Küche, die vom vorderen Raum, der Laden und Werkstatt in einem war, nur durch einen niemals gewechselten Vorhang getrennt wurde. Hinzu kam, dass beide Eheleute starke Raucher waren und von diesem Laster auch während der Arbeit nicht lassen konnten. Im vorderen Raum hatte Holubek zwei Halterungen an die Decke montiert, an denen zu reparierende Fahrräder aufgehängt werden konnten. Helles, gleißendes Licht entsprang mehreren seitlich angebrachten Neonleuchten. Rechts der Eingangstür befand sich ein offener Durchgang zu einem Nebenraum, der auf der einen Seite die Aufmerksamkeit der Jungen, auf der anderen das entzückte Staunen der Mädchen auslöste. Vor der linken Wand stand – nicht ganz im rechten Winkel zu dieser – ein nagelneues Fahrrad neben dem anderen. Nach Kinderfahrrädern mit und ohne Stützräder folgten die von den jugendlichen Gaffern besonders begehrten Räder mit 24er-, 26er- und 28er-Felgengröße. Wenigstens eine Dreigang-Nabenschaltung musste es sein. Kühne Schwärmer fabulierten von Fünf- und Zehngangschaltungen. Manchmal schwebte über allem ein an dünnen Drahtseilen aufgehängtes Rennrad mit schmalem Sattel, 28 oder gar nur 25 Millimeter breiten Pneus und Kettenschaltung mit bis zu 24 Gängen.

Gegenüber den nagelneuen Fahrrädern befand sich Frau Holubeks Puppenreich. Unzählige Puppen und eine breite Auswahl an Puppenwagen weckten die Sehnsüchte kleiner Mädchen, die sich oftmals von außen am Schaufenster die Nasen platt drückten.

Das Ehepaar blieb zeitlebens kinderlos. Sie waren aus dem Böhmischen geflüchtet und in den Nachkriegswirren in einem Zimmer untergekommen, das eigentlich zur Wohnung meiner Großeltern gehörte. Da es einen eigenen Zugang hatte, konnte es problemlos vermietet werden. Die Bewohner mussten die anderen Räume nicht betreten. Was als vorübergehende Lösung gedacht war, wurde zu einem Jahrzehnte währenden Dauerzustand. Holubeks wohnten bis zu beider Lebensende in einem einzigen Zimmer. Neben dem ausladenden Doppelbett, einem Schrank und einigen Kleinmöbeln war nur noch ein altertümliches Waschbecken vorhanden. Tagsüber hielt sich das Ehepaar in seinem Laden im Erdgeschoss und der dahinter liegenden ärmlichen Küche auf. Die Wärmedämmung hin zu einem unbeheizten Lagerraum, über den man den Hof erreichen konnte, bestand aus Pappen, die auf ein Türgatter genagelt waren.

Welch abenteuerliche, ja gefährliche Konstruktion Holubek hinterlassen hatte, wurde Jahrzehnte später offenbar. Nach dem Tod seiner Frau, die nach dem frühen Ableben ihres Mannes den Laden noch etliche Jahre weitergeführt hatte, suchte die in Murrhardt stark gewordene *Alternativbewegung* Räumlichkeiten für einen Treffpunkt. Der *Holubek* schien geeignet zu sein. Es bedurfte etlicher Gespräche, um die skeptische Zurückhaltung der Vermieterin – meiner Tante – zu überwinden. Als dies gelungen war, machte sich ein Dutzend Enthusiasten daran, den früheren Fahrradladen zu einem Zentrum umzubauen, welches unter dem Namen *Wespennest* geführt wurde. Dort trafen sich etliche Jahre Frauen-, Friedens- und Umweltgruppen. Die grünalternative Gemeinderatsfraktion, die den sperrigen Namen *Murrhardter Demokraten – Alternative Liste* gewählt hatte, führte hier Sprechstunden und Bürgergespräche durch. Und zwischen 1982 und 1991 wurde in den Räumen das 1977 erstmals erschienene *Podium*, ein alternatives Monatsblatt, produziert. Diethard Hauke, ein gelernter Elektriker und späterer Lehrer, hatte sich bereiterklärt, mit mir zusammen die altersschwache Elektroinstallation auszuwechseln. Diese war schon in den vorderen Verkaufs- und Werkstatträumen unzulänglich. Doch das, was wir in der winzigen Küche vorfanden, hatte selbst der ausgebildete Elektriker noch nie gesehen: Mittels starrer Kupferdrähte, wie man sie Kindern mit daran befestigten aufgeblasenen Luftballons in die Hand drückte, hatte der Fahrradhändler auf dem Putz mehrere Verbindungen gelegt. Zum Glück der Hausbewohner war nie ein Brand ausgebrochen. Die ölgetränkten Dielen des Raumes, in dem Holubek die Fahrräder repariert und Naben und Ketten geschmiert hatte, hätten ein Feuer kräftig genährt.

Das Arrangement des Fahrradgeschäfts vervollständigte ein sandfarbener Mercedes 170, Baujahr 1938, in der Ausführung als viertürige Limousine. Der Wagen stand regelmäßig vor dem Laden – sehr zum Ärger derer, die vor der Einmündung der Fornsbacher- in die Hauptstraße anhalten und dann *im Blindflug* auf die Gegenfahrbahn ausscheren mussten, da sie nicht sehen konnten, was ihnen jenseits der Neunziggradkurve entgegenkam.

* * *

Die Umgebung

Wo heute unmittelbar vor der Abzweigung der Straße nach Köchersberg die Firma Bosch zu Hause ist, wurde nach Kriegsende auf freiem Feld ein neuer Betrieb aufgebaut, der zuvor in der nunmehr sowjetisch besetzten Zone – *Ostzone* sagte man damals mit abfälligem Unterton – beheimatet gewesen war. Mit dem notwendigen Know-how und einigen Spezialisten kam ein aus Hartha stammender sächsischer Traditionsunternehmer in die rückständige schwäbische Kleinstadt und gründete zusammen mit zwei Partnern die *Spintex Spinnerei Maschinenbau GmbH.* Innerhalb weniger Jahre fanden hier zahlreiche Einheimische und Vertriebene, die es nach Flucht oder Gefangenschaft nach Murrhardt verschlagen hatte, eine Beschäftigung. Allmählich wurde die mehrere Jahrzehnte währende Vorherrschaft der einheimischen Lederindustrie gebrochen. Die Waagenfabrik Soehnle war – ebenfalls in der Fornsbacher Straße gelegen – zum wiederholten Male erweitert worden. Spintex und später Bosch beschäftigten zusammen mit der Firma Soehnle über 1000 Mitarbeiter. Dass einer der Partner des sächsischen Unternehmers, ein Mann namens Baumann, ein Bosch-Mann gewesen ist, hat wohl die spätere Übernahme durch das Traditionsunternehmen befördert.

Gleich neben den Nachkriegsbauten der Waagenfabrik lag das Eichamt. Daneben wohnte der *Rindsbeutel*, der so hieß, weil er stets seinen von ihm so benannten Geldbeutel suchte. Seine schönen Zwillingstöchter waren Schulkameradinnen meiner Mutter gewesen. Auf der gegenüberliegenden Straßenseite befand sich etwas versetzt der Komplex des früheren Krankenhauses. Bis Ende der Fünfzigerjahre hielt darin die Hebamme Haag noch eine Geburtsstation aufrecht. Trotz Unmutsbekundungen aus der Bevölkerung und energischer Gegenwehr der resoluten Geburtshelferin wurde diese dann ebenfalls geschlossen. Die riesigen Krankenzimmer dienten von nun an der Unterbringung alter Menschen. Pflegebedürftige wurden in Achtbettzimmern untergebracht.

Diese zu durchqueren, gehörte zu den unangenehmsten Pflichten meiner Kindheit. Denn am Ende eines dieser Säle führte eine Tür in ein kleineres Zimmer, in welchem Frau Rotter, eine Bekannte meiner Mutter, wohl ganztägig im Bett lag. Ich hatte der Gelähmten hin und wieder kleine Geschenke zu bringen. Mit bangem Herzen öffnete ich als Zehn-, Elfjähriger einen Flügel der riesigen, massiven Doppeltür, die in eines dieser Mehrbettzimmer führte. Zur Rechten und zur Linken waren nahezu symmetrisch zueinander jeweils vier Betten platziert, die immer belegt waren. Hier lagen nur hochbetagte Frauen. Manche reagierten nicht auf mein Eintreten, was mir mehr als recht war. Andere hoben die Köpfe, soweit es ihre verbliebene Kraft noch zuließ, und reckten ihre mageren faltigen Hälse, um zu sehen, wer da kam. Mich erinnerten die Köpfe an Geier- oder Truthahnschädel. Die eingefallenen, blassen Gesichter verharrten regungslos. Mein verlegen gemurmeltes »Grüß Gott« wurde nur selten erwidert. Meist blieben die blutleeren Lippen stumm. Rasch ins Hinterzimmer gehuscht, die Gabe abgestellt, nochmals ein »Grüß Gott«, so bald als möglich »Auf Wiedersehen« und endlich schnellen Schritts wieder durch das Achtbettzimmer. Minuten später empfand ich es als Wohltat, die Luke des hinter dem Haus erbauten Schweinekobens aufzusperren und hineinzuschnüffeln. Der Gestank der Sau, die hier mit den Essensresten aus der Altenheimküche gemästet wurde, war ein Wohlgeruch im Vergleich mit dem Brodem, der in den Mehrbettzimmern wölkte.

Beim Verlassen des Geländes fand man sich vor der Haltestelle wieder, an der die gelben Postomnibusse hielten, die über Kirchenkirnberg nach Welzheim fuhren. Des Sommers brachen wir von hier gelegentlich zum Ebnisee auf. Die stets gleichbleibende sonntägliche Abfahrtszeit ist mir auch mehr als ein halbes Jahrhundert später noch in Erinnerung: 8 Uhr 23. Rückfahrt direkt ab dem See: 17 Uhr 48.

Wenige Meter weiter in Richtung Innenstadt bog links die Wallstraße ab, deren unterer Teil beidseitig von Gärten gesäumt wurde. Der größte, gleich an die Schlosserei Meier angrenzend, auf der rechten Seite gelegen, gehörte meinem Großvater, der einen nahezu gewerbsmäßigen Gemüseanbau betrieb. Das und der Umstand, dass später auch noch der benachbarte Horn'sche Garten dazugekauft wurde, hatten für mich nachteilige Folgen. Viele halbe Tage verbrachte ich dort mit Umgraben, Hacken, Jäten, Pflaumenernte und Träublezopfen. Und wenn nichts anderes zu tun war, war etwas auszuschneiden, oder der riesengroße Komposthaufen musste umgesetzt werden.

Im günstigsten Fall wurde dies nach getaner Arbeit mit einer Einkehr belohnt. Auf dem Weg zur Wirtschaft passierte man das Anwesen des Viehhändlers Rittberger, der mit seinem verbliebenen einen Arm einen riesigen Transporter lenkte. Den Arm habe er im Krieg gelassen, sagten die Leute auf kindliche Nachfragen.

Mit Paul, dem Sohn, und der Tochter Dorle streiften wir an manchen Tagen durch die Gärten, die hinter der Häuserzeile lagen. Beide waren gelegentlich Zielscheibe der Spottreime meines Vetters Thomas:

»Paule, Paule, krieg'sch gleich was auf's Maule.«

»Dorle – schwarz' Mohrle.«

Nach wenigen Schritten hatte man das Tor zum Garten der *Eiche* erreicht, einer beliebten *Weiber-Wirtschaft*. Das noch lange von der alten Frau Lamprecht und ihrer Tochter Trudl geführte Lokal war einer der Fixpunkte meiner Kindheit. In sicherer Obhut des Großvaters fand ich dort Ruhe und Erfrischung.

Neben meinem heftig schnaufenden Großvater erklomm ich die steile Staffel. Schon im Hausflur des stattlichen Anwesens ließ man die sommerliche Hitze hinter sich. Es roch mostig. Am Ende eines langen Flures führte eine ebenerdig angebrachte Tür wieder ins Freie hinaus. Rechts waren Klos, an deren massiven Holztüren noch *Abort* stand. Meine Großmutter verwendete zur Benennung dieser Örtlichkeit zeitlebens eine andere Bezeichnung: *Abtritt*.

Hatte man durch eine bemalte Holztür endlich den Gastraum betreten, umfing einen ein sauberes, einfaches Ambiente. Der Holzboden war mit Stahlwolle geschrubbt, blank gefegt und gewachst. Farblos lackierte Holztische, die Wände entlang durchgehende Bänke, einfache Stühle, eine mit Ausnahme der Arbeitsfläche in dunklem Holz gehaltene Theke. Der vordere Gastraum war von einem Nebenzimmer und der dahinter liegenden Wirtshausküche mittels einer holzgefassten gläsernen Schiebetür getrennt.

Im Sommer standen immer mehrere Fenster offen, vor denen Geranien die Luft filterten. Träge Stubenfliegen taumelten unablässig zwischen drinnen und draußen. Der Straßenlärm schien stetig abzunehmen, störte nicht. Die halblauten Gespräche der Stammgäste und der sporadisch Einkehrenden vermochten das kleine Glück nicht zu beeinträchtigen, dessen höchstmögliche Steigerung dann erreicht war, wenn der Großvater zur *Bluna* noch eine staubtrockene salzige *Huoberbrezel* spendierte.

Hektik und lautstarke Unterhaltungen, wie sie in anderen Wirtschaften an der Tagesordnung waren, gab es hier selten. Händel wurden sowohl von der Mutter als auch der unerschrockenen Tochter im Keim erstickt.

Beeindruckend für das kindliche Auge war eine Batterie Bierwärmer, mittels derer der ohnehin nur kellerkühle Trunk für etliche ältere Stammgäste angewärmt wurde.

»Wie warm soll's denn sein?«

»Überschlagen«, lautete eine häufigere Antwort, deren Gehalt nur der Wirtin und deren Tochter vertraut war.

Mein Großvater hatte seinen angestammten Platz. Nach knappem Gruß steuerte er einen Tisch im linken Eck an und setzte sich mit dem Rücken zur Längswand auf die Eckbank. Ich saß mit dem Rücken zur Straße. Zu beiden Seiten standen die Fenster offen und gaben über die Geranien hinweg den Blick in den prächtigen Garten oder auf die Fornsbacher Straße frei, auf der der Verkehr zwischen der *Eiche* und der *Linde* dröhnte. Noch kam es vor, dass der Verkehr durch einen pferdebespannten Wagen verlangsamt wurde, der über die Ausfallstraße zur Stadt hinausruckelte.

Das allerletzte Gespann wurde von dem Fuhrmann Hudelmaier gelenkt, der mit zwei starken Pferden Langholz transportierte. Wenn er sich auf dem Heimweg befand, legte er manches Mal an der *Eiche* einen Zwischenhalt ein. Bei Kälte deckte er die schweißdampfenden Gäule ab, ehe er ins Wirtshaus ging. Ans vordere Ende der Deichsel hatte er zuvor einen offenen Holzkasten gehängt, den er aus einem mitgeführten Sack mit Hafer füllte. Die Pferde dampften und malmten. Die großen Tiere ließen sich anfassen und streicheln. Der Fuhrmann blieb oft so lange sitzen, bis die Wirtin oder deren resolute Tochter ihn mahnten, nun endlich den Heimweg anzutreten. Es hieß, die Gäule hätten zu später Stunde selbst dann den Weg in den heimischen Hof gefunden, wenn der Wagenlenker auf dem Bock vom Schlaf übermannt worden sei.

Zur Erntezeit hatte der Großvater manchmal einen oder gar zwei große Körbe dabei. Er brachte Salat, Rettiche und anderes Gemüse aus dem eigenen Anbau. Ob das Geschäft gegen Bares oder Flüssiges abgewickelt wurde, blieb dem kleinen Jungen stets verborgen.

Heute mündet die Innenstadttangente zwischen *Eiche* und *Linde* in die Fornsbacher Straße. In den Sechzigern war dieser Straßenabschnitt selten stark befahren. Rasch war man auf der anderen Straßenseite, sah noch manchmal das offene Schmiedefeuer des Schmieds Noller und war dann vor der *Linde*. Angeblich habe früher einmal ein Lindenbaum vor der Wirtschaft gestanden. Das Lokal hatte für mich zu verschiedenen Zeiten eine gewisse Bedeutung. Um das Jahr 1964 genoss ich dort das erste Mal Pommes frites. Einer der zahlreichen Verehrer meiner Mutter hatte diese und uns Kinder zu einem Sonntagsessen eingeladen. Was es sonst noch gab, weiß ich nicht mehr. Nur dass es dazu Fritten gab, blieb mir in Erinnerung.

Einige Jahre später wurde im oberen Stock ein Tanzlokal eröffnet. Der Betreiber – es war der junge Fürst, der Sohn des Inhabers des Murrhardter *Bahnhofstübles* – gab ihm in Anlehnung an den Namen der im Erdgeschoss gelegenen Wirtschaft den wenig originellen Namen *Olinda*. Ich verkehrte dort nur selten. Anfangs wurden wir Jeansträger abgewiesen. Später erkannte der Inhaber, dass derartige Regeln arg geschäftsschädigend waren. Doch nun war der Laden für mich und andere uninteressant geworden – die falschen Leute, vor allem aber die falsche Musik.

Zwischen dem Pommes-Erlebnis und dem schwindenden Interesse an dieser Murrhardter Diskothek gab es eine Zeit, in der ich mich gerne mit Automatenspielen beschäftigte. Im Eingangsbereich der *Linde*, gleich unterhalb der Treppe, die später hoch zur Diskothek führen sollte, stand einer der ersten Murrhardter Flipper-Automaten. Im Vorraum des *Töpfer-Stübles* am alten Sportplatz stand ein weiterer, ein dritter befand sich in einem Kabuff beim *Schatten-Max*, der Gaststätte *Schattenkeller* nahe der katholischen Kirche. An diesen Groschengräbern wurde das hart verdiente Geld in kurzer Zeit wieder verspielt. Ein Spiel kostete 20 Pfennig, drei Spiele gab es für ein *Fuffzgerle*.

Erwartungsvoll schlich man sich in den Flur. Ja, das Gerät war eingeschaltet, war spielbereit. Nach dem Geldeinwurf ertönte ein blechernes Meckern. Die Anzeige stellte sich auf null. Das gebraucht angeschaffte Gerät war noch nicht mit einer automatischen Kugelvorlage ausgestattet. Man drückte den altmodischen Kugelheber, der die glänzende Kugel in den Abschusskanal beförderte. Dosiert zog man an der Abschuss-Stange. Der erste Ball war im Spiel. Nun kam es darauf an, ihn mit Glück und Können möglichst lange zwischen den *Bumpern* tanzen zu lassen, ihn, wenn er nach unten schnellte, mit Geschick mit einem der beiden Flipper zu stoppen, ihn auf den anderen zu legen, um mit einem gezielten Schuss die *Drop-*, *Swing-* oder *Roto-Targets* zu treffen oder die *Spinner* in schnelle Rotation und damit zu Punkten zu bringen. Außer zu punkten war es wichtig, die Bälle lange im Spiel zu halten, um für das knappe Geld möglichst viel Vergnügen zu ernten. Mehr als 50 Pfennig konnte meist nicht investiert werden. Drei Spiele, fünfzehn Kugeln, fünf pro Spiel. Um ein Freispiel zu erlangen, musste jeder Ball optimal zum Tanzen gebracht werden. Feinfühliges Flippern, leichte Kicks, gekonnte *Saves*, blitzschnelle Links-Rechts- oder Rechts-Links-Kombinationen. Die Krönung: der *Falling Hold Pass*. Und alles ohne *TILT*! Bei bestimmten Kombinationen gab's einen Extraball, was die Chance auf die Erreichung eines Freispiels erhöhte.

War das Spiel durchschnittlich oder gar schlecht verlaufen – mit einem Ende ohne Freispiel –, hatte man mit Rosinen gepokert. Was hätte man mit 50 Pfennig alles anfangen können! Zu spät.

Zügiger, als man hereingekommen war, ging's auf die Straße hinaus. Enttäuscht, vielleicht sogar verärgert über das Verdaddeln der letzten Münzen, nun aber auch dem muffigen Geruch entfliehend, der im Gebäude herrschte. Tief durchatmend gebar man im Freien bereits wieder Ideen, wie das nächste Mal besser, geschickter, erfolgreicher gespielt werden könnte.

Wenn man die *Linde* verließ und sich nach rechts wandte, erreichte man ein von der Straße zurückgesetztes, heruntergekommenes kleines Häuschen, in dem in rasch wechselnder Folge Leute untergebracht waren, denen es nicht gut ging. Manche verdienten sich beim *Lindenwirt* ein paar Mark. Viele zogen weiter, wenn es die Umstände oder das, was Schicksal genannt wurde, es verlangten.

Eine dichte Hecke passierend gelangte man auf den Vorplatz des Kinos. Die *Murrlichtspiele* waren neben dem alten Sportplatz und, während des Sommers, dem Freibad ein wichtiger Treffpunkt der Schuljungen. Klassisches Rumgelümmle, neugierige Blicke auf die Aushänge, großspurige Prahlereien der *Kenner* und *Checker*, die älteren Jungs immer darum bemüht, einen guten Eindruck zu hinterlassen und Jüngere zu veräppeln. Mädchen tauchten nur vor den Vorstellungen auf, und das auch nur bei Filmen, die sie mochten.

Vom Obermühlenweg führte damals die kurze, nur einseitig mit kleinen Häuschen bebaute Lindengasse zum Kino hinauf. Sie fiel, wie das gegenüberliegende *Berner'sche Haus,* in den Achtzigerjahren dem Bau der Innenstadttangente zum Opfer. Das letzte Gebäude und die dahinter liegenden winzigen Gärten wurden mittels einer immergrünen buschigen Hecke so vom Längsbau des Kinos abgetrennt, dass zwischen Außenwand und Hecke ein vier Meter breiter, grob geschotterter Streifen frei blieb, über den ein Teil der Kinobesucher nach Ende der Vorstellung über einen Seitenausgang abwanderte. Das gleiche

Gestaltungsprinzip fand man auch auf der gegenüberliegenden Seite. Von der leicht ansteigenden Lindengasse erreichte man das Kinogelände über mehrere in die Steigung eingelassene meterlange Treppenstufen. Nun stand man vor dem Herzstück der *Murrlichtspiele*, einem halbrunden Glasbau, in dem sich das Foyer und ein mittig angelegtes Kassenhäuschen befanden. Rechts davon betrat man den Kinosaal. Kamen links die Besucher früherer Vorstellungen heraus, wusste man, dass alsbald mit dem Kartenabriss begonnen und der Zugang zur nächsten Vorstellung geöffnet würde. Auf beiden Seiten waren die gemauerten Wände, die den Anschluss an das gläserne Halbrund bildeten, mit hohen verglasten Schaukästen versehen. Meist war hier die Vorschau auf Filme angeschlagen, die dem aktuellen Programm folgen würden.

Ein weiterer freistehender Schaukasten informierte über das Programm der *Sternlichtspiele*, des anderen Kinos in der Innenstadt. Allmählich wich unsere begeisterte Arglosigkeit beim Betrachten der Kinobilder einem von derben Zoten begleiteten Voyeurismus. *Sexbilder* waren zu sehen. Zu unserem Verdruss wurden manche Bilder mit Nadeln so fixiert, dass Interessantes auf darunter liegenden Bildern verdeckt wurde. Noch vor wenigen Jahren hatte es einen Skandal um die Aufführung des Films *Die Sünderin* gegeben. Nur für Sekunden und zudem kleinformatig war die nackte Knef zu sehen gewesen. In der zweiten Hälfte der Sechzigerjahre hatte die Pornowelle auch Murrhardt erreicht. Im Spätprogramm des *Sternkinos* wurden vermehrt Softpornos gezeigt. Junge Männer, die sich ein paar Mark hinzuverdienen wollten, arbeiteten jetzt noch begeisterter als Filmvorführer. Hauptzielgruppe war neben den einheimischen Halbstarken die wachsende Zahl der fern ihrer Familien lebenden Gastarbeiter, von denen viele verschämt in den Zehnuhrfilm schlichen. Wir waren zu jung. Keiner von meinen Kumpels oder Straßenbekanntschaften traute sich, heimlich in eine dieser Spätvorstellungen zu schlüpfen.

Häufig lohnte es sich, vor dem Kino abzuhängen. Irgendwann tauchte einer auf, bald der Nächste, dann wieder einer oder gleich eine ganze Blase. Sie kamen angeschlendert, auf Fahrrädern oder rollerten mit dem Radelrutsch daher. Mit Kennermiene wurden die Aushänge studiert, manch einer brüstete sich mit Taten und Erfahrungen, die er nicht begangen und nie gemacht hatte. Andere prahlten über Filme, die sie nie gesehen hatten. War der Bericht zu wenig gehaltvoll, war zu offensichtlich, dass der Angeber nur längst Bekanntes nachplapperte, überzog die Meute ihn mit beißendem Spott. Wir überschlugen unsere Barschaften. Reichte es am Wochenende für eine Kinokarte?

Gleich nebenan, hinter der Hecke, wohnte einer der beiden *Sambas*. Außer dem kleinen, der hier bei seiner Großmutter wohnte, gab es im Ort noch einen weiteren, dessen Lebensumstände gänzlich andere waren. Der *Lindengassen-Samba* war ein armer Hund. Die Mutter, eine Gelegenheitsprostituierte, die sich wenig um ihren Sohn kümmerte, wurde von ihrem *Verlobten*, wie die Großmutter sagte, mit dem Auto überfahren. Andere sahen in ihm einen Freier. Dritte meinten, er sei ein kleiner Zuhälter gewesen. Im Streit sei sie aus dem mit laufendem Motor stehenden Wagen gesprungen, habe sich immer wieder vor das langsam anrollende Fahrzeug gestellt und dabei auf die Kühlerhaube eingeschlagen. Irgendwann sei das Unglück geschehen. Unfall, Totschlag oder Selbstmord? Lange Zeit noch wurde darüber schwadroniert. Ein Gerücht besagte, der Fahrzeuglenker sei zu einer mehrjährigen Haftstrafe verurteilt worden.

Die Großmutter, die sich – wie auch in meinem Fall – schon vorher mehr als die Mutter um den Buben gekümmert hatte, nahm ihn bei sich auf. Anfangs war noch der Großvater da, ein stiller Mann, der in Gegenwart seiner Frau nichts zu melden hatte.

Samba war immer der verachtete Außenseiter, wurde oft von älteren Jungen gehänselt und geschlagen. Später galt er als kriminell. Tatsache war, dass er seinen aufgestauten Zorn an Jüngeren abreagierte, deren Schrecken er war.

* * *

Bauchgrimmen

Aus dem Fenster des Munz'schen Hauses fiel der Blick auf ein höher gelegenes Grundstück, das zur Lindengasse hin von einer breiten Stützmauer umfasst wurde. Auf der Mauerkrone war, wie auch auf der Vorderseite, ein meterhoher schmiedeeiserner Zaun angebracht. Er war elfenbeinfarben gestrichen. Dahinter befand sich die Villa des betagten Landarztes Dr. Berner. Der schlanke Mann mit den buschigen Augenbrauen führte noch im hohen Alter seine Praxis. Man sagte ihm nach, dass er während des Krieges meist in SA-Uniform durch die Stadt ging und diese selbst bei Hausbesuchen nicht ablegte. Am 23. April 1942 oblag ihm die Aufgabe, den Totenschein für den wegen *Rassenschande* im Wolfenbrücker Staatswald erhängten Franciszek Gacek auszustellen. Als nach Kriegsende französische Soldaten in der Stadt wüteten, nahm er sich – nun in Zivilkleidung – der vergewaltigten Frauen und Mädchen an.

Mir war er in einer eher harmlosen Sache hilfreich, die für mich eine Zeit lang eine große Bedeutung hatte. Ein gutes Jahr lang hatte ich im Wochenverlauf einen merkwürdigen Stimmungsabfall. Euphorisch und erleichtert war ich am späten Donnerstagnachmittag. Gut gelaunt ging's ins Wochenende. Von Montag an sank die Stimmung mit jedem weiteren Werktag. Schließlich erwachte ich donnerstags mit großen Beklemmungen. Den Schulvormittag verbrachte ich unkonzentriert in gedrückter Stimmung. Das stets wohlschmeckende Mittagessen meiner Großmutter würgte ich lustlos hinunter. Mein Unwohlsein wuchs. War da nicht was? Ein Ziehen in der Bauchgegend, das sich allmählich in Richtung der rechten Leiste verlagerte? Klar war da ein Ziehen, ein leichter, aber eindeutig spürbarer Schmerz!

Diese Wahrnehmung hatte keinerlei organische Ursachen. Der Grund dafür lag in der Verkettung meiner notorischen Faulheit, schlechten Englisch- und Französischnoten und dem daraus resultierenden Elend, mich jeden Donnerstag um 14.30 Uhr für anderthalb Stunden zur Nachhilfe bei einem Fräulein Ulitz einfinden zu müssen.

Nach dem Betreten der muffigen, mit zahlreichen Teppichen ausgestatteten Parterrewohnung musste ich einige Minuten, manchmal sogar eine Viertelstunde im Vorraum warten, obwohl ich dort pünktlicher eintraf als zu jeder Schulstunde. Zum Fräulein Ulitz kam man nicht zu spät! Nebenan wurde die Wartezeit über ein armes Mädchen beim Klavierunterricht gequält. Schon nach wenigen Anschlägen gebot ihm eine barsche Stimme Einhalt. Unterschiedlich lange Wiederholungen wurden gelegentlich durch aggressives Vorspiel der garstigen Klavierlehrerin unterbrochen. Am Ende folgten laute Vorwürfe, die Können, Fleiß und Begabung des armen Kindes infrage stellten.

Hatte das Mädchen den Raum der Torturen mit gesenktem Blick und manchmal sichtbaren Tränen in den Augen verlassen, wurde aus der Klavierlehrerin meine Englisch- und Französisch-Nachhilfelehrerin. Vor allem aber war sie eine grausame alte Hexe, die mir mit schlechtem Atem ihr Missfallen entgegenzischte, wenn ich die Wörter nicht gelernt hatte oder Aussprache und Deklinationen nicht beherrschte. Der Intensivierung ihrer pädagogischen Bemühungen diente ein silbern blinkender metallener Fingerhut, mit dem sie schmerzhafte Kopfnüsse austeilte. Die Dosierung ihrer Schläge korrelierte mit dem Grad meines hier unter Beweis gestellten Unvermögens.

Und eben von diesem Elend befreite mich hin und wieder der betagte Landarzt Dr. Berner. Kurz vor zwei Uhr wurde das Ziehen im Unterleib so stark, dass ich rasch – mit letzter Kraft – die paar Schritte vom großelterlichen Haus zum Arzt zurücklegte, um diesem meine Symptome zu schildern. Mehrfach kam er zu dem Schluss, dass es sich wohl um eine Blinddarmreizung handeln müsse. »Da müssa m'r des Fräulein a'läuta«, meinte er und griff zum Telefon, um dem alten Drachen meine Unpässlichkeit höchstpersönlich mitzuteilen. Rettung für eine weitere Woche! Ich war klug genug, diesen Befreiungskniff nur sporadisch anzuwenden.

Weiter entlang der Fornsbacher Straße trennte eine Wellblechgarage das Anwesen des Arztes von dem des Steinmetzen Griesheimer. Sie bot wenigstens drei hintereinanderstehenden Fahrzeugen Raum. Sie war wohl ursprünglich dafür gedacht gewesen, während der ersten Nachkriegszeit Ausgebombten und Flüchtlingen als kärgliche, im Winter kalte und im Sommer viel zu heiße Unterkunft zu dienen. Wenn es regnete und der Wagen des Arztes an anderer Stelle stand, wurde das Blechkonstrukt zu unserem Treffpunkt. Wir standen oder hockten zu zweit, zu dritt oder zu mehreren in dem Wellblechkasten und glotzten durch das rechte, sperrangelweit geöffnete Garagentor missmutig in den Regen hinaus. Es gab Augenblicke, in denen wir die alten Spiele spielten, Münzen schnippten, Murmeln rollten. Schön war es, wenn einer einen kleinen Gummiball dabeihatte, den man gegen die Blechwand donnern konnte. Eine rostige Büchse tat es manchmal auch. Allerdings brachte das Geschepper Passanten auf, die hereinschauten und uns den Unsinn untersagten. Dann lungerten wir nur noch herum, redeten blödes Zeug. Ein Stein wurde nach draußen gekickt. Wir waren entzückt, wenn sein Klackern jemanden erschreckte. Und noch mehr, wenn er gegen einen Absatz oder gegen das Rad eines Leiterwagens dotzte. Prüfend rausschauen. Es regnete immer noch. Kleine Rinnsale liefen in die Kandeln. Bei Starkregen bildeten sich Blasen in den Pfützen.

Durch das offen stehende doppelflügelige Metalltor fiel der Blick auf das der Straße zugewandte Eck des Wohngebäudes eines der letzten Bauernhöfe, die sich im Stadtgebiet gehalten hatten. August Sträb, der dominante Altbauer, galt schon früher als wohlhabend. In den Sechzigerjahren hatte er durch den Verkauf vormals geringwertiger Baumwiesen, die Bauland geworden waren, ein Vermögen verdient. Er war ein Vetter zweiten Grades meiner Großmutter. Stets gut gekleidet kam er gelegentlich zu Besuch über die Straße. Wie viele Männer seines Alters rauchte er dicke Stumpen. Wenn der Vetter gegangen war, riss meine Großmutter beide Flügel des Wohnzimmerfensters auf. Dann gab sie mehrere Spritzer Kölnisch Wasser auf ein Tuch und wischte gründlich das Polster des Stuhls ab, auf dem der August gesessen hatte.

Gerne erzählte die Großmutter eine Anekdote, deren Gehalt ich erst später begriff. Der August sei den ganzen ersten Krieg über *am Knappen* gewesen. Aber bereits in den ersten Tagen des Waffenstillstands habe er *sei Stöckle* in die Ecke gestellt. Als ich verstand, worum es ging, fand ich das Verhalten keineswegs ehrenrührig. Plausibel wird so auch eine Erinnerung des Ulmers Hermann Neumaier, der im April 1945 gemeinsam mit August Sträb am Harbacher *Franzosenbuckel* schanzte:

»Nicht vergessen kann ich, wie der neben mir grabende Volkssturmmann August Sträb zum Besten gab: ›Wir müssen in erster Linie einen schnellen und trittsicheren Ausweg nach hinten graben, damit wir im Ernstfall schnell verschwinden können.‹«

Wenn der Vetter zu Besuch kam, erhielt er das gewünschte Glas Wein. Er dominierte die Unterhaltung, gab allerlei Weisheiten und Ansichten zum Besten, die mir schon als Kind recht ungewöhnlich erschienen. Im Volksmund hieß der Vetter seit langem *Hatsegeld*. Das hatte seinen Grund darin, dass jeder, der dem Bauern gegenüber eine Bindungs- oder eine Heiratsabsicht offenbarte, damit rechnen musste, gefragt zu werden: »Hat se Geld?« Und manchmal setzte er die kritische Bestandsaufnahme mit der Frage fort: »Ko se Klavier spiela?«

Später, als der alte Sträb ob seiner Einkünfte aus Grundstücksverkäufen nur noch wenig arbeitete, stand er des Sommers gelegentlich im weißen Anzug am Eck seines Hauses, ein leichtes Stöcklein in der Hand, den hellen Sommerhut keck in den Nacken geschoben. Geheiratet wurde in dieser Familie stets nach außerhalb. Adelheid, des Altbauern mittlerweile trübsinnig gewordene Frau, stammte aus der Schwaikheimer Gegend. Auch der Sohn, der zeitlebens kränkelte und nie Albert, sondern immer nur *Bertle* oder – schlimmer noch – *'s Albertle* genannt wurde, heiratete eine Auswärtige.

Der Bauernhof war Teil unserer kindlichen Erlebniswelt. Ich hatte früh meinen Großvater zu begleiten, der dem Nachbarn auch im fortgeschrittenen Alter beim Heuen half. Danach oder an anderen Tagen stromerte man durch den Stall, schob den mahlenden Kuhmäulern ein Büschel Gras hin oder turnte, angestiftet von einem der wilden Freunde, durch das darüberliegende Heulager.

Das allabendliche Milchholen war kindliche Pflicht, Ritual und zugleich eine Gelegenheit, die mütterliche Wohnung nochmals verlassen zu können. Dabei musste nicht immer der gerade Weg genommen werden. Mit der blechernen Kanne in der Hand ging's die Wallstraße hinunter, ein Stück die Fornsbacher Straße entlang und dann am Hintereingang des bäuerlichen Wohnhauses die Staffel hoch. Über einen Flur gelangte man in die dämpfige Küche, in der Adelheid Sträb aus einer hohen Kanne die frische Milch ausschenkte. Oft stand noch ein anderes älteres Weib in der Küche, mit dem sich die Altbäuerin über allerlei körperliche Gebrechen austauschte. Geschichten über *offene Füß* und andere Leiden, von denen ich noch nichts gehört hatte, regten die kindliche Fantasie an, hatten aber auch etwas Unheimliches. Während die Altbäuerin sprach, jammerte oder erzählte, füllte sie die Kannen der Neuankömmlinge. Der Schöpfer fasste einen Liter. Das Maß der Befüllung war Adelheids linker Daumen, was mich als Kind lange davor zurückschrecken ließ, Milch kalt und ungekocht zu trinken.

Früh erfasste ich das Gesetz der Zentrifugalkraft. War man geschickt genug, konnte man die volle Kanne so schnell kreisen lassen, dass keine Milch herausschwappte. Das gelang freilich nicht immer, was den Schimpf der Mutter zur Folge hatte. Totalverluste gab es nie. Milch für den anderen Tag blieb stets übrig.

* * *

Auf der Gass und im Gestank

Zwischen Unterrichtsende und Schlafenszeit trieben wir uns abzüglich knapper Essenspausen und schnellem Erledigen der Hausaufgaben draußen herum. Wir waren *uf der Gass.* Aufenthalte im Wald, auf Wiesen, auf dem Sportplatz, vor dem Kino oder im Stadtgarten waren in diese Umschreibung einbezogen. Die einzige Alternative hieß *im Freibad*, wobei Freibadbesuche auch vor, zwischen und nach anderen Gassenaktivitäten liegen konnten. Es gab meist keinen Grund, sich länger als nötig in den bescheidenen Wohnungen aufzuhalten, die häufig von großen, nicht selten drei Generationen umfassenden Familien bewohnt wurden. Eigene Kinderzimmer hatten die wenigsten. Das Fernsehgerät – sofern überhaupt vorhanden – blieb bis zum Abend aus. An Werktagen wurde bis halb fünf ohnehin nur ein schwarz-weißes Testbild ausgestrahlt, und die Mütter hätten es nicht geduldet, dass Kinder sich mit ihren Freunden schon nachmittags vor der Glotze einfanden. Zudem, die Fernsehtruhe stand meist in der guten Stube. Geschaut wurde in vielen Haushalten nur, wenn ein erwachsenes Familienmitglied dabeisaß oder zumindest den magischen Knopf drückte. Es dauerte dann eine Weile, bis die Röhrengeräte ein Bild produzierten. Bis es so weit war, blieb die Ungewissheit, ob es in akzeptabler Qualität aufschien oder ob der Kasten infolge einer winzigen Verschwenkung der Zimmer- oder Dachantenne nur Rauschen und ein gräuliches Gegriesel von sich gab. Im Bemühen um ein akzeptables Bild und einen verständlichen Ton machte man sich auf Fehlersuche, drehte an den Knöpfen und der Antenne.

Auch sonst waren die Wohnungen für kindliches Spiel nicht sonderlich geeignet. Meist teilten sich mehrere Kinder ein Zimmer. Gespielt wurde häufig auf dem Fußboden des Kinderzimmers oder im Flur. Wann immer es ging, drängten wir ins Freie, wobei wir uns nicht nur auf den öffentlichen Raum beschränkten. Zur *Gass* gehörten auch unsere *Lägerle*, Unterschlupfe in nicht abgeschlossenen Schuppen und Gartenhäusern, das Herumstreunen in den Werkstätten, aber auch der Aufenthalt in Stall und Scheune des Sträb'schen Anwesens.

Ein Aufenthaltsort war auch der begehbare Hühnerstall der *Kinzers Bäcke*, der, im Durchgang zwischen Sträbs Hof und der Riesbergstraße gelegen, von der Tochter versorgt wurde, einer jungen Frau mit freundlichem Wesen. Die Hilde nahm es hin, dass wir in dem stinkenden Kabuff herumtollten. Und sie lachte, als mein Schulkamerad Egon sich einmal auf die mittlere der Hühnerstellagen legte und sich wenig später mit Federn und Kotresten behaftet wieder trollte.

Wenn es regnete, konnten wir auch in den überdachten Bereichen von Sträbs Hof herumtoben. Scheune und Stallungen betrat man meist von der straßenabgewandten Seite. Von der Fornsbacher Straße führte eine kurze Aufschüttung zu einem doppelflügeligen Tor, das tagsüber offen stand. Der Ladewagen und der Bulldog luden förmlich dazu ein, vom Ladewagen zu springen oder an den Knöpfen und Hebeln des Traktors herumzuspielen.

Das ausgelassene Spiel auf dem Bauernhof sollte mich einmal in gewaltige Schwierigkeiten bringen. Eines Samstags war dem Kasubkes Gerd und mir das Herumlungern in Dr. Berners Wellblechgarage zu stumpfsinnig geworden. Wir überquerten die Straße und streunten alsbald durch die Stallungen. Den angeketteten Kühen hielten wir Büschel frischen Grases hin. Dann kletterten wir die an die Wand montierte Leiter zum Heuboden hinauf. Dort oben herumzutollen war immer verlockend, allerdings mit der Gefahr verbunden, zu Hause Ärger zu bekommen. Die Rispen sowie die Heu- und Strohreste ließen sich nie vollständig aus der Kleidung entfernen.

Der Innenhof endete an einer an das Stallgebäude geschmiegten Güllegrube, die von einer gut meterhohen Betonmauer umfasst war. Eine aufgelegte Bohle führte zu einem winzigen Garten, der auf anderem Wege nicht erreicht werden konnte. Diese nur wenige Quadratmeter große Fläche hatten Kasubkes für wenig Geld gepachtet. Sie hielten dort ihr Geziefer. Ein Dutzend Hühner lief frei herum. Ein selbst gebauter Holzstall beherbergte fürs Schlachten vorgesehene Hasen. Der Sohn Gerd, mit dem ich vor allem im Vor- und Grundschulalter viel im Höfle meiner Großeltern spielte, musste das Geziefer füttern. Manchmal begleitete ich ihn. Der Tanz über den dreißig Zentimeter breiten Steg forderte die ganze Konzentration, vor allem dann, wenn die Bohle verschmutzt oder nass geworden war. Unter uns gärte die saftige Gülle. Ich war immer erleichtert, wenn ich ohne Zwischenfall die andere Seite erreicht hatte.

Es kam, wie es kommen musste. Nicht tausend- aber hundertmal war nichts passiert. Manchmal machten wir Blödsinn, brachten die Bohle zum Schwingen, hüpften darauf herum, rasten mit Karacho darüber oder erschreckten uns gegenseitig mit einem meist nur angedeuteten, im schlimmsten Fall nur leichten Schubser.

Und dann kam der Tag, an dem ich in die Güllegrube flog. Es muss sommerlich warm gewesen sein, denn ich erinnere mich daran, dass ich eine unvorteilhafte, kurze rote Hose mit weißen Punkten trug. Es geschah ohne die Einwirkung eines anderen. Und ich war keineswegs abgelenkt. Gerd Kasubke war schon im Hühnergarten und hatte damit begonnen, das körnige Futter mit einer kleinen Büchse in Tonschalen zu schütten.

Hatte ich nicht aufgepasst? War ich gestolpert oder abgeglitten? Ich bin, was die Ursache anbelangt, ohne Erinnerung. Vor Augen habe ich ein späteres Bild, das mich bis zur Brust im stinkenden Morast steckend zeigt. Immerhin, ich hatte festen Boden unter den Füßen. Die Jauchegrube war nicht tief und nicht randvoll gefüllt. Ich sehe Gerds Erschrecken. Er muss mir nicht zur Hilfe kommen. Im Nu umfasse ich mit beiden Armen die Bohle und hangle mich nach oben. Meine Beine rutschen ein-, zweimal an dem Holz ab, ehe ich Halt finde und mich nach oben winde. Ich bin durchweicht. An Schuhen, Haut und Kleidern klebt die strohdurchmengte Gülle. Der Gestank ist nun intensiver, stechend. Er droht mir die Besinnung zu nehmen. Unsicher taste ich mich die Bohle entlang, springe auf den Hof, schlurfe mit schmatzenden Schritten durch die Stallung und renne über die Fornsbacher Straße. Jeder Schritt klingt wie ein Schmatzen. Flatsch, flatsch. Und immer wieder: flatsch, flatsch, flatsch.

Gott sei Dank ist die schwere Haustür meiner Großeltern tagsüber offen. Ich wuchte sie auf. Im Flur hinterlassen meine Schritte feuchte Tapser.

Meine Großmutter betrachtet mich wortlos. Die große Wohnung hat kein Bad. Über einen weiß lackierten Hocker klettere ich auf den Wasserstein in der Küche. Ich muss den Kopf einziehen, um nicht an der Decke anzustoßen. Die Erstreinigung erfolgt mittels Wurzelbürste und kaltem Wasser. Dann verlangt die Großmutter, dass ich die gülle- und wassertriefende Kleidung ausziehe und in einen riesigen Topf werfe, in dem einmal in der Woche die Kochwäsche gewaschen wird. Ich bin nackt. Es ist mir peinlich, aber ich klage nicht. Die Scham über das Malheur ist zu groß. Im zweiten Waschgang werde ich mit *ATA Scheuerpulver* überpudert und erneut mit der Wurzelbürste malträtiert. Erst jetzt, wohl auch um den Geruch weiter zu verbessern, kommt Seife zum Einsatz. Und noch immer ist die Tortur nicht vorüber. Mit knappen Worten weist mich die Großmutter an, den Kopf unters mittlerweile eiskalte Wasser zu halten. Dann öffnet sie mit einer Schere ein gelbes Schampon-Kissen, träufelt mir das honigfarbene Gel ins Haar und achtet darauf, dass ich alle Kopfpartien gründlich einschäume. Jetzt ist auch der auf dem Herd aufgesetzte Wassertopf heiß geworden. Das dampfende Wasser wird mit kaltem und einem ordentlichen Spritzer Essig gemischt. Mit der lauwarmen Verdünnung werden die Haare gespült.

Mein Großvater betritt mit einem Spankorb in der Hand die Küche, lacht, stellt das überquellende Gebinde auf den Küchentisch und geht wieder hinaus.

Erst jetzt reicht mir die Großmutter ein blau-weiß kariertes Handtuch.

Der kleine Kasubke hat, soweit ich weiß, niemandem etwas erzählt.

* * *

Christtag und Altjahrsabend

Mein bereits in frühester Kindheit chaotisches Leben hatte zwei herausragende Konstanten. Sie waren Orientierung gebende Leuchttürme in stürmischer Zeit. Ihr Kommen weckte Hoffnungen und sandte kleine Tröstungen.

Die eine war der Beginn der Sommerferien. Wir waren noch nach Ostern eingeschult worden, was den Vorteil hatte, dass man das neue Schuljahr entspannt beginnen konnte. Ein Vierteljahr war durchzuhalten, dann winkten schon die ersehnten Sommerferien. Mein im Oktober gelegener Geburtstag hatte eine weitaus geringere Bedeutung, was vor allem daran lag, dass meine Mutter weder einen Kuchen buk noch gestattete, dass in ihrer *geschleckten* Wohnung ein Kindergeburtstag gefeiert wurde. Geschenke gab es vom getrennt lebenden Vater, der Großmutter und den beiden Tanten Liese und Liselotte.

Weihnachten war das weitaus wichtigere Ereignis im Jahreslauf. Wenn der Herbst/Winter-Katalog von *Quelle* kam, wussten wir: Das Fest naht! Im Vergleich mit der Frühjahr/Sommer-Ausgabe enthielt er weitaus mehr Spielwarenangebote, darunter auch Markenartikel aus den Sortimenten der gängigen elektrischen Eisenbahnen, was aber erst eine Rolle spielen sollte, als mein Bruder und ich bereits Halbwüchsige waren. Während der Vor- und Frühpubertät durchlebten wir eine intensive Eisenbahnzeit mit *Märklin*, Spur H0 und *Faller*-Häuschen. Als die Hormone zu schießen begannen, verflüchtigte sich dieses Interesse.

In den Jahren davor hatte der *Quelle*-Katalog eine magische Bedeutung. Mit ihm war die Geschenkauswahl der Großmutter zu steuern. Von der Fülle des angebotenen Spielzeugs interessierte uns nur wenig – Hauptsache, es hatte einen Antrieb! Objekt meiner kindlichen Begierde war Blechspielzeug: Autos oder Flugzeuge mit einem Federaufzug, der das Gefährt rollen und Propeller kreisen ließ. Noch attraktiver waren ausladende Blechbahnen, auf deren im Kreis geführten Berg- und Talpisten kleine Blechautos oder andere Fahrzeuge verkehrten, die über einen Aufziehmechanismus bewegt wurden.

Obwohl der Aushandlungsprozess mit der Großmutter am Ende stets verbindlichen Charakter besaß, gelang es ihr mit allerlei Tricks und in die Irre führenden Bemerkungen, die Spannung zumindest eine Zeit lang hochzuhalten. Hatte sie auch wirklich das Richtige bestellt? Und würde die Sendung rechtzeitig eintreffen, wo doch die Post im Dezember stets überlastet war?

Der Heiligabend wurde immer dann zu einem unvergesslichen Fest, wenn er im Haus meiner Großeltern begangen wurde. Die wenigen Male, an denen das Christfest unter der Federführung meiner Mutter stattfand, blieben mir als freudlose, mit Zank durchsetzte Ereignisse in Erinnerung.

Bereits die Adventszeit wurde im kleinen Stübchen in der Fornsbacher Straße spürbar, erlebbar. Die Großmutter wechselte die bestickten Decken auf dem Tisch und der Kommode aus, holte solche mit weihnachtlichen Motiven aus dem Schrank. Neben dem Radio stand eine dickwandige Obstschale, die mit frischem Tannengrün umfasst wurde. Selbst wenn mein Bruder und ich nach heimlichem Stöbern in den Schränken wussten, dass unsere Wünsche in Erfüllung gehen würden, blieb etwas Geheimnisvolles. Erwartung und Vorfreude erhielten durch das vorweihnachtliche Backen der Großmutter neue Nahrung. Wie auch die Mutter buk sie vor allem *Haselnussbrötle* und *Essla*, ein mürbes, helles, mit Hagelzucker bestreutes Gebäck in S-Form.

Da die Backröhre des betagten Gasherdes eine ungleichmäßige Hitze produzierte – was meine Großmutter beim Kuchenbacken durch geschicktes Drehen der Formen ausglich – und von der Verwendung des holzbefeuerten Herdes Abstand genommen wurde, brachte ich die belegten Bleche über die Straße zur Bäckerei. Manchmal blieb ich während des Herausbackens in der Backstube, sah dem Meister und dem Gesellen zu und hoffte, süße Anschnitte von anderen Backwaren erhaschen zu können.

Solange mein Großvater lebte, schlug er den Christbaum im Wald. Auf dem Gang dorthin durfte ich ihn begleiten. Über den Hohlweg zur Franzenklinge erreichten wir ein Waldstück, das nicht mehr zum Familienbesitz gehörte. Ich bin immer davon ausgegangen, dass mein Großvater das Schlagen des Baumes mit dem Waldbesitzer vereinbart hatte. Der alte Mann wählte stets ein kleines Bäumchen aus. Die vereiste oder schneenasse Tanne wurde zum Abtropfen noch einen Tag im Hausflur abgestellt.

Am *Christtag*, wie Tante Emilie den Heiligabend bezeichnete, wurde der Nachmittagskaffee in der Küche eingenommen. Jetzt wurden die ersten *Gutsle* probiert, die die Großmutter bislang streng vor Zugriffen geschützt hatte. Hierfür verwendete sie zwei riesige versilberte Dosen mit mächtigen Beschlägen. Jede mochte wohl siebzig Zentimeter lang und einen halben Meter breit sein. Sie wurden unter den Betten des großelterlichen Schlafzimmers verwahrt. Wir Kinder wussten darum und passten die wenigen Augenblicke ab, in denen die Großmutter von ihrer strengen Wacht ablassen musste. Hastig stibitzten wir höchstens ein *Gutsle* jeder Sorte und bemühten uns, der Großmutter nicht kauend unter die Augen zu treten.

Am frühen Nachmittag des Heiligabends, noch während die Großmutter, Emilie und Gäste in der Küche beim Kaffee saßen, vollzog sich ein sich jährlich wiederholendes Ritual. Der Großvater stellte den Hocker, den eine *Festtagsdecke* zierte, ins rechte Eck der Wohnstube. Bedächtig richtete er das Tuch, welches die Großmutter vorab bereitgelegt hatte, so aus, dass es schicke

Falten schlug. Der Baum wurde auf den Hocker gestellt. War er etwas zu groß geraten, wurde die Spitze mit der Gartenschere gekürzt. Bei deutlicher Überlänge hieß mich mein Opa Schaufel und Kehrwisch holen. Bis ich in die Stube zurückkehrte, hatte er den Christbaum bereits mit einem Fuchsschwanz auf die passende Länge gesägt. Das Schmücken des Baumes war seine Aufgabe. Ich durfte ihm behilflich sein, reichte ihm Glaskugeln, Kerzen und Lametta.

Um drei viertel sechs schickte die Großmutter mich resolut aus der Stube, legte mir nahe, auf den Marktplatz zu gehen, um dem in Kürze beginnenden Weihnachtskonzert der Murrhardter Stadtkapelle zu lauschen.

»Lass dir Zeit«, mahnte sie. Sie benötigte die knappe Stunde, um den Tisch einzudecken, die Geschenke auf und vor dem Hocker auszulegen und alles Weitere so zu arrangieren, wie es ihren Vorstellungen und Gewohnheiten entsprach.

Wenn ich mit der Mutter und dem Bruder, die ich auf dem Markplatz traf, in die großelterliche Wohnung zurückkehrte, waren meist schon weitere Gäste eingetroffen. Tante Liselotte war aus Gaildorf gekommen. Ihr Liebhaber feierte das Fest im Kreis seiner Familie. Holubeks kamen herüber, eingeladen von meiner Großmutter und sichtlich froh, den Abend nicht in ihrem verlotterten Kabuff verbringen zu müssen.

Das Weihnachtsessen war bescheiden – und dennoch ein Gedicht. Es gab den berühmten, zusammen mit Endiviensalat angerichteten Kartoffelsalat meiner Großmutter, dazu Bratwürste und Stangenweißbrot. *Baguette* sagte man damals noch nicht. Trotz der Proteste der Mutter gab es für uns Kinder Fanta und Cola, für meine Mutter Saft. Die anderen Erwachsenen tranken Rotwein.

Nach der Mahlzeit wurde gesungen, angeführt von der Großmutter, einer langjährigen Chorsängerin, die auch im Alter noch die höheren Tonlagen beherrschte.

Es ist ein Ros entsprungen wurde angestimmt, Großmutters Lieblingslied. Es folgten die Lieder, bei denen auch wir Kinder textsicher waren: *Oh Tannenbaum*, *Ihr Kinderlein kommet*, *Stille Nacht*.

Erst jetzt begann die Bescherung. Die Überraschungen kamen in Form der bisher noch nicht ausfindig gemachten Geschenke, dem der Tante, der kleinen Gaben der Holubeks und dem, was das Paket des Vaters enthielt. Von der Mutter gab es nichts Zusätzliches. Wir rechneten auch nicht damit.

Das Geschenk der Großeltern hatten wir wenigstens einmal im weiß lackierten Schrank des Hinterzimmers begutachtet. Während die Erwachsenen weiterhin den *Gutsle* und den Getränken zusprachen, zogen mein Bruder und ich uns in den Flur zurück, um die neuen Spielsachen auszuprobieren. Wir hofften, dass die Mutter möglichst lange in der festlichen Runde verweilen möge. Da sie die Einzige war, die keinen Alkohol trank, konnte ihr Aufbruch früh erfolgen, was unserer kindlichen Freude am Spiel ein jähes Ende bereitete.

In den Jahren der Trennung und der langwierigen Scheidung meiner Eltern kam es vor, dass wir auch Silvester im Haus der Großeltern feierten. Den Stil dieser Feier würde man heute als *Open House Party* bezeichnen. Außer denen, die bereits an Heiligabend beisammen waren, kamen nun Kasubkes und der bei diesen im Hinterzimmer lebende Steinhaus hinzu. Die Feiernden begaben sich mal in die großelterliche Wohnung, dann in die darüberliegende.

Auch Emilie war dabei. Wo sonst sollte sie sich aufhalten? So wie sie Heiligabend stets *Christtag* nannte, sprach sie immer vom *Altjahrsabend*, wenn Silvester gemeint war.

Gegessen wurde wiederum in der Stube der Großeltern. Aus Platzgründen saßen mein Bruder und ich mit den Kasubke-Kindern an einem Extratisch im Flur. Es gab einfache schwäbische Speisen oder die bei festlichen Anlässen gerne gereichten *Russischen Eier*, stets auf Fleischsalat mit Lachsersatz und falschem Kaviar.

Nach dem Essen bot sich die Gelegenheit, eine Zeit lang unkontrolliert fernsehen zu können oder ungebremst durchs Haus zu tollen. Steinhaus hatte über seinem Ölofen eine kleine Weihnachtspyramide installiert. Unmittelbar nach dem Befeuern des Ofens setzte sich das zierliche Kleinod in Bewegung, kreiste anfangs noch langsam, um mit zunehmender Hitzeentwicklung immer schneller zu werden.

Etwa um zehn Uhr – wir hatten schon deutlich länger fernsehen können als das Jahr über – schleppte meine Großmutter einen großen gusseisernen Topf in die obere Wohnung. Steinhaus räumte das hölzerne Kleinod zur Seite. Das mit selbst gemachtem Glühwein randvolle Behältnis wurde auf den heißen Ofen gestellt. Zimtstangen, Gewürznelken, Orangenscheiben, Sternanis und eine Vanilleschote schwammen in dem mit Honig versetzten Sud, dem allmählich ein aromatischer Duft entströmte. Hatte das Gebräu die richtige Temperatur, füllte meine Großmutter mit der Schöpfkelle die bereitgestellten Gläser. Auch wir Kinder bekamen eine halbe Kelle eingeschenkt. Ein Tablett mit Spekulatius und Pfeffernüssen wurde herumgereicht. Wir Kinder saßen auf der schmuddeligen Chaiselongue, nippten an dem heißen Getränk und genossen es, noch spät unter den Erwachsenen verweilen zu dürfen.

Das beginnende Neujahrsschießen signalisierte den anstehenden Jahreswechsel und dass dieser Abend im Nu verflogen war. Das Zusammenrücken der Hausbewohner ließ eine Heimeligkeit entstehen, der ich das Jahr über nachtrauerte.

* * *

Mein Fluchtpunkt: das Haus in der Fornsbacher Strasse

Gewohnt habe ich mit dem Bruder und der geschiedenen Mutter in der Römerstraße. Heimat, Fluchtort und Anker aber war das nahe gelegene großelterliche Haus. Die Enge der deutlich moderneren elterlichen Dreizimmerwohnung ließ keine heimeligen Gefühle aufkommen. Und wären sie entstanden, so hätten die täglichen Launen, Ausbrüche und Schimpfkanonaden meiner Mutter mich – wann immer sich eine Gelegenheit bot – flüchten lassen. Die *Gass* war der wichtigste Fluchtort. Während der Schulzeit hielt ich mich zudem viel bei Freunden, später bei Freundinnen auf. Das großelterliche Gründerzeithaus in der Fornsbacher Straße blieb meine Kindheit über Schutzraum und Abenteuerspielplatz.

Der Verweis auf die Gründerzeit darf keine falschen Assoziationen wecken. Das Haus stand fest eingefügt in einer Häuserfront. Die einfache Fassade war schmucklos und funktional. Ohne Putz und Zierrat, Ausdruck bescheidener Bürgerlichkeit. Gebrauch und Funktion bestimmten die bauliche Anordnung. Im Erdgeschoss befanden sich seit jeher Werkstatt und Verkaufsräume. Die schwere, damals noch der Fornsbacher Straße zugewandte Haustür besaß einen graubraunen, dumpfen Anstrich, gestrichen mit schwerer, witterungsresistenter Ölfarbe, deren Beimengungen heute wohl nicht mehr zugelassen wären. Nie blätterte der Anstrich ab, nie wurde nachgestrichen. Immer gleich wirkte die Tür mit ihrer unverwüstlichen Beschichtung, ihren mit Straßenstaub bepuderten Vorsprüngen, dem schweren, innen angebrachten Kastenschloss. Im oberen Drittel war eine dicke Drahtglasscheibe eingelassen, die viel zu wenig Licht in den langen Flur hereinließ, den die Großmutter den *Hausern* nannte.

Die Wohnung der Großeltern lag im ersten Stock. Zum Treppenabsatz hin grenzte eine hohe, holzgefasste gläserne Front die Wohnung ab. Links und rechts der ausladenden, mit kleinen Gardinen bespannten Glastür waren mit mehreren einfachen Riegeln zwei Elemente befestigt, deren untere Hälfte hölzerne, die obere hingegen gläserne Füllungen aufwies. Der Treppenabsatz vor der Wohnung war so weitläufig, dass an der gegenüber der Glastür liegenden Wand noch ein riesiger, weiß lackierter Schrank aufgestellt werden konnte.

Um in die Wohnung zu gelangen, machte man auf dem Treppenabsatz einen Schwenk nach links. Ging man geradeaus, so gelangte man in Holubeks Zimmer, das sowohl auf diesem Weg als auch vom großelterlichen Wohnzimmer aus zu erreichen war. Die Tür zwischen diesen beiden Zimmern war stets geschlossen. Und irgendwann einmal hatte meine Großmutter das Schlüsselloch mit Zeitungspapier zugestopft, angeblich, um den Zigarettenqualm der starken Raucher abzuhalten. Das Aufschließen des Zimmers, der knarrende Boden und unverständliche Gesprächsfetzten signalisierten, dass Holubeks ihr Tagwerk beendet und auch bereits ihr Abendessen in der unten liegenden winzigen Küche hinter der Fahrradwerkstatt eingenommen hatten.

Meine Großeltern lebten erst seit Kriegsende in dieser Wohnung. Ursprünglich war sie das Domizil der Familie Carl Geistdörfers, meines Urgroßvaters großmütterlicherseits gewesen.

Unter den örtlichen Küfern nahm dieser eine herausgehobene Position ein. Zum einen war er Produzent sehr großer Fässer. Zum anderen war er von Amts wegen dazu bestellt, die Qualität der Weine zu verkosten, die von den örtlichen Wirten ausgeschenkt wurden. Manche Lokale boten noch Murrhardter Wein an, der an den Hängen der Alm oder am Hofberg angebaut wurde. Wer als Wirt etwas auf sich hielt, führte edlere Tropfen aus dem Bottwartal, aus Cannstatt oder dem Heilbronner Raum. Die schwach besonnten heimischen Gewächse ließen nur Säuerlinge entstehen.

Schon Carls Vater war Küfer gewesen, freilich an anderer Stelle, am unteren Riesberg. An einem warmen Frühsommertag ging der alte Meister mit seinem Gesellen zum Feuersee, um Binsen zu schneiden, die sie für die Abdichtung der Holzfässer benötigten. Im See tummelten sich bereits einige Mutige. Kaum einer der Jungen konnte schwimmen. Als Schwimmhilfen dienten ihnen große metallene Bonbonbüchsen. Die Vorsichtigeren hatten die Deckel zulöten lassen, damit kein Wasser eindrang. Kühnere Burschen verzichteten darauf und kamen manchmal mit nahezu vollgelaufener Büchse ans andere Ufer.

Nach getaner Arbeit bat der Geselle meinen Ururgroßvater, sich noch rasch im See erfrischen zu dürfen. Er lieh sich von einem Jungen eine dieser Schwimmhilfen, stieg ins Wasser und stieß sich vom Ufer ab. Mit den Armen umklammerte er den Metallkorpus. Er paddelte mit den Beinen, kam nur langsam voran. Rasch war das Gefäß vollgelaufen. Auch der Geselle war des Schwimmens nicht mächtig. Der Meister konnte vom Ufer aus sehen, wie der junge Mann in Panik geriet. Als der Bursche unterzugehen drohte, sprang der Alte in den See, um seinen Gesellen zu retten. Der alte Geistdörfer konnte aber ebenfalls nicht schwimmen. Beide ertranken.

Meine Großmutter erzählte oftmals von diesem Ereignis, das sie selbst nur aus Überlieferungen kannte. Viele Murrhardter seien zusammengelaufen. Man habe die Sturmglocken geläutet. Rasch sei die Feuerwehr mit Hilfsgerät zur Stelle gewesen. Doch der Meister und sein Geselle konnten nur noch tot geborgen werden. Unter großer Anteilnahme der Bevölkerung wurden sie Tage später zu Grabe getragen. Das Durchschwimmen des Feuersees mit Bonbonbüchsen – egal, ob verlötet oder nicht verlötet – war von nun an verboten. Der Schutzmann war angehalten, sommers darauf zu achten, dass der Weisung Folge geleistet wurde.

Meine Großmutter beschloss die Schilderung dieses Unglücks meist mit dem mahnenden Hinweis, dass das Wasser keine Balken habe. Sie blieb zeitlebens Nichtschwimmerin und geriet in Panik, wenn ihre Töchter – beide waren begeisterte Wasserratten – von ihren Erlebnissen an offenen Gewässern erzählten.

Dass Carl Geistdörfer, der spät Vater geworden war, seine drei Töchter vergötterte, darf nicht zu dem Schluss führen, er sei im Umgang mit anderen zartbesaitet gewesen. Er galt als Raubauz und war, da von kräftiger Statur, bei Raufhändeln gefürchtet. Wenn er seine Runden machte, um die Qualität der in Murrhardt angebotenen Weine zu testen, war eine Verkostung des Trunks unumgänglich. Moderne Technik stand nicht zur Verfügung. Im Wesentlichen ging es darum, zu prüfen, ob das Getränk mit Wasser gestreckt worden war. Hatte er Zweifel an der Qualität oder fühlte sich ein Wirt im Gegenzug in seiner Berufssehre verletzt, wurde es gelegentlich handgreiflich. Gegen Carl Geistdörfer zogen die anderen meist den Kürzeren. Das hinderte manche Gastwirte nicht daran, nach erfolgter Kontrolle den Wein mit Wasser zu verdünnen.

Das *Linäle* wurde vom Vater regelrecht verzärtelt. Die Liebe zu seiner Jüngsten war so innig, dass er sich selbst mit den Notablen des Ortes anlegte, wenn er den Eindruck gewann, seiner Tochter sei Unrecht geschehen. Das Kind sei eines Tages mit einem blauen Fleck am linken Ohrläppchen nach Hause gekommen. Beim Mittagessen wurde der Küfermeister darauf aufmerksam.

»Linäle«, fragte er, »hast du mit jemand Streit gehabt?«

»Nein«, erwiderte das Mädchen sichtlich verlegen.

»Woher stammt dann der blaue Fleck an deinem Ohr?«

Das Kind zögerte. Es hatte im Unterricht geschwätzt. Der Lehrer hatte ihr einen Verweis erteilt. Als sie erneut mit ihrer Nebensitzerin schwatzte, hatte er sie ins Ohr gekniffen, was gemessen an den damals üblichen Formen der Züchtigung eher eine sanfte Bestrafung war. Auf Drängen des Vaters berichtete Lina von dem Vorfall. Sie habe im Unterricht geredet, berichtete sie wahrheitsgemäß. Daraufhin habe der Lehrer Schraishuhn sie bestraft.

Der massige Mann erhob sich vom Mittagstisch, ließ alles stehen und liegen und eilte in das Lokal, in dem der damals noch unverheiratete Lehrer werktags sein Mittagessen einnahm. Der Küfermeister betrat den Gastraum, sah von Tisch zu Tisch.

»Sind Sie der Schweißhund?«, fragte er einen Mann, der ihm fremd war.

Der junge Lehrer korrigierte: »Mein Name ist Schraishuhn.«

Sekunden später riss ihn der Hüne am Klappenkragen seines Gehrocks vom Stuhl, drängte ihn an die nächstliegende Wand und stemmte ihn an selbiger so weit hoch, bis der arme Mann mit dem Kopf an die Hutablage stieß.

»Nie wieder, Schweißhund, rührst du mein Linäle an.«

Dann habe er den Lehrer wieder auf den Boden gestellt und die Wirtschaft verlassen.

Niemals mehr, berichtete meine Großmutter bei passender Gelegenheit, sei sie während ihrer weiteren Schulzeit von einem Lehrer geschlagen oder auf andere Weise gezüchtigt worden.

Über die Heirat der Schwester Friederike erwuchs eine weitverzweigte Esslinger Verwandtschaft. Die Schwester Luise lebte jahrzehntelang leidend und am Ende als Pflegefall im zweiten Stock, nachdem sie mit ihren beiden Kindern Herbert und

Luise aus persönlichen Gründen ihrer in Kassel geschlossenen Ehe entflohen war.

Wenn man die Wohnung meiner Großeltern betrat, stand man in einer riesigen, düsteren Diele, in der auch tagsüber meist das elektrische Licht brannte. Sie gehörte zu den Orten, an denen wir bei Schlechtwetter stundenlang unsere Spiele austrugen. Zudem beherbergte sie allerhand Interessantes. Im rechten Eck stand stets ein weiß lackierter Hocker. Er diente nur selten als Sitzgelegenheit. Ihn benutzte meine Großmutter – leichtfertig, aber zum Glück, ohne jemals einen Sturz zu erleiden –, um in hohen Schränken an die oberen Regale zu gelangen. Noch im Alter stieg sie leichtfüßig auf. Manchmal hatte sie einen Staubwedel in der Hand, um die Gipsleisten der weiß gestrichenen Decken von Spinnweben zu befreien. Einmal im Jahr wurden die Gardinen gewaschen. Dann wurde der Hocker zur Steighilfe, um die kleinen Metallrollen wieder in die Gardinenstangen einzufädeln. Wenn der Mann es nicht tat, stieg sie hinauf, um defekte Glühbirnen auszuwechseln oder etwas herunterzuholen, was im Schlafzimmer auf einem der Schränke verstaut worden war.

Neben dem Hocker befand sich ein einfacher Holztisch, der mit einem gemusterten Wachstuch bedeckt war. Auf ihm stand mittig platziert stets ein frischer Strauß oder ein kleiner Blumentopf. Dahinter lag eine alte Bibel, die uns weitaus weniger interessierte als die daneben stehende mechanische Balancewaage – wohl ein frühes Soehnle-Produkt – samt den zahlreichen Gewichten, die uns immer wieder als Beiwerk zu fantasievollen, oftmals neu erfundenen Spielen dienten. Das Kilogewicht, ein Einpfünder und mehrere Hundert- und Zweihundert-Gramm-Stücke standen auf und neben der Waage. Wenn wir die Schublade des Tisches öffneten, fanden wir mehrere Stifte. Man warnte uns davor, deren Spitzen in den Mund zu nehmen, denn sie hießen nicht nur *Bleistifte*. Ihre Minen enthielten tatsächlich Blei. In einem altmodischen Etui befand sich Großvaters Brille, die er nur aufsetzte, wenn er die *Murrhardter Zeitung* las oder mit einem dieser Stifte in schöner, ausdrucksstarker Handschrift im Auftrag der Großmutter eine Gruß-, Weihnachts- oder Trauerkarte schrieb oder – jeweils zu Schuljahresbeginn – unsere in kräftiges Papier eingebundenen Schulbücher beschriftete.

Und dann befand sich in der Schublade noch ein farblos lackierter Holzkasten. Ein präzise angepasster Deckel war mit schmalem Klavierband angebracht und hielt mittels eines zierlichen Metallverschlusses. Der massive Korpus wies verschieden große und unterschiedlich tiefe zylindrisch ausgehobene Vertiefungen auf. Deren Bodenflächen waren mit passgenau ausgestanzten kreisrunden grünen Filzen beklebt. Der Kasten enthielt die kleineren Gewichte. Sie wogen zwischen einem halben und fünfzig Gramm. Manche, etwa die Zwanzig- und Zwei-Gramm-Stücke, waren doppelt vorhanden. Sie waren aus Messing gefertigt und mit einem Knauf versehen, an dem man sie aus ihren Ablagen herausheben konnte. Wenn wir mit diesen Gewichten spielten, wurde dies meist von der Mahnung begleitet, nur ja keines dieser kleinen Dinger zu verlieren.

An der Wand über dem Tisch hing eine Serie gerahmter Jagdmotive, Kopien zeitgenössischer Jagdbilder vergangener Jahrhunderte, von denen mir eines in Erinnerung geblieben ist, das eine Wildschweinhatz mit Pferden und Jagdhunden darstellte. Obwohl bereits von mehreren Saufedern durchbohrt, wehrte sich der schwer verwundete wilde Eber noch immer. Etliche Hunde hatten sich in seinem borstigen Wanst verbissen. Zwei oder drei der Schweißhunde lagen regungslos neben dem Keiler. Blutfontänen schossen aus ihren tödlichen Verletzungen. Es würde nicht gut für den wilden Eber ausgehen. Aber er hatte bis zum Letzten gekämpft. Als Kind war ich weniger von der Grausamkeit des Hetzens und Abschlachtens berührt, sondern von der wilden und zugleich vergeblichen Gegenwehr.

Meine Sympathie gehörte dem Eber. Später gehörte sie den Füchsen, als es unsinniger Brauch geworden war, diese zu vergasen. Zusammen mit Peter Wieland, einem weiteren Kindheitsfreund – er verunglückte jung tödlich mit dem Motorrad –, zog ich den Riesberg hoch. Beide waren wir getragen von der kindlich-naiven Absicht, die Fuchsbauten aufzuspüren und die Begasungsanlagen herauszureißen.

Im Flur der großelterlichen Wohnung stand vor der linken Wand lediglich der Untertisch einer altmodischen mechanischen Nähmaschine. Selbige war entfernt worden. Aber das Pedal trieb über eine Pleuelstange das Schwungrad an. Über dieses war früher ein Keilriemen geführt worden, der das Antriebsrad der oben aufgesetzten Nähmaschine in Gang setzte. Wieder und wieder betätigten wir das schmiedeeiserne Pedal, ohne Sinn, einfach nur um der Bewegung willen. Am Ende dieser Wand, gleich neben der Küchentür, war eine schlichte Garderobe. Im Grunde genommen war es nur eine Hutablage, an die einige einfache Haken montiert waren. Hier hingen nur die Arbeitsjacken des Großvaters und gelegentlich die Überzieher von Besuchern. Die gute Garderobe wurde nach dem Ablegen von der Großmutter gebürstet und wieder in den Schrank gehängt. War der Großvater mit der Kleidung im Wirtshaus gewesen, wurde sie mehrtägig ausgelüftet.

Links von der Glastür lag lang gestreckt das Klo, meist *Abtritt*, von anderen gelegentlich auch *Abort* oder *Abe* genannt. Wenn man die schwergängige, von innen mit einem Riegel verschließbare Tür geöffnet hatte, lagen noch einige Meter Weges vor einem, ehe man das rostrote Gussungetüm erreicht hatte. Bis Mitte der Sechzigerjahre war es noch ein Plumpsklo mit solidem Holzsitz und schwerem Deckel. Ein seitlich angebrachter Hebel ermöglichte das Abkippen des Bodens. Aus einer weiß emaillierten Kanne wurde nachgespült.

Die Vorstellung, dass man lediglich durch ein dickes Rohr von der *Scheißhausgrub* – der geschlossenen Fäkalgrube – getrennt war, verursachte uns Kindern Unbehagen. Auch weil uns die Geschichten über die Ratten, die sich in diesen Gruben aufhalten sollten, bereits vertraut waren. Die im Hinterhof des großelterlichen Hauses gelegene Grube war mit einem gut schließenden, stabilen Schachtdeckel versehen. Doch in etlichen Winkeln der Altstadt lauerten Grubenöffnungen, die lediglich mit Brettern abgedeckt waren. Wenn wir Kinderbanden durch die Winkel jagten, sprangen wir stets mit der gebotenen Vorsicht über diese hinweg.

Mitten im Krieg hatte sich einmal eine Stuttgarter Tante zu einem sonntäglichen Besuch bei ihrer Murrhardter Verwandtschaft angekündigt. Obwohl Reformköstlerin, besuchte sie ihre Verwandten wohl auch mit dem Hintergedanken, dass es bei diesen etwas Ordentliches zu essen gab und eventuell sogar noch ein kleines Nahrungsmittelpaket für die Heimreise heraussprang. Auch Liselotte, die ihr Pflichtjahr noch nicht beendet hatte, war mit zwei zu betreuenden Kindern zu Gast bei ihrer Tante Luise.

Die Stuttgarterin kam mit dem Mittagszug. Ungehalten betrat sie die Wohnung im zweiten Stock der Fornsbacher Straße. Niemand habe es für nötig erachtet, sie vom Bahnhof abzuholen.

Die Mädchen entschuldigten sich, wiesen auf die beiden Kinder und versuchten, die Laune der Tante mit dem Hinweis zu heben, das Essen würde in Kürze fertig.

Während Liese und Liselotte in der Küche weiter das Mittagessen zubereiteten, saß der Stuttgarter Gast mit den kleinen Kindern in der Stube, wo ihnen die bettlägerige Luise Geschichten erzählte.

Liese und Liselotte hatten Fleischküchle zubereitet, dazu Kartoffel- und Endiviensalat. Die Stuttgarter Tante langte ordentlich zu. Noch während des Essens klagte sie über Unwohlsein. Hatte sie zu viel und zu hastig gegessen? Bekam der Reformköstlerin das fette Essen nicht? Oder hatte das aus einer Schwarzschlachtung stammende Hackfleisch bereits einen *Stich* gehabt? Der von Luise empfohlene und vom Gast auch eingenommene Melissengeist brachte keine Linderung. Die Tante eilte auf den Abort, spie das soeben Gegessene wieder aus. Kreidebleich, ein Taschentuch vor den Mund haltend, kam sie in die Stube zurück. Ein Malheur sei geschehen. Das schlechte Essen – verwundert und empört sahen sich Liese und Liselotte an – habe bei ihr einen so gewaltigen Brechreiz ausgelöst, dass sich ihr neues Gebiss gelöst habe und nun in der Grube gelandet sei.

Die beiden Mädchen hatten Mühe, sich das Lachen zu verkneifen.

»Nagelneu ist es gewesen«, jammerte die Tante und fügte hinzu: »In dieser schweren Zeit ist kaum Ersatz zu bekommen.«

Luise machte eine gewichtige Bemerkung. Die Grube sei erst vor zwei Tagen geleert worden. Es sei doch ein Leichtes, das verloren gegangene Objekt mithilfe eines Rechens oder auf andere Weise zu bergen. Eines der beiden Mädchen müsse hinunter.

Angewidert sahen sich Liese und Liselotte an.

»Wir losen«, schlug Liese resolut vor. »Ich breche eines von zwei Streichhölzern ab. Wer das kürzere zieht, hat verloren.«

Sie hielt ihrer Cousine die bis auf die roten Köpfe vom Daumen verdeckten Hölzchen entgegen. Liselotte zog ein abgebrochenes.

»Du bist dran«, sagte Liese triumphierend.

»Werft die Hölzer nicht weg«, mahnte Mutter Luise. »Streichhölzer sind knapp.«

»Ihr passt solang auf die Kinder auf«, sagte Liselotte zerknirscht. Sie rannte in die Römerstraße, um im Haus des Hageljock ihren Trainingsanzug und ihr ältestes Paar Schuhe zu holen. Auf einer Leiter und, wie von der Tante empfohlen, mit einem Gartenrechen ausgestattet, kletterte die Sechzehnjährige in die Grube hinunter. Liese passte derweil auf, hielt das freie Ende eines Seils, das sich ihre Cousine um den Leib geschlungen hatte. Es bedurfte etlicher Versuche, bis sich die Prothese in den Zinken des Rechens verfing. Gegen eine Ohnmacht kämpfend, stieg das Mädchen die Leiter hoch, fiel auf die Knie und atmete minutenlang tief durch. In einem Eimer brachte sie das Gebiss nach oben.

»Wir kochen es aus«, schlug Tante Luise vor.

»Ich stelle Wasser auf«, ergänzte Liselotte. »Ich muss mich wenigstens dreimal waschen, bis der Gestank verschwindet.«

»Du heimtückisches Weibsstück«, entfuhr es ihr, als sie sich daranmachte, die Gasflamme des Herdes zu entzünden. In die Streichholzschachtel waren zwei an den Enden gekürzte Hölzchen zurückgelegt worden.

* * *

Der Steinhaus, Kasubkes und das Fernsehen

Nach Luises Tod wurde die Wohnung im zweiten Stock von einem bunten Völkchen bewohnt. Sie hatte nahezu denselben Zuschnitt wie die großelterliche. Durch einen rückwärtigen Vorbau, der die Küche und das hintere Zimmer der großelterlichen Wohnung erheblich verdunkelte, war sie wenige Quadratmeter größer. Das einstmals außen liegende Zimmer war in die Wohnung integriert worden. Jetzt wohnten hier Flüchtlinge, die froh waren, eine weniger beengte Unterkunft gefunden zu haben. Vater Kasubke war ein stiller Mann, der wenig und dann mit sanfter Stimme sprach. Nur gelegentlich huschte ein verlegenes Lächeln über sein Gesicht. Er hatte den Krieg mitgemacht, hatte alles verloren. Er gehörte zu den Menschen, die nach 1945 in der Kleinstadt nicht willkommen waren. Der Zufall hatte ihn hierhergeweht. Als er Arbeit fand, wuchs seine Zuversicht, schien Zukunft wieder möglich. Frühmorgens radelte er wie viele andere im Blaumann auf einem schwarzen, noch aus der Vorkriegszeit stammenden *Göppel* zum *Spintex*. Mittags kam Kasubke immer nach Hause. Seine Frau brachte auf die Minute pünktlich das Essen auf den Tisch. Es blieb nur wenig mehr als eine halbe Stunde. Dann radelte er wieder zur Fabrik. Mutter Kasubke war rundlich und rotgesichtig. Mit ihrem weiten Kopftuch erinnerte sie an die Matrjoschkas, die hölzernen, bunt bemalten, ineinander schachtelbaren russischen Figürchen. Es hieß, sie trinke heimlich. Ich hatte dafür keinen Anhaltspunkt, wohl aber für eine nicht zu übersehende sprachlose Traurigkeit. Stundenweise ging sie bei fremden Leuten putzen. Sie war gut zu uns Kindern. Länger als anderswo durfte in ihrer Wohnung gespielt werden. Nie kam ein Tadel, auch dann nicht, wenn es lauter wurde.

Gerd Kasubke war ein Jahr älter als ich und immer dann mein Spielkamerad, wenn ich bei den Großeltern war. Seine Schwester Monika war noch ein Jahr älter. Manchmal wurde sie zu meiner resoluten Beschützerin. Später, als sich ihre Frühreife deutlich abzeichnete, war sie das Objekt meiner niemals ausgesprochenen kindlichen Schwärmereien und erster erotischer Fantasien. Als Monika in die Schule kam, trug sie, wie viele Mädchen um 1960, Zöpfe, die sie erst etliche Jahre später ablegte. Sie war mit uns Jungen viel im Hof und auch in der Stadt oder auf der Flur unterwegs. Sie beeindruckte uns damit, dass sie im Stehen pinkeln konnte. Das warf Fragen auf, die erst einmal unbeantwortet blieben. Selbst ihr Bruder konnte uns keine brauchbaren Details offenbaren. Ich zog in Erwägung, diesen Sonderfall mit meiner jüngsten Tante zu erörtern. Liselotte galt als wildes Huhn, war immer lustig und wurde später oftmals meine Ansprechpartnerin für knifflige Angelegenheiten, die mit dem Leben und der Liebe einhergingen. Als Zehnjähriger unterließ ich es am Ende aber doch – wahrscheinlich richtigerweise –, dieses sonderbare Phänomen mit ihr zu erörtern.

Kasubkes Diele war so raumgreifend, dass man ohne Weiteres noch ein kleines Zimmer hätte abtrennen können. Man hatte aber lediglich ein gutes Viertel mittels eines dunklen, übermannshohen Vorhangs abgeteilt, hinter dem auf riesigen Regalen Schachteln und Koffer gelagert wurden, was den Eindruck vermittelte, die einstigen Flüchtlinge rechneten damit, erneut ihre Siebensachen packen zu müssen, um sich ein weiteres Mal auf die Flucht zu begeben. Im dahinter liegenden Zimmer hauste Frau Kasubkes hochbetagte Mutter. Die Greisin hielt sich meist in ihrem Stübchen auf, kränkelte viel und war die erste Tote, die zu meinen Lebzeiten aus dem Haus getragen wurde.

In einem Hinterzimmer wohnte ein Untermieter. Paul Steinhaus, ebenfalls ein Flüchtling, verbrachte Jahrzehnte in einem weitgehend vermüllten Raum. Mutter Kasubke putzte gelegentlich, soweit es die Unordnung zuließ, wechselte wohl auch hin und wieder das Bettzeug. Eine Mischung aus Heizölgeruch und Zigarettenqualm waberte durch das Zimmer. Andere Gerüche wie der nach schaler Nachgärung ausgetrunkener Bierflaschen oder dem Sud saurer Gurken mischten sich darunter. Vor der linken Wand stand eine zerschlissene Chaiselongue, von der meine Mutter und meine Großmutter unisono behaupteten, sie stinke und sei voller Flöhe. Dennoch war dieses speckige, abgeschabte Ungetüm einer unserer Lieblingsplätze. Paul Steinhaus war der erste uns zugängliche Mensch, der einen Fernseher besaß. Dieser stand mittig auf einem ausgezogenen Tisch. Dahinter staute sich allerlei Gerümpel. Davor lagerte all das, was der wortkarge Mann für sein abendliches Vesper benötigte. Erst nachdem er schweigend und mit einem Taschenmesser in der Hand zu essen begonnen hatte, wurde der Kasten angemacht.

Wenn der vierschrötige Mann auf seinem schweren Rad von der Arbeit kam, ging er zu unserem Leidwesen nicht sofort in seine Stube. Er stellte sein Rad zu den anderen, die im Hausflur vor dem Kellerabstieg an der Wand lehnten. Dann bückte er sich und entfernte die Metallklammern, die verhindern sollten, dass eines seiner Hosenbeine in die Fahrradkette geriet. Anschließend ging er immer noch nicht nach oben, sondern stellte sich in die angelehnte Haustür, bedächtig eine Zigarette anzündend und diese ohne Hast rauchend. Hin und wieder wechselte er wenige Worte mit einem Bekannten oder einem Arbeitskollegen, der, da zu Fuß, erst jetzt von der Arbeit kam. Steinhaus trug keinen Blaumann, sondern eine abgetragene Hose, eine graubraune, ausgebeulte Jacke über einem verwaschenen Hemd, auf dem Kopf eine Schlägermütze, die er erst abnahm, wenn er die Stube betreten hatte. Mit uns sprach er wenig. Einsilbig ging er auf unsere an ihn gerichteten Fragen ein.

Gelegentlich bewies er einen hintersinnigen Humor. Ich fragte ihn einmal, wer jener kleine Brillenträger sei, der im

Blaumann oftmals eiligen Schrittes und gesenkten Kopfes an uns vorbeihuschte. Dabei kam dessen stets kurz geschorener *Mecki*-Schnitt besonders gut zur Geltung. Das sei der Herr Soehnle, antwortete Steinhaus, was meinen allergrößten Respekt hervorrief. Ich ging davon aus, einen der beiden Inhaber der damals weltbekannten Waagenfabrik vor mir zu haben, vielleicht sogar den Sohn jenes Soehnle, in den meine Großmutter nach deren Bekunden noch weit vor dem Ersten Weltkrieg verliebt gewesen war. Erst viel später stellte sich heraus, dass dieser immer eilende Mann nur ein einfacher Soehnle-Arbeiter war, dessen in der Fabrik an den Tag gelegter Übereifer ihm den Spitznamen *Herr Soehnle* eingetragen hatte. Auch andernorts behielt dieser Mann seinen hastigen Gang bei, der mehr ein Rennen als ein Gehen war. Stets hielt er den Kopf gesenkt. Der *Mecki* war im hohen Alter ergraut, aber immer noch akkurat geschoren.

Erst wenn die Zigarette aufgeraucht und niemand mehr zum Plaudern da war, ging Steinhaus nach oben, mit mir und gelegentlich auch anderen Kindern im Schlepptau. Wenn der erste Schluck aus der Bierflasche genommen und das angebrochene Gurkenglas aufgeschraubt war, drückte er endlich den Knopf des Fernsehers. Es dauerte eine kleine Ewigkeit, bis der Ton kam und das Bild erschien. Oft liefen noch die kurzen Achtzehnuhr-Nachrichten der ARD. 18.05 Uhr folgte Werbung. Endlich kam die erste der von uns geliebten Serienfolgen im Südfunk. Unsere Beharrlichkeit hatte sich ausgezahlt.

Sommers setzte sich Steinhaus sogleich an die Schmalseite des langen Tisches. Der Fernseher befand sich nur einen guten Meter von ihm entfernt. Während das Röhrengerät seinen Betrieb aufnahm, schnitt er Brot und öffnete mit einem blechernen Geräusch eine der Wurstbüchsen, die vor ihm standen.

Winters machte er sich zuallererst daran, mit einer Metallkanne den neben der Chaiselongue stehenden Ölofen zu füllen. Heizölgeruch machte sich breit. Prüfend sah er durch die Öffnung. Hatte sich am Boden eine kleine Ölpfütze gebildet, entzündete er einen wächsernen Ölofenanzünder und warf ihn hinein. Wenn ihm die Anzünder ausgegangen waren, strich er zwei oder drei Streichhölzer gleichzeitig an und hoffte darauf, dass sie brennend den Boden erreichten und genügend aufgeflammt waren, um das Öl in Brand zu setzen. Meist gestattete er uns Kindern noch einen kurzen Blick auf die nach oben züngelnde Flamme. Dann legte er mit einem Haken den eisernen Deckel wieder auf.

Ungeduldig warteten wir darauf, dass der erste Block der Vorabendwerbung zu Ende ging: »Warum denn gleich in die Luft gehen? Greife lieber zur HB.« – »Wenn einem also Gutes widerfährt, das ist schon einen Asbach Uralt wert. Im Asbach Uralt ist der Geist des Weines.« – »Der Duft der großen weiten Welt: Peter Stuyvesant.«

Als Kind rätselte ich über die merkwürdige Schreibweise des Namens der Marke, die in den frühen Sechzigerjahren für Moderne stand und groß in Mode war. Später liefen ihr *Camel* und *Marlboro* deutlich den Rang ab. Steinhaus rauchte billiges, stinkendes Zeug, *Eckstein No. 5*, ohne Filter.

Wenn der Werbeblock vorüber war und endlich die ersehnten Filme kamen, war die Bude längst verqualmt. Nicht alle Vorabendsendungen waren nach meinem Geschmack. Filme mit Doris Day langweilten mich bereits im Kindesalter. Auch Kurzfilme der Serie *Meine drei Söhne* vermochten mich trotz des originellen Hundes *Tramp* nicht zu begeistern. Schmonzetten wie *Mutter ist die Allerbeste* enttäuschten uns Fernsehgierige. »Altweiberfernsehen«, maulte Gerd. Wir waren gespannt auf *Abenteuer unter Wasser* und *Sprung aus den Wolken*. Gerade noch akzeptiert, weil angestaubt und altbacken: *Funkstreife Isar 12* oder *Die seltsamen Methoden des Franz Josef Wanninger*.

Nach dem ersten Vorabendfilm wieder Werbung: »Dash wäscht so weiß. Weißer geht's nicht«. Filmchen für *Osram*, *Togal*, *Kaffee Hag*, *Dextropur* und *die erste antibakterielle Zahnbürste von Dr. Best.* »Wo junges Leben sich im Tanze wiegt, da ist 4711 immer dabei.«

Dann, um 18.45 Uhr: *Die Abendschau*, angekündigt mit einem Luftbild vom Stuttgarter Fernsehturm und ihrem an eine blechern scheppernde Fanfare erinnernden Erkennungsjingle, der sich in meinen tonalen Erinnerungen festgefressen hat: *Datta dada da da.* Ein zweites Mal, am Ende leicht ansteigend: *Datta dada da da.* Und noch einmal, nun am Schluss wieder abfallend: *Datta dada da da.* Inhaltlich interessierte uns die Abendschau (noch) nicht.

Die Kasubke-Kinder, sofern sie mit auf der schmierigen Chaiselongue saßen, wurden unruhig. Kurz nach sieben, spätestens um viertel acht, öffnete Mutter Kasubke leise die Tür, erinnerte an die Zeit und daran, dass dieses oder jenes noch gemacht werden müsse. Der Schulranzen war zu packen und manchmal der Turnbeutel. »Gerd, morgen hast du Sport.« Enttäuscht schlichen Monika und Gerd hinaus.

Steinhaus hatte zwischenzeitlich weder einen Ton von sich gegeben noch von dem, was er gerade tat, aufgeschaut. Nach der Abendschau – vorher nie – genehmigte er sich eine zweite Flasche Bier. Pausenlos rauchte er sein stinkendes Kraut. Alleine oder zusammen mit meinem Bruder hoffte ich darauf, auch den zweiten Vorabendfilm noch in Gänze sehen zu können, wenngleich wir auch dabei Enttäuschungen erlebten. *Der Fenstergucker* – ein beschauliches, ursprünglich aus Österreich stammendes Format, das mir heute vermutlich gefallen würde – zeigte im Vorspann ein als *Fenstergucker* bekanntes Steinbild, das sich unterhalb der Kanzel des Wiener Stephansdoms befindet. Die Sendung wurde durch getragene Musik eröffnet, die mich an Tod, Friedhöfe und Beerdigungen denken ließ.

Verklang die Musik, kletterte der hier vermeintlich abgebildete Dombaumeister Anton Pilgram aus der Rahmung des Bildes, wurde mit Leben beseelt und führte in attraktive Landschaften, zu historischen Baudenkmälern und weiteren Orten, die markante Besonderheiten aufwiesen.

Ein halbes Jahrhundert später, nun baugeschichtlich weitaus interessierter, erfuhr ich zufällig, dass der in Stein gemeißelte Fenstergucker unter der Domkanzel nicht Anton Pilgram zeigt, sondern den niederländischen Bildhauer Niclas Gerhaert van Leyden. Für uns Kinder hätte dies wohl keine Bedeutung gehabt. Wir hätten uns so oder so gelangweilt.

Lieber war uns als Zweitfilm dann doch eine Folge von *Graf Yoster gibt sich die Ehre* oder *Kommissar Freytag.* Manchmal saßen wir noch, wenn das Bild, das mehrere Antennen zeigte, zusammen mit der einprägsamen Erkennungsmelodie die *Tagesschau* ankündigte. Bestand die Möglichkeit, wenigstens ein Stück des späteren Abendprogramms zu erhaschen? Paul Steinhaus schickte uns niemals weg. Doch die Hoffnung war meist vergebens. Irgendwann nach acht kamen meine Mutter oder meine Großmutter, um mich und manchmal auch meinen Bruder abzuholen. Steinhaus, der große Schweiger, sagte auch jetzt nur etwas, wenn er angesprochen wurde. Unverwandt stierte er auf den Bildschirm, paffte.

»Gute Nacht und danke«, verabschiedeten wir uns höflich. Man wollte ja wiederkommen.

»Nacht«, erwiderte er, ohne den Blick zu heben.

Mit wachsender Bedeutung des Fernsehens verlor unser tägliches Herumstreunen einiges seiner ursprünglichen Ziel- und Planlosigkeit. Wie andere, deren Eltern wegen ihrer Armut, ihrer Weltanschauung oder ihrer Gleichgültigkeit diesem Medium gegenüber noch kein Fernsehgerät angeschafft hatten, waren wir immer bestrebt, eine Gelegenheit ausfindig zu machen, um bei wohlwollenden Menschen fernsehen zu können. Unser

Herumstreunen ging über in ein strategisches Verhalten: das unauffällige Eindringen in Wohnungen, das gezielte Aufsuchen von Nachbarskindern oder Schulkameraden, deren Vater bei der Arbeit war und deren Mutter dem erdrückenden Gequengel oder dem Betteln erlag, den Kasten bereits am frühen Abend anmachen zu dürfen. Im Unterschied zum Dorf bot sich in der Kleinstadt auch ein schlechter Ersatz in Form jener Geräte, die zu Werbezwecken in den Schaufenstern mehrerer Rundfunk- und Fernsehgeschäfte standen. Doch dort hatte man keinen Ton und war der Witterung ausgesetzt. Erst etliche Jahre später legte der in Murrhardt legendäre *Fernseh-Mayer* einen Lautsprecher nach außen, freilich erst, als wir uns in einem Lebensabschnitt befanden, in dem wir Fernsehkonsum als spießig oder gar als *Instrument zur Manipulation der Massen* ablehnten.

Der Sonntag war der einzige Tag der Woche, an dem ich als Kind dazu verdonnert war, mich vorwiegend in der mütterlichen Wohnung aufzuhalten. Das Spielen auf der *Gass* war tabu. Es schickte sich nicht. Der Sonntag war der Tag größtmöglicher Langeweile. Wenn ein Freund klingelte, der sich den sonntäglichen Ritualen seiner Familie entziehen konnte, wurde er von meiner Mutter resolut weggeschickt. Davon waren ohnehin nur Spielkameraden befreit, die im Sportverein waren. Sie konnten mit der ausdrücklichen Duldung des ebenfalls fußballverrückten Vaters das Haus verlassen. Um die Tradition zu wahren und den Kirchgang nicht zu beeinträchtigen, wurden damals die meisten Jugendspiele samstags ausgetragen. Die elterliche Wohnungstür öffnete sich sonntags somit nur dann, wenn auch der Vater sich nach dem Mittagessen auf den Weg zum Sportplatz machte, um das Heimspiel seines örtlichen Vereins anzuschauen. Damals gab es davon noch zwei. Neben dem traditionsreichen SV Murrhardt existierte etliche Jahre noch ein von Flüchtlingen gegründeter SV Murrhardt-Alm, der seine Heimspiele nahe der rasch wachsenden Alm-Siedlung auf einem viel zu kleinen Platz am Ufer der Murr austrug, der gelegentlich unter Wasser stand. Wenige Jahre später kam dann vorübergehend noch ein italienischer Fußballverein hinzu, ein Hinweis darauf, dass die Zahl der italienischen *Gastarbeiter* groß geworden war. An dessen Spitze stand Ettore Cipollari.

In den Sechzigerjahren hatten ihn die KPI und die kommunistische Gewerkschaft nach Deutschland delegiert, um unter der wachsenden Schar der dort tätigen italienischen Arbeiter das Klassenbewusstsein zu fördern und für Arbeitsdisziplin zu sorgen. Seine jüngere Tochter Marina kam als erstes und während meiner gesamten Grundschulzeit auch einziges ausländisches Kind in meine Klasse. Ein Jahr zuvor hatte Conny Froboess das schaurige Liedchen von den zwei kleinen Italienern veröffentlicht, die nur allzu gerne wieder zu Hause sein wollten, bei *Tina und Marina* nämlich, weshalb *Tschipos* Jüngste sich ständig mit dem dämlichen Refrain des Schlagers konfrontiert sah. Als Marina auftauchte, unterrichtete uns in der dritten Klasse Fräulein Ende im heruntergekommenen Grabenschulhaus. Später wurde das historische Gebäude zur Obdachlosenunterkunft. Fräulein Ende, von der wir erst im Erwachsenenalter erfuhren, dass sie eine hochgestellte BDM-Führerin gewesen war, schlug und prügelte. Dabei folgte sie ihrem eigenen Konzept innerer Differenzierung. Die leistungsstärkeren und aus höhergestellten Familien stammenden Schüler erhielten bei Vergehen lediglich Tatzen verabreicht. Andere, so auch mein stets ernst, ja traurig dreinschauender, schüchterner Nebensitzer Bernhard, wurden nach vorne gerufen. Diejenigen, die in der ersten Bank saßen, hatten diese frei zu machen. Der von Fräulein Ende zum Delinquenten Bestimmte musste sich über die Bank legen und bekam eine zuvor nicht angekündigte Zahl an Schlägen auf den Hintern. Es steht zu vermuten, dass die mit dem Stock ausgeführten heftigen Schläge auf die geöffnete Hand weitaus schmerzhafter waren als die Streiche auf den Hosenboden. Doch das Ritual des *Arschversohlens* war ein elendes, weil demütigend und grausam.

Der zutiefst erschrockene Schüler – lediglich Jungen wurden auf den Hintern geschlagen, in seltenen Fällen erhielten Mädchen Tatzen oder Ohrfeigen – wurde aufgerufen. Vor aller Augen hatte er sich nach vorne zu begeben. Während er sich über die Bank legte, stand die Lehrerin mit dem Stock in der Hand daneben. Wenn die Prozedur beendet war, musste der Geprügelte wieder auf seinen Platz zurück, erneut die Blicke der meisten Mitschüler auf sich gerichtet. Manche der Geschlagenen weinten. Andere blickten zu Boden oder starrten verkniffen geradeaus. Die beiden, die die erste Bank geräumt hatten, durften wieder auf ihre Plätze. Nie werde ich das Entsetzen und die Traurigkeit im Gesichtsausdruck meines zeitweiligen Nebensitzers vergessen, wenn er auf seinen Platz zurückkehrte. Bernhard war ein schlechter Schüler. Selbst in kurzen Diktaten machte er dreißig und mehr Fehler. Der Siegelsberger war ein stiller, braver Junge. Nie hatte er etwas angestellt. Er wurde geschlagen, weil er unter diesen Bedingungen nichts lernen konnte. Wer heutzutage den früheren Schultagen samt ihren Gepflogenheiten nachtrauert, lügt und verdrängt, sehnt sich bestenfalls nach einer Vergangenheit, die es so niemals gegeben hat.

* * *

Die Verbannung aus dem Fernsehreich

Als sich meine Mutter einen Fernseher zulegte, wurde gerade der *Räuber Hotzenplotz* als Produktion der *Augsburger Puppenkiste* ausgestrahlt, in welcher der finstere Räuber die musikalische Kaffeemühle von Kasperls Großmutter stahl.

In den Jahren zuvor waren die Gelegenheiten, sonntags die geliebte Glotze zu schauen, infolge des an diesem Tag bestehenden Ausgehverbots deutlich eingeschränkt. Eine Möglichkeit gab es. Nach der Essenszeit ging ich ins Erdgeschoss hinunter – wir wohnten im dritten Stock – und klingelte schüchtern bei Karl und Hilde Mack. Beide waren schon älter und galten als frühe Besitzer eines Fernsehgeräts. Damit zu einer derartigen Anfrage überhaupt Gelegenheit bestand, musste erst einmal die unberechenbare Mutter gewonnen werden. Früh gewöhnte ich mir an, Deals mit ihr auszuhandeln. Ein Besuch bei Frau Rotter im Altersheim war die denkbar schlimmste Vorleistung. Einfacher und auch naheliegender war es, Holz und Kohlen zu holen, am Samstag einzukaufen oder andere Dinge im Haushalt oder im Garten zu erledigen.

Die Billigung der Mutter war das eine. Erwartete sie Besuch, tauchte gar einer ihrer Verehrer oder jemand aus dem Kreis derer auf, mit denen sie in der Nachkriegszeit das eine oder andere abenteuerliche Geschäft eingefädelt hatte, war es ein Leichtes, ihre Zustimmung zu erlangen. Aber nicht immer hatte das ältere Ehepaar Mack Zeit und Lust darauf, einen Fernsehgast zu beherbergen.

Ich stand vor der Glastür und drückte den Klingelknopf. Waren sie überhaupt zu Hause? Meistens war das der Fall. Mal öffnete er, mal öffnete sie. Das Paar war kinderlos geblieben, sie Hausfrau, er noch kurze Zeit berufstätig, dann in Rente. Über die Straße verkaufte er flaschenweise Bier, ein damals gängiges Nebengeschäft bescheidener Haushalte.

Schüchtern sagte ich mein Sätzchen: »Darf ich zum Fernsehen kommen?«

In der Regel wurde meinem Wunsch entsprochen. Die Wohnungstür öffnete sich einladend. Strenger, gewürzschwangerer Essensgeruch fing mich ein. Viel Kohl, reichlich Kraut, Fleisch in allen Varianten, scharf angebraten. Links neben dem Eingang stand meist die Tür zu einem kleinen Zimmerchen offen. Der Raum war mit Regalen vollgestellt. Überall lagen und standen Briefmarkenalben und Kataloge. Auf einem winzigen Schreibtisch befanden sich weitere Utensilien, die den leidenschaftlichen Sammler auswiesen: Speziallupen, Pinzetten, Metallschälchen. Manchmal lag ein geöffnetes Album auf dem Tisch. Mit hörbarer Begeisterung sprach Karl Mack über Sätze, Marken und Ersttagsbriefe. Ich war uninteressiert, heuchelte aber ein Mindestmaß sachlicher Aufgeschlossenheit. Viel lieber hätte ich mich gleich vor den Fernseher gesetzt, der in einem kombinierten Wohn- und Esszimmer stand. Wichtig war, vor Beginn der wichtigsten sonntäglichen Ausstrahlung am Platz zu sein: *Am Fuß der blauen Berge* – eine mehrere Jahre überdauernde Westernserie. Was davor oder danach kam, war unerheblich. Grausam waren jene Sonntage, an denen das Programm geändert wurde. Etwa bei Eiskunstlaufübertragungen, die Hilde Mack mit größtem Vergnügen anschaute. Die nimmer enden wollten, die so lange gingen, bis der letzte Funken Hoffnung darauf zerstob, dass meine geliebte Sendung zeitversetzt noch ausgestrahlt würde.

Es kam nur wenige Male vor, dass ich bei dem Ehepaar Mack an einem Werktag im Fernsehsessel saß. An einem diesigen Novembertag waren neben den Hausherren noch einige weitere Erwachsene anwesend. Mir gelang es, hinter einem Neuankömmling in die Wohnung zu schlüpfen. Die ausladende helle Couch, die beiden Sessel und auch etliche Stühle waren bereits belegt. Ich setzte mich vor einer Wand auf den Boden. Es herrschte eine getragene Stimmung. Wenn gesprochen wurde, geschah dies leise, fast flüsternd. An jenem Tag wurde ein Ereignis übertragen, das noch Jahrzehnte später zu den kollektiven Erinnerungen der deutschen, wahrscheinlich der internationalen Fernsehgemeinde zählen würde. Der amerikanische Präsident John F. Kennedy war ermordet worden. Soeben hatte die Übertragung der Beisetzungszeremonie mit Bildern vom Vortag begonnen, die die Aufbahrung des Sarges im Kapitol zeigten. Nicht alles war mir verständlich. Uniformierte setzten den Sarg auf einem schwarzen Katafalk ab. Verschwommene Erinnerungen an die Zeremonie in der Rotunde hellten sich für jenen kurzen Moment auf, in dem Jackie Kennedy seitlich niederkniete und den mit der amerikanischen Flagge verhüllten Sarg küsste. Sechs weiße Rosse zogen den Leichenwagen. Auf dreien saßen Reiter in Paradeuniform. Warum nur auf dreien? Ein einzelnes reiterloses Pferd tänzelte nervös hinter dem Sarg. Leere Stiefel, die nur in wenigen Sequenzen überhaupt zu erkennen waren, steckten mit nach hinten gewandten Spitzen in den Steigbügeln. Die dahinterstehende Bedeutung erschloss sich mir nicht. Und ich traute mich nicht, Fragen an die stillen, ernsten Menschen zu richten.

Nach der *Kubakrise* war dies das zweite weltgeschichtliche Ereignis, das wir bereits als Kinder deutlich wahrnahmen. »Wäre das Schiff nicht nach Kuba gekommen«, erzählte der *Baltes*, von dem später noch die Rede sein wird, mit spekulierendem Unterton immer wieder. Der Bau der Mauer hatte in unserer kindlichen Wahrnehmung noch deutlich weniger Spuren hinterlassen. Eher tauchten Fragen auf, wenn auf dem Bahnhof

Backnang über Lautsprecher die verzögerte Weiterfahrt des Personenzugs nach Murrhardt mit der verspäteten Durchfahrt des *Interzonenzuges* von Stuttgart nach Leipzig erklärt wurde. Interzonenzug? Ein Zug nach drüben. Was war das, dieses *Drüben*? Als mein Vater noch bei uns war, gab er klare Antworten. Erklärte mir auch die Bedeutung der Kerzen, die auf den Fensterbänken vieler Wohnungen brannten. Klagte über das Unrecht der Sowjets. Weich betonte er das »w«. Sehr im Unterschied zu Konrad Adenauer, der im Fernsehen oder im Rundfunk immer von den »Soffjets« sprach. Anlässlich des ersten Jahrestages des Mauerbaus hat mein Vater mich abends mit in die Stadthalle geschleppt. Eine große Zahl in Kostümen, festlichen Kleidern und Anzügen schwitzender Erwachsener – mir kamen sie ausnahmslos schon recht alt vor – hatte sich dort zu einer Gedenk- und Protestveranstaltung eingefunden. Niemals in meinem Leben habe ich mich mehr gelangweilt. Eine Frau in braunem Kleid und merkwürdig hochgesteckten Haaren trug von der Bühne aus mit ausdruckslosem Gesicht ein pathetisch-ernstes Gedicht vor. Dessen Gehalt blieb mir als knapp Achtjährigem verschlossen.

Es kam jener furchtbare Sonntag, an dem der behäbige Karl Mack – in seiner Jugend sei er der beste Torhüter gewesen, den Murrhardts Fußballsport jemals hervorgebracht habe – mir den Zutritt ins Fernsehreich und zu einer weiteren Folge von *Am Fuß der blauen Berge* verwehrt hat. Um meine Mutter milde zu stimmen oder weil sie mir's aufgetragen hatte, war ich mit dem Kohleneimer und der Brikett-Trage in den Keller gegangen. An jenem Unglückssonntag hatte ich die Gefäße bereits gefüllt, als mich unsäglicher Schalk erfasste, der sich mit alberner Neugierde paarte. Kurzum, ich probierte, ob einer unserer beiden Kellerschlüssel auch im Schloss der benachbarten Tür passte, die zu Tirallas Keller führte. Wie meine Familie väterlicherseits waren sie Niederschlesier. Der alte Tiralla war mit meinem Onkel Hans zur selben Zeit im Arbeitsdienst gewesen.

Da Spaßvögel aus dem Namen Tiralla mehr oder weniger lustige Verdrehungen oder zumindest ein »Tirallala« formten, änderte die Familie auf Betreiben des Oberhauptes ihren Namen offiziell: Aus *Tiralla* wurde *Trentberg*.

Jedenfalls steckte der verfluchte Schlüssel noch zu Zeiten, als der Kellerbesitzer Tiralla hieß, verklemmt im Schloss. Und alle Bemühungen fruchteten nichts. Ich brachte ihn nicht heraus. Zu meiner Mutter hochzugehen wäre sinnlos gewesen, hätte höchstens eine Schimpfkanonade ausgelöst.

Also klingelte ich bei Macks. Er öffnete. Mit einem Gesichtsausdruck, der nichts Gutes verhieß, hörte er sich mein Geständnis an und stapfte in den Keller. Es gelang ihm mühelos, den Schlüssel aus seiner Verklemmung zu lösen. Mir war nach einem inneren Freudentanz. Doch dann sagte er kurz und bündig: »Dafür gibt es heute kein Fernsehen.«

An einem Werktag wäre das kein solches Problem für mich gewesen. Unter der Woche gab es neben der speckigen Chaiselongue von Paul Steinhaus noch eine attraktive Alternative zum Fernsehen: Am Ende der Hauptstraße, dort, wo heute die gesichtslose Freifläche vor der Kreissparkasse den Namen *Platz am oberen Tor* trägt, standen früher Laden, Tankstelle und Werkstatt des alten Fegert. Letztere erstreckte sich weit in die Seegasse hinein. Oftmals standen dort Autos, um die wir Kinder lange herumlungerten. Wir interessierten uns für alles, was es da zu schauen gab: den *NSU Spider*, meist rot lackiert, mit dem revolutionären Rotationskolbenmotor und offenem Verdeck, den aufgemotzten *NSU-TT*, meist jedoch den kleinen, motorschwachen *Prinz*. Auch Mopeds und NSU-Motorräder wurden hier repariert. Vorne, zur Hauptstraße hin, waren die Schaufenster des Ladens und eine vorsintflutliche BP-Tankstelle. Im übernächsten Haus, das sich ungefähr da befunden hat, wo sich heute der Platz vor dem hinteren Eingang der Kreissparkasse erstreckt, wohnte eine der zahlreichen Familien namens Doderer, die untereinander oftmals nicht verwandt waren.

Rolf war das einzige Kind der Eheleute. Er war in meinem Alter und galt als rauflustig. Manche hielten ihn für gefährlich. Schon immer nannte man ihn *Baltes*. Seit ich ihm in früher Schulzeit einmal ein Holzscheit auf den Schädel geschlagen hatte, um einen seiner heimtückischen Angriffe abzuwehren, kam ich gut mit ihm aus.

Der Baltes litt schwer unter seinem Vater, einem Choleriker. Früher war dieser einer der wenigen Murrhardter Kommunisten gewesen. Die amerikanische Militärverwaltung hatte ihn in den Nachkriegswirren als Feldschützen eingesetzt. Schon bald erfolgte die unrühmliche Absetzung. Selbst den Amerikanern fiel schon nach kurzer Zeit auf, *that they had trusted the cat to keep the cream*, dass sie wohl den Bock zum Gärtner gemacht hatten.

Der Umstand, dass Rolfs Vater immer nur kurze Zeit in rasch wechselnden Arbeitsverhältnissen tätig war, brachte ihm in der Oberstadt den Spitznamen *Achttag-Schreiner* ein. Und weil er noch immer gefürchtet war, sprachen andere von ihm als dem *Schläger-Doderer*. Das galt insbesondere für die Arbeiterschaft der Lederfabrik Schweizer. Nach dem Krieg begegneten sich dort alte Nazis und Kommunisten. Über politische Themen kam es oftmals zum Streit. Gelegentlich führte dieser zu Handgreiflichkeiten. Während seiner nicht sehr langen Karriere als Lederarbeiter stand Doderer dabei immer in vorderster Front.

Hatte man die steile Holztreppe zur Haustür erklommen, erreichte man über einen winzigen Hausflur sogleich die Wohnstube, in der ab dem Beginn der frühabendlichen Sendungen der Fernseher lief. Doderers empfingen auch das zweite Programm. *Der Mann ohne Colt* konnte angeschaut werden. Allerdings auch *Flipper* und andere samstägliche Schmonzetten. Die Bude war oft brechend voll. So entsetzlich der alte Doderer seinen Sohn behandelte, so geduldig ertrug er die große Bubenschar – Mädchen waren nie dabei –, die sich vor seinem Fernseher tummelte. Oft waren auch die beiden Winkle-Zwillinge anwesend, Ernst und Heinz, vier Jahre älter als ich, aber nur wenig größer. Sie wohnten schräg gegenüber. Ihre Mutter schlug sich rechtschaffen alleine durchs Leben.

Wer keinen Sitzplatz ergattert hatte, setzte sich auf den Fußboden. Zwischendrin thronte, meist bedächtig vespernd, der Hausherr. Seine Mahlzeit verströmte einen penetranten, mir völlig unbekannten Geruch. Erst Jahre später wurde mir klar, dass es in der Wohnstube des *Achttag-Schreiners* Doderer aufs Heftigste nach Knoblauch gerochen hatte. Diese Knollen hatten in der Kost meiner Großmutter und in den spärlichen Kochversuchen meiner Mutter nie ihren Platz gefunden. Der Knoblauch galt als die scharfe Zutat der Zigeuner, respektive der Flüchtlinge. Insbesondere solcher, die aus Ungarn, vom Balkan, aus dem Banat oder aus Siebenbürgen stammten. In der schwäbischen Küche, wie ich sie aus meiner Kindheit kannte, war der Knoblauch unbekannt.

* * *

Schwierige Ahnen

Mein Großvater ist mit seiner Familie der Not gehorchend in den allerletzten Kriegstagen dort untergekommen. Das von meinem Urgroßvater Carl Geistdörfer gegen Ende des 19. Jahrhunderts erbaute Haus ist Teil eines geschlossenen Ensembles. Auf dem Baugrund standen zuvor nur einige einfache Hütten und Verschläge. Zwischen *Krone*, zugehöriger Metzgerei und der neuen Bebauung lagen durchgängige, viel zu enge Höfe mit zum Teil unübersichtlichen Besitzverhältnissen und nicht weniger komplizierten Nutzungs- und Überfahrtsrechten. Von Anfang an war viel zu wenig Platz für die Handwerksbetriebe und Ladengeschäfte, die in dem bereits bestehenden Eckhaus und in den neu errichteten Gebäuden ihren Platz gefunden hatten.

Das schon angesprochene *Banzhaf'sche Haus* war deutlich älter als die sich daran anschließende Bebauung. Die hohe Decke im Erdgeschoss zeugt von seiner ursprünglichen Funktion als Brauerei der benachbarten *Kronen*-Wirtschaft. In den Zwanzigerjahren wurde aus der Brauerei ein Kolonialwarenladen. Später wurde unter dem Namen *Kronenladen* ein Bekleidungsgeschäft betrieben, an das eine Reinigung angeschlossen war.

Rechts der ehemaligen Küferei lag die Vorkriegspraxis des Zahnarztes Backfisch, der anfangs in der Karlstraße praktiziert hatte. Sein Nachfolger Dr. Stiebel galt bei Kriegsende als vermisst. Dessen lebenshungrige Frau machte Wohnung und Praxis zu einem Ort gerüchteumwobener Exzesse. Liselotte, die sich in den Räumen der Nachbarin diskret mit ihrem amerikanischen Freund treffen konnte, berichtete, die Panzerbesatzungen hätten sich gelegentlich den Spaß erlaubt, an die Hauswand heranzufahren und über den Panzerturm direkt durchs Fenster des Stiebel'schen Wohnzimmers zu steigen. Als die Zahnarztgattin meinte, den Richtigen gefunden zu haben, ließ sie ihren Mann für tot erklären und folgte ihrem Liebhaber nach Amerika. Die Praxis wurde in den späten Vierzigerjahren von dem Dentisten Kurzidim übernommen, einem Flüchtling, der sich lange schwertat, einen ausreichend großen Patientenkreis unter den Alteingesessenen zu gewinnen.

Im Erdgeschoss des letzten Hauses befand sich die Werkstatt des Steinmetzen Eugen Griesheimer, dessen Vater in den Zwanzigerjahren noch die berufsständische Benennung *Steinhauer* führte. Ich schaute oft zu, wenn vertieft oder erhaben gemeißelte Grabsteinbeschriftungen gehauen oder filigrane Intarsien in den Stein geschnitten wurden. Mit Geduld und großer Präzision klebte der Meister die Buchstabenformen ab, ehe er mit Geschick und Ausdauer mit dem Heraustreiben begann. Nun spritzten dem bulligen, stets gebückt daherkommenden Eugen die winzigen Splitter des vorsichtig herausgeschlagenen Steinmaterials um die Ohren.

Im ersten Stock wohnten in einer großzügigen Wohnung der Bruder des Steinmetzen, ein schon älterer Volkschullehrer, und dessen Frau. Darüber hauste die Familie Roth. Sohn Werner, der jüngere von zwei Brüdern, war einer von den Nachbarsjungen, mit denen man sich immer wieder zum Spielen traf. Die angrenzende Freifläche des Steinmetzbetriebs mit den zugehörigen Kies- und Sandhäufen bildete ein viel genutztes Terrain.

Der Doderer-Zweig meiner Familie stammte ursprünglich aus dem Bodenseeraum. Kontakte und weitere familiäre Verbindungen reichten in die Schweiz. Weshalb mein Ururgroßvater die auskömmliche Goldhandels- und Goldschmiedetradition seiner Herkunftsfamilie nicht fortsetzte, liegt im Verborgenen. Gab es Streit in Erbschaftsangelegenheiten? Liebte er eine junge

Frau, die seiner Familie nicht gut genug war? Musste er sich einer ungewollten Vaterschaft entziehen? Er setzte sich ab, ging nach Norden, kam nach Murrhardt, baute einen Kolonialwarenladen auf und heiratete eine Einheimische namens Carolina Rosina Wieland.

Der wirtschaftliche Durchbruch gelang dem gemeinsamen Sohn Otto Heinrich, meinem Urgroßvater. Verheiratet war dieser seit 1887 mit Pauline, der jähzornigen Tochter des Schwaikheimer Wundarztes Dr. Ignatius Beck. Dieser habe die Iridologie – das Erkennen von Krankheiten anhand der Gewebe- und Farbstrukturen der Iris – vorangebracht und sei mit dem jungen Rudolf Steiner über Fragen der Theosophie im Streit gelegen. Die *neuen Doderers* – in der winzigen Stadt waren wenigstens vier andere, nicht verwandte Linien ansässig – gehörten bald zur städtischen Oberschicht, kauften mehrere Häuser in der Innenstadt, betrieben mit hohen Gewinnen Geldhandel und Grundstücksgeschäfte. Otto Doderer senior war einer der Gründer der örtlichen Vorläuferbank der LBBW. Sein Geschäftsgebaren galt als hartherzig und skrupellos. Meine Großmutter hat mehrfach davon erzählt, ihr Schwiegervater habe gelegentlich im Zusammenwirken mit Albert Sträb, dem Vater des *Hatsegeld*, Kleinbauern um ihr Hab und Gut gebracht. In schlechten Zeiten wurden nur Grund und Boden als Sicherheit für geliehenes Geld genommen. Erfolgten die Rückzahlungen nicht fristgerecht, vollstreckten die Geldverleiher in das Pfand.

Ein gebrechliches Weiblein, eine betagte Bauersfrau aus Hausen, so berichtete meine Großmutter weiter, sei einmal auf ihren Stock gestützt auf dem Trottoir gegenüber dem Doderer'schen Haus gestanden. Drohend habe sie die freie Greisenhand zur Faust geballt und mit sich überschlagender Stimme gerufen: »Wenn es eine Gerechtigkeit gibt, dann soll dem Doderer und dem Sträb, den beiden Erzgaunern, die meinen Sohn ins Unglück gestürzt haben, kein Stein auf dem anderen bleiben!«

Zumindest im Falle meiner Familie mütterlicherseits ist dieser Umstand später eingetreten. Eine der zeitweilig reichsten Murrhardter Familien stand in der nachfolgenden Generation nach zwei Konkursen meines Großvaters vor der Einweisung ins Armenhaus. Die Armenunterkünfte befanden sich damals in ein paar fern des Bahnhofs auf dem Gelände des heutigen Gymnasiums sowie im Ortsteil Siegelsberg abgestellten ausgemusterten Eisenbahnwagen.

Meine Großmutter beschrieb ihre Schwiegermutter Pauline als ein besonders bösartiges, herrschsüchtiges und raffgieriges Weib. Obwohl mit großem Reichtum gesegnet, habe sie die Dreistigkeit besessen, anderer Leute zum Bleichen ausgelegte Wäsche zu stehlen. Die Vorwürfe gegenüber der verhassten Schwiegermutter gipfelten darin, dass meine Großmutter diese für den Tod meines Urgroßvaters verantwortlich machte. Dieser habe einen schweren, mit Abfällen beladenen Leiterwagen den Riesberg hinaufgezogen, wo sich der damalige Müllplatz ins Murrtal hinabsenkte. Das alte Weib habe am hinteren Ende geschoben. Als sie dort angelangt waren, wo der Müllplatz den Hang hinabfiel, habe sie ihrem verhassten Mann den Karren so ins Kreuz gedrückt, dass dieser gestürzt und vom schweren Leiterwagen überrollt worden sei. Schon als Kind fiel mir auf, dass es für diese Anschuldigung keine Zeugen gab. Aber meine Großmutter war von diesem Vorwurf nie abzubringen. Otto Doderer senior sei umgehend ins Murrhardter Krankenhaus gebracht und von dort gleich nach Backnang transportiert worden. Der dortige Arzt habe sich äußerst verwundert über die kräftige Konstitution des Schwerverletzten gezeigt: »Dreimal hat er sich das Kreuz gebrochen. Aber nun überlebt er bereits den vierten Tag.« Am fünften Tag, es war der 17. Juni 1939, ist er seinen schweren Verletzungen erlegen. Pauline konnte ihre neue Freiheit aber nur kurz genießen. Sie starb knapp zwei Jahre später ebenfalls im Backnanger Krankenhaus an einem Oberschenkelbruch.

* * *

Nach Amerika

Wirft man einen Blick in das Murrhardter Einwohnerverzeichnis von 1925, so ist darin der Kaufmann Otto Doderer mit Sitz in der Hauptstraße 41 aufgeführt. Mein Großvater Franz, mittlerweile mit meiner Großmutter Lina verheiratet und zweifacher Vater, firmierte mit einem eigenen Kolonialwarenladen in der Hauptstraße 4. Ebenfalls in der Hauptstraße, im *Vogelmann'schen Haus*, in dem sich heute ein Fischgeschäft befindet, führte dessen Bruder Max kurze Zeit ebenfalls einen Laden.

Wie zahlreiche andere Schwaben und Hohenloher wanderten drei der fünf Kinder der alten Doderers nach Amerika aus. Dies erfolgte allerdings noch vor dem wirtschaftlichen Niedergang der in Murrhardt Verbleibenden. Es ist der akribischen Forschungsarbeit des Backnanger Historikers Andreas Kozlik zu verdanken, dass die zwischen 1831 und 1939 nach Amerika ausgewanderten Murrhardter in der Mehrzahl und detailgenau erfasst sind.

Emilie, Jahrgang 1888, flüchtete 1910 vor der Drangsal durch ihre Mutter Pauline, die sie schon als Heranwachsende den ganzen Haushalt machen ließ und sie gezwungen habe, auf dem *Katzenlauf* zu schlafen, wo des Winters der Schnee zwischen den Biberschwanzziegeln hereinstob und des Sommers eine brütende Hitze herrschte. Dieses erbärmliche Nachtlager wurde über eine steile Stiege erreicht, in der eines eiskalten Morgens ein Tritt fehlte. *Das Emile* stürzte.

Bis auf einige Blutergüsse und Prellungen blieb sie bei diesem Sturz unverletzt. Ein Wunder sei das gewesen, betonte meine Großmutter immer wieder. Sie war zutiefst überzeugt davon, dass die Alte die Emilie habe umbringen wollen. Meine schon früh zum Ausdruck gebrachte Skepsis konnte sie nie von dieser Vermutung abbringen. Immer wieder war zu hören, dass *das Emile* wie eine Katze *sieben Leben* habe. Auch dieses Bild sprengte meine kindliche Vorstellungskraft, obwohl diese Großtante ein stattliches Alter erreichte und so gut wie nie krank war.

Vom Vater hinter dem Rücken der Mutter mit einer kleinen Barschaft ausgestattet, reiste Emilie im September 1910 mit dem Zug nach Bremen. Am 4. Oktober erreichte sie auf dem der *Norddeutschen Lloyd* gehörenden Doppelschrauben-Schnelldampfer *Kaiser Wilhelm der Große* New York.

Das stattliche, 198 Meter lange Schiff wurde vier Jahre später zu einem Hilfskreuzer der kaiserlichen Kriegsmarine umgerüstet. Der älteste Vierschornsteindampfer der Lloyd geriet bereits am 26. August 1914 unter den Dauerbeschuss des britischen Kreuzers *Highflyer*. Als dem deutschen Schiff die Munition ausging, wurde es vor der nordafrikanischen Küste der damaligen spanischen Provinz Rio de Oro durch die eigene Besatzung versenkt. Das Wrack ragte noch bis 1952 aus dem seichten Küstengewässer.

Als allein reisende, ledige Frau hatte Emilie einen Bürgen zu benennen gehabt. Um in die Staaten einreisen zu dürfen, hatte sie als Ziel ihren Onkel Franz Beck angegeben, einen bereits früher ausgewanderten Bruder ihrer Mutter, der in St. Louis zu bescheidenem Wohlstand gekommen war. Über den weiteren USA-Aufenthalt von Emilie existieren unpräzise Überlieferungen. Sie habe eine gute Stelle angetreten, weitaus mehr verdient, als sie zum Leben benötigte. Man munkelte von einer Liebschaft, einem unehelichen Kind, das später in der Obhut anderer aufwuchs. Kurz vor der Weltwirtschaftskrise kam sie nach Murrhardt zurück. Unbedarft, wie sie war, gab sie ihr Dollarvermögen in die Obhut ihres Vaters. Statt ihrem Wunsch zu entsprechen und das Gasthaus *Stern* in der Hauptstraße zu kaufen, investierte Otto Doderer in eine »sichere, gewinnbringende Anlage«. Diese entpuppte sich alsbald als Flop. Das Vermögen ging verloren. Emilie, ihrer Alterssicherung beraubt, wurde schwermütig. Ihre Mutter drängte darauf, dass sie »verschwand«. Am liebsten wäre ihr gewesen, wenn die ungeliebte Tochter wieder nach Amerika zurückgekehrt wäre. Doch sie blieb und schlug sich als Haushalts- und Putzhilfe durch. In den Fünfzigerjahren musste ihr ein Pfleger bestellt werden. Zeitweilig hatte sie in der Mittelgasse ein Zimmerchen. Nach dem Tod meines Großvaters zog sie in die Fornsbacher Straße.

Max, der Zweitälteste, überlebte den Ersten Weltkrieg trotz mehrerer Verwundungen. Am 23. April 1918 – seinem Geburtstag – wurde er im Rang eines Unteroffiziers als Angehöriger des 126. Infanterieregiments am ersten Tag erneuter Stellungskämpfe vor Vieux-Berquin letztmalig verletzt. Teile seiner Einheit meuterten. Unmittelbar vor der Demobilisierung wählten die Mannschaften einen neuen Kommandeur. Kurz vor Weihnachten erreichte Max nach endlosen Fußmärschen und chaotischen Bahnfahrten über Belgien und den Niederrhein wieder Murrhardt. Umgehend machte er sich als Gärtner und Kaufmann selbstständig und ließ sich von seinem Vater nicht mehr bevormunden. Ein nicht enden wollender Streit über das Geschäft, die Kriegsfolgen und die Zukunft zermürbten ihn. Auch mit der Mutter gab es Streit. Das Mädchen, auf das er ein Auge geworfen hatte, eine geborene Kübler, »käme ihr niemals ins Haus«. Zwei Häuser – seinen wohl bereits vorab erhaltenen Erbteil – gab er an den Vater zurück. Zu einem nicht genau bestimmbaren Zeitpunkt wanderte er nach Brasilien aus. In Bahia arbeitete er einige Zeit als Gärtner. Auf dem Dampfer *Troubadour* erreichte er am 9. Dezember 1924 Boston und schlug sich, wie bereits zuvor seine Schwestern, zum Onkel nach St. Louis durch. Er muss nochmals nach Murrhardt zurückgekommen sein. Das Auswandererverzeichnis von Andreas Kozlik weist seinen Namen für eine vom 22.11. bis zum 9.12.1930 dauernde Passage von Bremen nach New York aus. Abgesehen von den Paketen, die Max in den Hungerjahren nach dem Zweiten Weltkrieg an die Familie seines Bruders schickte, bestand keine Verbindung mehr nach Murrhardt. Max reüssierte in den Staaten mit einer großen Gärtnerei. Man sprach wenig über ihn. Lediglich meine Großmutter erwähnte ihren Schwager gelegentlich, und dies stets mit Hochachtung, was wohl mit dem wirtschaftlichen Erfolg zusammenhing, der ihm in den Staaten vergönnt war.

Die nachgeborene Luise – sie war neun Jahre jünger als Bertha, die Zweitjüngste – hatte sich bereits als Neunzehnjährige auf den Weg nach Amerika gemacht. Da sie noch minderjährig war, mussten nicht nur die erste Anlaufstelle – auch für sie war das der Onkel Franz Beck – und ein Bürge benannt werden. Die noch nicht Großjährige benötigte auch eine notariell beglaubigte Erlaubnis des Vaters, die dieser in Sorge um seine Jüngste nicht ausstellen wollte. Daraufhin verweigerte sie jegliche weitere Mitarbeit in Haushalt und Geschäften und machte ihrem Vater eine Szene nach der anderen, bis dieser mit seiner Nervenkraft am Ende war und die Vollmacht erteilte.

Während der Überfahrt von Hamburg nach New York begegnete ihr an Bord des Dampfers *Ohio* der fränkische Auswanderer Gustav Spitzig. Der Kontakt brach während der mühseligen ersten Jahre in den Staaten gelegentlich ab. Aber ganz aus den Augen verloren sich Luise und Gustav nie. 1928 haben sie in Brooklyn geheiratet. Im Gegensatz zu Max kam Luise häufig zu Besuch nach Deutschland. Letztmalig bereits hochbetagt gegen Ende der Achtzigerjahre. Der Umstand, dass ihr älterer Sohn Gustav junior – seine Mutter nannte ihn immer *Gustl* – bei der *Pan Am* arbeitete, verhalf ihr zu günstigen und manchmal gar kostenlosen Flügen, die sie ausgiebig nutzte.

Sie war geizig, eine Rassistin, sprach immer von den *Niggers*. Nach dem Tod ihres Mannes kam sie noch öfter. Meist wurde sie von einem ihrer Söhne begleitet. Beide waren angenehme Zeitgenossen. Gustl hatte einen spitzbübischen Humor, hatte aber viel vom Geiz seiner Mutter abbekommen. Nach einer dreiwöchigen Einquartierung in unserer winzigen Wohnung in der Römerstraße – meine Mutter hatte das Schlafzimmer für die Gäste frei gemacht und schlief im Wohnzimmer – schenkte mir der Gustl zum Abschied eine angebrochene Tube amerikanische Zahnpasta.

Häufig hörte ich in der Familie auch vom *Glöckles Päule* berichten.

»Grüße vom Glöckles Päule.« – »'s Glöckles Päule hat gschrieba.«

Der merkwürdige Name sagte mir nichts. Aber ob seines Klanges blieb er mir vertraut. Erhellung brachte erst Jahrzehnte später die Auswandererliste von Andreas Kozlik. Es handelte sich zweifelsfrei um die 1890 geborene Pauline Glöcklen. Sie wanderte 1909 aus, ist also nicht auf dem ein Jahr später entstandenen Foto abgebildet, das mit der Beschreibung *Ein Fest bei Küfer Glöcklen* im Murrhardter *Bilderbuch der Erinnerung* zu finden ist. Die Familie des Meisters W. Glöcklen ist darauf mit Mitarbeitern und festlich gekleideten Gästen vor dem Haus im Murrhardter Graben zu sehen. Später ging die Küferei in die Hände des Küfers Haisch über, bei dem meine Tante Rita nach ihrer Flucht aus Schlesien vorübergehend Unterkunft fand.

Glöckles Päule war ihrer alten Heimat sehr verbunden. Davon zeugen zahlreiche Briefe und Postkarten, die sie meiner Großmutter und anderen Murrhardterinnen schickte. In Brooklyn hat sie den deutschen Auswanderer Paul Leopold Spitzig kennengelernt und geheiratet, einen Bruder von Gustav Spitzig, dem Mann meiner jüngsten Großtante.

Von den fünf Kindern hielt es lediglich zwei dauerhaft in der alten Heimat. Bertha, die Zweitjüngste, blieb ihr Leben lang ledig. Das einzige Foto, das von ihr existiert, zeigt sie als kräftige, resolut wirkende Frau. Sie trägt den damals modernen Bubikopf und ein nicht tailliertes Kleid, das wie ein Sack an ihr herunterfällt. Sie löste sich früh von ihren Eltern, indem sie einen Beruf ergriff, der ihr das Verlassen der Heimatstadt ermöglichte. Sie wurde Krankenschwester, war ab den Dreißigerjahren im Stuttgarter Katharinenhospital tätig, arbeitete jahrzehntelang als Nachtschwester. Nach Murrhardt kam sie nur noch selten. Sie war bei ihren Nichten – meiner Mutter und meiner Tante Liselotte – beliebt, weil ihrem Vater in der Kontroverse ebenbürtig und mit einem derben Humor ausgestattet. Zweiundfünfzigjährig starb sie in Stetten im Remstal.

Von dem Streit zwischen dem despotisch agierenden Vater und Max, dem ältesten männlichen Nachkommen, profitierte mein Großvater. Er, der leidenschaftlich gern mit Pferden umging und im Grunde seines Herzens ein Fuhrmann war, ritt nach der Mobilisierung im August 1914 als Dragoner des Regiments *Königin Olga* in den Ersten Weltkrieg. Nimmt man es ganz genau, so gab es lediglich in der Garnisonsstadt Ludwigsburg einen *feierlichen Ausritt* der *Weißen Dragoner*, wie die Einheimischen die Berittenen aus der Königin-Olga-Kaserne liebevoll nannten. Die großväterlichen Schilderungen dieses Ausritts sind überliefert. Über die später durchlebten Gräuel sprach er kein Wort.

Schon bald endete die romantische Vorstellung vom *Kriege als einer Badekur*. Die Einheit wurde verladen und in Saarlouis in die 7. Kavallerie-Division integriert. Bereits auf dem Vormarsch nach Lothringen verlor Franz etliche Freunde aus Orten der Oberämter Backnang, Hall und Marbach. Die jungen Burschen wurden auf ihren Gäulen vom französischen

Maschinengewehrfeuer zerhackt. Bereits im November wurde abgesessen. Stellungskrieg und Grabenkämpfe bei Armentières. Erste Verwundung. Im Sommer 1915 wird er dem Württembergischen Reserve-Infanterie-Regiment 120 zugeteilt. Hier traf er auf einen Bekannten, den Wolfenbrücker Bauern Förstner. Wann immer dieser in den Sechzigerjahren meinen Großvater in Murrhardt besuchte, war von etwas die Rede, was mir lange unverständlich blieb. Sie sprachen von *Werdäng*, sie redeten von Stacheldraht und Gräben, von Ratten, bestialischem Gestank und quälendem Durst. Manchmal stockte ihr Redefluss, vielleicht weil ich mit in der Stube war oder weil die Großmutter, wie so oft, wenn überraschender Besuch da war, mit etwas Brot und Aufschnitt aus der Küche kam und vor dem Servieren energisch mahnte: »Pssst! Pssst! Das Kind!«

Erst allmählich dämmerte mir, dass mit diesem *Werdäng* der Schlachtenort Verdun gemeint war. In dieser Hölle erhielt Franz einen Lungenschuss. Er überlebte, erholte sich leidlich und wurde den restlichen Krieg als Krankenträger eingesetzt. Bei Ausübung dieser Tätigkeit erhielt er am 11. März 1918 einen Schuss in die Hand. Aus den Rückzugsgefechten heraus legte seine Einheit große Strecken zwischen Nordfrankreich und Württemberg zu Fuß zurück. Am 23. Dezember marschierte die erschöpfte Truppe in Esslingen ein. An Heiligabend brachen er und ein Kriegskamerad noch weit vor Tagesanbruch auf. Es war mild. Durch die Dunkelheit marschierten sie den Schurwald hoch. Schneeregen durchnässte sie. Als es hell wurde, erreichten sie Lichtenwald, wo der Kamerad sein Zuhause hatte. Er wurde von seinen Eltern, die bereits im Stall arbeiteten, unter Tränen begrüßt. Franz bekam eine warme Milchsuppe, dazu ein Stück Speck und einen Kanten Brot als Wegzehrung. Durch den anhaltenden Schneeregen kämpfte er sich durch die weiteren Ausläufer des Schurwalds, querte das Remstal und den Welzheimer Wald. Er kannte den kürzesten Weg zwischen Ebnisee und dem Murrhardter Felsenmeer. In schlammigen Stiefeln betrat er ohne Voranmeldung sein Elternhaus. Pauline war alles andere als erfreut. Sie empfing ihren Sohn mit den Worten: »Des, was mir hen, reicht grad für o's.«

Sechs Jahrzehnte später – im Jahr 1976 – kam ich aus beruflichen Gründen selbst in die Ludwigsburger Königin-Olga-Kaserne, aus welcher mein Großvater im August 1914 stolz und feierlich ausgeritten war. Nach dem Zivildienst arbeitete ich neben dem Studium im Jugendhaus. Unter anderem betreute ich zusammen mit einer Kollegin eine Spiel- und Lerngruppe für die Kinder einer Obdachlosenunterkunft, die die Stadt in der mittlerweile leer stehenden Kaserne eingerichtet hatte. Im Volksmund hieß der Backsteinkomplex in der Kaiserstraße – wohl auch mit Blick auf die damaligen Bewohner – *K.O.-Kaserne*. Die Menschen wuschen sich in den vormaligen Mannschaftswaschräumen. Die dort in langen Reihen über steinernen Rinnen angebrachten Messingwasserhähne waren noch dieselben, die der Doderers Franz und seine Kameraden frühmorgens aufgedreht hatten, um sich mit heruntergelassenen Hosenträgern den Oberkörper zu waschen und nachfolgend das Gesicht mit Rasierseife einzuschäumen.

Der aus dem Feld heimgekehrte Franz war 25 Jahre alt und somit im heiratsfähigen Alter. Nach dem Zerwürfnis zwischen seinem älteren Bruder und dem Vater war klar, dass er die Kaufmannslinie fortsetzen sollte. Der Sohn des wohlhabendsten Kaufmanns galt als gute Partie. Er war gut aussehend, klein, schlank – was sich keiner der Zeitgenossen vorstellen konnte, die dem nunmehr massigen Mann erst im Alter begegnet sind. Auffällig war sein rotes Haar. Dessen genetische Spuren finden sich noch in den dunklen Dreitagebärten meiner Söhne.

Zeit zum Heiraten wurde es auch für die zwei Jahre jüngere Lina. Zumindest sah das ihre Mutter so. Man musste sich kümmern. Waren doch viele junge Männer gefallen oder infolge schwerer Verletzungen entstellt oder behindert aus dem Krieg zurückgekehrt. Der Doderers Franz sei doch eine hervorragende Partie. Mehr als einmal schon und jedes Mal aus nichtigem Anlass sei er in Vaters Küferei aufgetaucht. Offensichtlich interessiere er sich für sie. Linas Herz schlug damals freilich für einen anderen, einen der beiden Soehnle-Brüder. Bis ins hohe Alter erzählte sie davon, wie sie einst im Rahmen einer Theateraufführung des Murrhardter Jünglingsvereins als einzige weibliche Mitwirkende die Rolle des *Gretele* gespielt habe und der eine Soehnle-Bub richtig vernarrt in sie gewesen sei. Die Dinge lagen freilich komplizierter. Sie hatte nämlich ein Auge auf den anderen geworfen. Allerdings zeigte dieser ihr die kalte Schulter. Und der in sie verliebte Soehnle-Bruder interessierte wiederum die Halbwüchsige nicht. Am Ende setzte Vater Geistdörfer allen weiteren Spekulationen ein Ende. Ob es dieser sei oder jener – sie werde keinen armen Schlosser heiraten.

Die Gebrüder Soehnle hatten soeben die Waagenfertigung der Firma Eppensteiner übernommen und begannen im Erdgeschoss eines stattlichen, unmittelbar neben dem Krankenhaus gelegenen Fachwerkhauses mit der Produktion von Béranger-Tafelwaagen. Niemand hat damals wohl geahnt, dass aus den bescheidenen Anfängen innerhalb weniger Jahrzehnte eine international bedeutsame Firma erwachsen würde.

Die von der Verwandtschaft der Braut in Esslingen ausgerichtete Vermählung mit dem reichen Kaufmann Doderer war somit keine Liebesheirat. Sie entsprach unternehmerischer Vernunft und war vom Gedanken an gemeinsames Fortkommen und von den immer noch dominanten patriarchalen Gepflogenheiten geleitet. Bei der Frage, wen seine Tochter heiratete, hatte der Vater das letzte Wort. Dass der Kaufmann Doderer binnen weniger Jahre im Zuge von Inflation und Weltwirtschaftskrise zweimal in Konkurs ging, hat die Beziehung nicht inniger werden lassen.

* * *

Saure Nierla und Fasnetsküchle

Meine Großmutter sprach über den von mir geschätzten Großvater immer nur vom *alten Fetz*, vom alten Lump, was wohl auch damit zusammenhing, dass der hübsche Bursche hin und wieder ein außereheliches Verhältnis pflegte. Daraus erwuchs der Vorwurf, nicht die Wirtschaftskrise, sondern sein ausschließlich von ihm zu verantwortendes Lotterleben habe den Betrieb zugrunde gerichtet. Die Großmutter sah sich als diejenige, die im Geschäft geschuftet habe wie ein *Bronnenputzer*, während *der alte Lump* bei seinen *Menschern* gelegen sei und trotz bereits nicht zu übersehender wirtschaftlicher Schwierigkeiten auch noch allerlei Ware an diese verschenkt habe.

Der ökonomische Niedergang ließ eine Welt zusammenstürzen. Ein Konkurs, egal aus was für Gründen, galt als *Schand*. Die ängstliche, in religiösem Wahn befangene, gänzlich zurückgezogen lebende Großmutter – anders habe ich sie nie kennengelernt – war das fatale Resultat der *Schand*. Besonders deutlich wurde dies letztmalig von etlichen älteren Gästen während *der Leich* nach der Beerdigung meiner Großmutter im *Engel* vorgetragen. Als junge Frau sei sie eine stolze, herrschaftliche Dame gewesen, in den besten Kreisen verkehrend. Haus- und Geschäftsangestellte habe sie mit strenger Hand geführt. Nach dem Fall ins vermeintlich Bodenlose ging sie nur noch selten aus und blieb sämtlichen öffentlichen Vergnügungen fern. Rasch verkleinerte sich der Kreis, in dem sie verkehrte. Nicht verzichten wollte sie auf die heiß geliebten Kinobesuche. Allerdings betrat sie von nun an den Kinosaal erst dann, wenn das Licht bereits gelöscht worden war und die Wochenschau begonnen hatte. Vor dem Abspann des Hauptfilms stand sie auf und verließ das Kino.

Erst meine späteren Besuche der Orte des Grauens rund um Verdun ließen mich begreifen, warum mir mein Großvater als jemand im Gedächtnis blieb, der so gut wie nie gesprochen hat. Ich erinnere mich an einen Menschen, der besonnen das verrichtete, was zu tun war. Ob er mähte, Holz hackte oder aus schwarzer Wurst, Zwiebeln, Essig, Öl, Salz und Pfeffer einen Wurstsalat zubereitete – es geschah wortlos und mit Bedacht. Stundenlang konnte er in der Wohnstube in seinem Sessel sitzen, die Arme auf der Lehne, die Hände darum geschlossen, schweigend, in seiner eigenen Gedanken- und Gefühlswelt. Wenn man ihn ansprach, nahm er einen wahr, antwortete in knappen Sätzen. Die Familiensaga überliefert Anekdoten, in denen ich kurze, putzige Dialoge mit meinem Großvater geführt habe. Die hat es sicherlich gegeben. Mir aber ist er als großer Schweiger in Erinnerung geblieben.

Auch wenn er gelegentlich in der Küche Gerichte verspeiste, die meiner Großmutter zuwider waren – neben dem von ihm geliebten Wurstsalat gehörten dazu auch gebackenes Hirn, saure Nierle, Sauschwänzle, Schweinsohren und Schweinebacken – geschah dies schweigend. Mit nur noch wenigen Zähnen ausgestattet, nagte er beharrlich an den Knorpeln der Schwänze und Ohren. Wenn er saure Nierle zubereitete, *seichelte* es in der Küche, obwohl er die Innereien zuvor gewaschen und einige Stunden in Milch eingelegt hatte.

Am Fastnachtsdienstag stand der wortlos hantierende Mann im Mittelpunkt. Bereits am Morgen machten meine Großmutter und meine Tanten riesige Mengen Hefeteig, der eine Zeit lang in abgedeckten Schüsseln warm gestellt wurde. In der Zwischenzeit war der alte, holzbefeuerte Herd kräftig eingeheizt worden. Ein das Jahr über im Keller verwahrter riesiger schwarzer Topf wurde aufgesetzt. Es dauerte eine Weile, bis mehrere Kilogramm Schmalz flüssig geworden waren. Zur

Mittagszeit band sich mein Großvater seinen blauen Schurz um und begann mit dem Herausbacken. Vorsichtig gab er die von den Frauen aus dem ausgerollten Teig geschnittenen rautenförmigen Stücke in das siedende Fett. Wenn die Unterseite goldbraun glänzte, wurden die bauchig gewordenen Teiglinge gewendet. Die fertigen *Fasnetsküchle* fischte er mit einem langen Schaumlöffel heraus und legte sie zum Abtropfen auf ein Küchentuch. Nun wurden sie von einer der Tanten in Zucker und Zimt gewälzt. Stundenlang werkelte der Alte schwitzend und schweigend am siedenden Topf und buk mehrere Hundert Küchle. Bedächtig achtete er darauf, dass kein Schmalz auf die heiße Herdplatte tropfte. Den ganzen Nachmittag standen Verwandte und Nachbarn in der Küche und der angrenzenden Diele, plauderten und aßen Schmalzgebäck. Zwischen ihnen hindurch drängten wir Kinder zu den Schüsseln. Jedes Mal verlor ich das Wettessen gegen meinen Vetter Thomas. Der hat in seinem besten Jahr dreißig Küchle verputzt. Erst lange nach Einbruch der Dunkelheit leerte sich die Wohnung. Nun verschlang der Großvater hastig einige Küchle, trank Kaffee dazu, der in einer Blechkanne warmgehalten wurde. Eine lange *Binokel*-Nacht lag vor ihm – wie jeden Dienstag. Anhaltender Fettgestank erinnerte noch Tage später an diesen besonderen Nachmittag.

Von der Diele meiner Großeltern ging es in ein großes, dunkles Zimmer. Durch ein zu kleines Fenster fiel nur wenig Licht in den Raum. Die eng stehende Bebauung rund um den Hinterhof und ein hinausragender Vorbau des darüberliegenden Stockwerks taten ein Übriges.

In meinen frühen Kindertagen war dieses Zimmer weitgehend ungenutzt. Bett, Schrank, Tisch und Stuhl waren die einzigen Möbelstücke. Die eiserne Schlafstatt hatte einen durchgelegenen Metallrost. Hin und wieder schlief dort aus mir damals unerfindlichen Gründen mein Großvater. Wollte er sein Weib nicht stören, wenn er spät vom *Binokeln* kam? Später verließ meine Großmutter für immer das gemeinsame Schlafzimmer. Sie klappte jeden Abend die Seiten- und Rückenteile einer altertümlichen Chaiselongue auf und bereitete darauf ihre Bettstatt. Nach dem Tod des Großvaters verschloss sie vor dem Zubettgehen nicht nur die Wohnungstür, sondern verriegelte auch die Tür der Wohnstube, in der sie nunmehr schlief, worauf tagsüber nichts hindeutete. Und damit noch nicht genug. Auch die Tür zwischen Schlaf- und Wohnstube wurde abgesperrt. Geradeso, als fürchtete sie den Geist ihres verstorbenen Mannes.

Das hintere Zimmer stellte an regnerischen Tagen eine willkommene Erweiterung unserer Spiel- und Aufenthaltsmöglichkeiten dar. Im riesigen, glänzend weiß lackierten Schrank konnte man sich prima verstecken. Im unteren Stauraum waren mehr als ein Dutzend Paar neuwertige Messingtürklinken eingelagert. In kindlicher Dummheit habe ich hin und wieder eines dieser Paare stibitzt und zum Schrotthändler Sahm gebracht, der eingangs der Gartenstraße einen ärmlichen Alteisenhandel betrieb. Zwanzig Pfennig gab's dafür. Lehrgeld für kindlichen Unverstand, aber auch eine herzlose Frechheit des *Schrottlers*, der hätte sagen müssen: »Das bringst du sofort wieder dahin zurück, von wo du es genommen hast.«

Nichts dergleichen. Zwanzig Pfennig, das langte gerade mal für eine Wundertüte, eine billige, nicht bemalte Cowboy- oder Indianerfigur aus der Spielwarenabteilung des Kaufhauses *Max Mayer* am Marktplatz oder zwei der rundkegeligen *Zehnerschlotzer*. Der eingegossene Plastikgriff war als Spielzeugfigur geformt. Eine Zeit lang waren es olivgrüne Soldatenmännchen in verschiedenen Kämpferposen. Wir sammelten diese. Ganz eifrige Lutscher und solche, die Soldatenfigürchen gegen anderes tauschen konnten, waren Herren über kleine Armeen.

Mitten im Zimmer stand ein weiß lackierter Holztisch. In dessen Schublade lagen ein Bildband über die Geschichte des Regiments meines Großvaters sowie ein Eisernes Kreuz und ein württembergischer Orden. Für welche Verdienste er diese Auszeichnungen erhalten hat, habe ich nie erfahren. Weitaus mehr als die Zeugnisse seiner Militärzeit interessierte mich eine altertümliche schwarze Taschenlampe, die an einem kurzen Lederriemen befestigt war. Ein passender Schlitz in dem steifen Leder ermöglichte die Befestigung der Lampe an einem Kleidungsknopf. Das Faszinierendste an dieser Lampe war die Möglichkeit, mittels verschiebbarer runder Scheiben im Wechsel weißes, rotes oder grünes Licht aufscheinen zu lassen.

Der Doderers Franz war in vielen Dingen ein pedantisch genauer Mensch. Gelegentlich saß er in der Küche und schnitt mit einem Messer alte Ausgaben der *Murrhardter Zeitung* in exakt gleich große Rechtecke. Diese wurden gebündelt und im Abtritt auf den stählernen Dorn eines an der Wand befestigten Brettchens gespießt und als Klopapier verwendet.

Mein Großvater galt auch als Mann mit einer ungewöhnlich schönen Handschrift. Gut zu sehen ist das noch heute auf einem Erbstück, einer wohl hundert Jahre alten Axt, auf deren Schaft noch immer ein gut sichtbar mit dem Kugelschreiber nachgezogenes, schön gestaltetes »F. Doderer« zu lesen ist.

Die schöne Handschrift sei auch mit ein Grund dafür gewesen, weshalb er als Rentner vor einer letzten Tätigkeit als Nachtwächter noch eine Beschäftigung bei der *Murrhardter Zeitung* bekommen hat. Der alte Lang, der zugleich als Buchhändler, Buchdrucker und Herausgeber der örtlichen Tageszeitung fungierte, ließ seinen alten Freund nicht im Elend sitzen. Zumal eine Generation zuvor der ältere Doderer dem älteren Lang aus einer wirtschaftlichen Kalamität geholfen hatte. Warum und unter welchen Umständen dies geschah, wird nicht mehr herauszufinden sein.

Das Wort »Kalamität« fand in vagen Andeutungen meiner Großmutter und eines anderen alten Weibes, das oft bei ihr verkehrte – einer Nachmittagsteefreundin namens Burckhardt – gelegentlich im genannten Zusammenhang Erwähnung. Der Sinn dieses Begriffs blieb mir noch geraume Zeit verschlossen, wenngleich die Stimmung, die bei derartigen Gesprächen aufkam, nichts Gutes verhieß.

Das finstere Hinterzimmer barg noch weitere kleine Geheimnisse, denen wir hinterherspürten. Verlockend war auch, aus dem Fenster auf das darunter liegende abfallende Dach des an die Hauswand grenzenden Schuppens zu steigen. Die Großmutter hatte uns das Hinausklettern streng verboten, wohl auch, weil sie der Belastbarkeit der damals neuartigen gewellten Abdeckung aus Asbestzement nicht traute. Andererseits hatten mein Bruder und ich unsere Tante Liselotte schon des Öfteren hinaussteigen sehen, um das Dach von Laub und Unrat zu reinigen. Welche Gefahr sollte für uns Kinder bestehen, wenn das Dach die Tante trug?

* * *

Die schlesische Linie

In einer weiteren Hinsicht war das besagte Hinterzimmer ein Ort familiärer Weichenstellungen gewesen, die für mich und meinen Bruder im engsten Sinne existenzielle Bedeutung hatten. Und das kam so:

Mein Großvater Paul Simon hatte den Ersten Weltkrieg ohne eine einzige Schramme überstanden. Der groß gewachsene, muskulöse Mann wurde in Wallisfurth geboren, wuchs aber im nahen niederschlesischen Weiler Tuntschendorf im Glatzer Land auf, einem nahe der tschechischen Grenze gelegenen Ort, der später der Gemeinde Wünschelburg (heute: Radków) eingemeindet wurde. Paul Simon kehrte an den Ort zurück, an den er vor dem Krieg nach erfolgreicher Bewerbung um die Stelle des Geschäftsführers eines bedeutenden Kolonialwarenhandels gelangt war. Die Entscheidung, seinen Heimatort zu verlassen, beruhte auf dem festen Willen, nicht wie andere Familienmitglieder und Altersgenossen in einem der zahlreichen Steinbrüche arbeiten zu müssen, in denen der berühmte Wünschelburger Sandstein gewonnen wurde, der als Baumaterial bei der Errichtung des Reichstags und anderer Berliner Prachtbauten gedient hatte.

Die alten Kastners, die das verzweigte Geschäft mit dem Stammhaus im niederschlesischen Bad Reinerz zum Erfolg geführt hatten, waren kinderlos geblieben und zogen sich allmählich aus den Routinen des Alltags zurück. Sie hatten das Waisenkind Rosalie Maria Latte adoptiert, das den zehn Jahre älteren Geschäftsführer Paul Simon erst heimlich, dann für jedermann ersichtlich liebte. Es kam zur Kriegstrauung, und noch während des Krieges, im Mai 1918, erblickte Hans, der Erstgeborene, das Licht der Welt. Paul kam im frühen Winter aus dem Krieg zurück, stürzte sich in die Arbeit. Bald war ein zweites Kind unterwegs. In den schlechten Tagen des Septembers 1919 wurde Werner geboren. Der später groß gewachsene, ansehnliche Mann musste als Neugeborenes einen kraftlosen, kränkelnden Eindruck hinterlassen haben. Nicht anders ist zu erklären, dass die Hebamme, als sie das Kind erblickte, schreckensbleich ausgerufen hat: »Na, Wernala, du wersch wohl net alt warn.«

1922 war Rosa, wie Rosalie zeitlebens gerufen wurde, zum dritten Mal schwanger. Das Kind sollte im Sommer zur Welt kommen. Im Frühjahr war Schützenfest. In diesen Tagen verunglückte Paul tödlich. Rita, das jüngste Kind, hat ihn nie zu Gesicht bekommen. Mein Vater hat mir davon berichtet, dass die Rosse vor einem mit Steingut beladenen Wagen von betrunkenen Knechten scheu gemacht worden und losgestürmt seien. Paul Simon, der stets gewissenhafte Mann, habe noch versucht, sich ins Zaumzeug zu werfen und die Pferde zum Halten zu bringen. Dabei sei er unter den schweren Wagen geraten. Nicht ganz so ehrenhaft klang die Schilderung meiner damals sechsundneunzigjährigen Tante. Richtig sei gewesen, dass ihr Vater noch versucht habe, die durchgehenden Pferde zum Halten zu bringen. Aber er sei selbst einer der feierlaunigen Schützenbrüder gewesen, die dem Fuhrmann durch das Antreiben der Pferde einen Streich hatten spielen wollen. Von nun an war Rosa Simon Geschäftsinhaberin und gestrenge Chefin von zwei Dutzend Angestellten. Lastwagen ersetzten die Pferdegespanne, alsbald wurde der erste Pkw angeschafft. Unmittelbar nach Kriegsbeginn wurde der Fuhrpark komplett von der Wehrmacht requiriert. Als Sicherheit gab's für jedes Fahrzeug eine eigene, ausführlich gestaltete Quittung mit einem zusätzlich aufgestempelten Vermerk: »Rückgabe nach dem Endsieg.«

Werner verlebte trotz des frühen Todes seines Vaters eine glückliche Kindheit im niederschlesischen Bad Reinerz. Die Mutter führte ein strenges Regiment. Dennoch hatten die Kinder ob der Geschäftigkeit um Haus und Handel große Freiheiten. Mit Geschick wurden Nischen ausfindig gemacht, und das angestellte Personal war den Geschwistern sehr zugetan. Im zugehörigen Delikatessengeschäft – die Kundschaft kam vorwiegend aus den Kurhäusern – fiel so manche Leckerei ab. Orangen und Bananen waren nichts Ungewöhnliches.

Als die Jungen halbwüchsig waren, machte Rosa Simon dem aus ihrer Sicht aufgekommenen Schlendrian ein jähes Ende. Hans und Werner wurden nach Ostern 1929 auf das einst von den Jesuiten gegründete *Staatliche Katholische Gymnasium Glatz* geschickt, an das für einen Teil der Schüler – zu diesen gehörten die Simon-Buben – ein Konvikt angeschlossen war. Rund achtzig Jungen lebten dort während der Schulwochen. Ihm stand ein Regens vor, in diesem Fall der mit der Leitung des Internats betraute stellvertretende Schulleiter. Fortan kamen sie nur übers Wochenende und in den Ferien nach Hause. Die knapp 25 Kilometer lange Strecke verlief südlich des Heuscheuergebirges vom Glatzer Stadtbahnhof über Bad Altheide und Rückers nach Bad Reinerz. Werner empfand den Eintritt ins Internat als schmerzhaften Einschnitt. Später betonte er des Öfteren, wirklich frei habe er sich immer dann gefühlt, wenn der Zug in den Reinerzer Bahnhof einfuhr.

Heute heißen die Orte an der Bahnstrecke Kłodzko, Polanica-Zdrój, Szczytna und Duszniki-Zdrój. Im Zusammenhang mit der Ablösung der deutschen Städtenamen durch polnische gibt es eine hübsche Anekdote über meine Simon-Großmutter. Als man Rosa berichtete, dass Schlesiens Hauptstadt nun Wrocław heiße, ereiferte sie sich: »Wie heeßt unser scheenes Breslau nu? Rotzlaaf! Unerhört!«

Hans und Werner kamen keineswegs jedes Wochenende nach Hause. Den Ort der Verbannung konnten sie nur nach einem förmlichen Gesuch verlassen. Dieses musste am Freitag mit streng vorgeschriebenem Inhalt beantragt werden: *Der Sextaner (Quintaner usw.) Werner Simon bittet um die Erlaubnis, über den Sonntag nach Hause fahren zu dürfen.* Erst wenn der Klassenlehrer und der Regens abgezeichnet hatten, war ein Wochenende in vertrauter Umgebung gesichert.

Wie der Bruder trat Werner früh in den Jugendbund Neudeutschland (ND) ein. Dieser war katholisch ausgerichtet, unterschied sich ansonsten nur wenig von anderen Jugendbünden der damaligen Zeit. Die Jungen trugen einheitliche Kluft. Grünes Hemd mit zwei aufgesetzten Brusttaschen, mausgraue kurze Hose. Das Gruppen-, Lager- und Fahrtenwesen stand im Vordergrund. Naturerleben, kein Alkohol und keine Zigaretten. Und im Unterschied zu anderen Bünden – etwa dem Nerother Wandervogel – blieb der Jugendbund Neudeutschland ein reiner Jungenbund. In romantischer Begeisterung wurde gesungen:

Und wir kauern wieder um die heiße Glut
Und erzählen vom Abenteuer.
Und der heiße Balkan zündet unser Blut;
Und wir singen, am Lagerfeuer,
Daß die Neider verdammt
Und die Spießer verflucht,
Die uns gehemmt viel tausendmale,
Daß die Neider verdammt
Und die Spießer verflucht,
Die uns gehemmt viel tausendmale.

Draußen in der Natur – den Erwachsenen, vor allem den Paukern, entronnen! Zeltlager in Rosenthal, Groschberg bei Frankenstein, Winterlager in Jugendherbergen. Radtouren ins Elbsandsteingebirge, zur Ost- und an die Nordsee. 1936, das Fahrtenwesen außerhalb der HJ war mittlerweile verboten, als »Schülerreise« deklariert, auf schweren Rädern bis zur Zugspitze.

Am 31. Januar 1933 las der Untertertianer Werner Simon während der großen Pause im Zeitungsaushang der an den Pausenhof angrenzenden Druckerei und Buchhandlung Schirner, dass Adolf Hitler am Vortag Reichskanzler geworden war. Ab jetzt trat der bislang als stockkatholisch geltende Oberstudiendirektor Dr. Mentwig trotz unvorteilhaften Kugelbauchs in SA-Uniform und lächerlichen Ledergamaschen vor die Klassen. Und nach den Osterferien kam in Person des Herrn Dr. Kurz ein neuer Klassenlehrer. Zackig stellte er sich mit den mehrdeutigen Worten vor: »Wer zu mir kommt, kommt immer zu Kurz.« An dieser katholischen Anstalt gab es zu dessen Leidwesen keine Juden. Deshalb machte er die verbliebenen Mitglieder des ND zur Zielscheibe seines bösartigen Spotts. Dr. Filla, Lehrer in Religion und Biologie, wurde aus dem Schuldienst entfernt, weil er sich weigerte, die NS-Rassenlehre in seinen Unterricht aufzunehmen.

Noch wurde der ND geduldet, musste jedoch einen neuen, diskreten Treffpunkt im Gewölbekeller eines Drechslers einrichten. Die Hoffnung, das zwischen dem Vatikan und dem Dritten Reich abgeschlossene Konkordat würde den dauerhaften Bestand des Jugendbundes sichern, erwies sich als Illusion. Es folgten polizeiliche Veranstaltungsverbote, Überfälle und Belästigungen durch die Glatzer Hitlerjugend. Im Juli 1935 wurde dem ND jede Tätigkeit untersagt, die nicht rein religiöser Art war. Schmerzhaft für die Jungen war der Verzicht auf ihre Kluft. Auch Fahrten, Lager und sportliche Betätigung fielen unter diese Verfügung. Durch Erlass des Reichsführers SS vom 27. Juni 1939 wurde der Verband verboten. Aber noch immer fanden diejenigen, die nicht in der Hitlerjugend waren, ihre Nischen. Ausflüge und Abfahrten von den Bauden des Glatzer Berglandes und im Riesengebirge, ganztägige Skitouren im hügeligen Gelände, aber auch das Skispringen gehörten zu den beliebten Vergnügungen des Winters. Wenn sie Abfahrten über die Hänge von Schreiberhau unternahmen, waren sie dem Jahrhundertschriftsteller Gerhart Hauptmann ganz nahe, der auf seinem *Wiesenstein* im hoch gelegenen Agnetendorf seine letzten Lebensjahre verbrachte.

Vor Weihnachten 1936 wurde zur Gewissheit, was bereits als Gerücht die Runde gemacht hatte. Die Unterprima sollte ein Jahr früher zum Abitur geführt werden. Der Lern- und Wissenstand der Siebzehnjährigen war unerheblich. Selbst das Schulwesen wurde den übergeordneten Zielen untergeordnet, was nichts anderes bedeutete als die Vorbereitung des nächsten Krieges. Im Frühjahr 1937 verließen Werner und Hans das Gymnasium, um sogleich den *Schipperaffen* zu machen. Sie wurden Arbeitsdienstmänner. Kasernenähnliche Unterbringung im RAD-Lager, Drill und Schuften beim Straßenbau. Zu seiner Erleichterung konnte Werner im September 1937 dem *Reichsparteitag der Arbeit* mit abschließendem Defilee von 40 000 RAD-Männern vor *dem Führer* entkommen. Es gab Sonderurlaub zur Aufnahme des Medizinstudiums. Drei Semester Studium in Breslau und Wien. Einberufung zur Wehrmacht.

Der Zweite Weltkrieg begann für ihn als Sanitäter in einer Gebirgsjägereinheit. Werner war immer ein exzellenter Skifahrer gewesen. Polenfeldzug, Überfall auf die Sowjetunion. Im Verlauf der nächsten Jahre wird dieser junge Mensch tausendfach in Abgründe geblickt, unzählige Male zerschossenen, entstellten jungen Männern eine medizinische Erstversorgung gewährt haben. Nur ein einziges Mal sprach mein Vater über seine schrecklichen Erlebnisse im Sanitätsdienst. Im Familienkreis saß man in trinkfreudiger Runde in einem schlesischen Hotel. Zwei seiner Enkel waren damals acht und zehn Jahre alt. Plötzlich fing Werner zu weinen an. Anfangs dachten wir, die Wiederbegegnung mit der alten Heimat habe ihn überwältigt. Stockend begann er zu schildern, wie verzweifelte ukrainische Frauen einen Panjewagen zum Feldlazarett der Aggressoren brachten. Auf Stroh gebettet lagen zwei Jungen. Im Minenfeld hatten beide ihre Beine verloren. Ohne mehr tun zu können, verband der junge Sanitätssoldat die blutenden Stümpfe. 50 Jahre später waren nun seine beiden Enkel in einem ähnlichen Alter, was wohl der Grund dafür war, dass ihm das schreckliche Ereignis aus dem Herbst 1941 erneut vor Augen stand.

Dass er nach dem Krieg sein Medizinstudium nicht fortgesetzt hat, sondern Lehrer wurde, hat er auch auf Nachfragen nur vage begründet. Die Ursache wird im vieltausendfachen Schrecken von fünf Kriegsjahren liegen. Auch wird er die Hilflosigkeit des Helfers gespürt haben. Der angehende Arzt musste die letzten Hoffnungen vieler Verstümmelter und Sterbender enttäuschen. Er war einer der Millionen Traumatisierten, die unsere Väter waren. Mein Vater war ein Konservativer, stockkatholisch, aus einer Familie stammend, die, solange es möglich war, immer Zentrum gewählt hat. Nach dem Krieg wird er als Wähler stets sein Kreuz bei der CDU gemacht haben.

Er war ein stiller Mann, nie maßlos, höflich und auf eine Weise rücksichtsvoll, dass es manchmal kaum zu ertragen war. Er war nie Nazi und, was die schlesische Frage anbelangte, nie Revanchist gewesen. Als in den Neunzigerjahren vermehrt Neonazis als Geschichtsfälscher und Hitlerverehrer auftraten, sagte er einmal: »Ich wünsche den jungen Bekloppten, dass sie nur eine halbe Stunde den Gestank eines überfüllten Frontlazarettes ertragen müssten. Dass sie sehen, wie der sabbernde Eiter die untauglichen Papierverbände durchweicht. Ich höre noch immer das ohrenbetäubende Gebrüll der Kameraden, die Bauchschüsse erhalten hatten. Sie schrien sich die Seele aus dem Leib vor Schmerzen. Die meisten wussten genau, wie es um sie bestellt war. Manche wollten meine Pistole haben, um sich selbst zu töten, oder haben darum gebettelt, ihr Sterben auf andere Weise zu beschleunigen.«

1942 erfolgte ein Vorstoß über den Kaukasus zum Schwarzen Meer, der am Ende scheiterte. Werners Einheit wurde aufgerieben. Der junge Sanitäter blieb verschont. Nach einem schweren rheumatischen Schub war er zu dieser Zeit in einem Reserve-Lazarett in Wien. Ein winziges Foto zeigt ihn überschlank in gestreifter Anstaltskleidung, die an eine Sträflingsmontur erinnert. Mit verbundenen Füßen steht er in einem kleinen Park, trägt viel zu kleine Schlappen, hält einen Kulturbeutel in der Hand. Verlegen lächelt er in die Kamera seines Freundes Arnold *Nolli* Göbert. »Res.-Lazarett Villa Kalmann, Wien 1942« ist auf der Rückseite vermerkt. Was die jungen Männer nicht wissen konnten: Bei dem prächtigen Anwesen handelte es sich um die frühere Villa des Operettenkomponisten Emmerich Kálmán. Der jüdische Komponist floh 1938 über Zürich nach Paris, später in die Vereinigten Staaten. Sein bekanntestes Werk dürfte die Operette *Die Csárdásfürstin* sein. Sein Anwesen wurde nach seiner Flucht *arisiert* und während des Krieges als Rheuma-Lazarett genutzt.

Eine Wiener Episode hat Werner gelegentlich erzählt. Um sein marodes Zahnfleisch aufzubessern, habe ein Zahnarzt zur Bekämpfung der Parodontose gemahlenen Stierhoden aufgetragen. Genutzt habe es wenig.

Nach leidlicher Genesung wurde er zu einer Sanitätseinheit der 6. Armee versetzt. Mitten im Vormarsch an die Wolga wäre er um ein Haar umgekommen. Keine verirrte Kugel, kein Granatsplitter hat ihn beinahe das Leben gekostet, sondern ein schlecht behandelter, nun akut gewordener Blinddarmdurchbruch. Während seine Einheit in Stalingrad angekommen war und in zerschossenen Kellern und Fabrikhallen Notlazarette einrichtete, schwebte er zwischen Leben und Tod. Der Blinddarmdurchbruch war ihm zur lebensgefährlichen Bedrohung geworden – und rettete ihm das Leben. Er entkam Stalingrad. Dafür begleitete er nach seiner Genesung Einsätze in den Gebirgszonen Jugoslawiens. Partisanenbekämpfung. Er wurde Zeuge des Grauens und der Gräuel. Auf Partisanenangriffe folgten Massenerschießungen. Faschistische Ustascha nagelten kommunistische Widerstandskämpfer an Scheunentore. Vorrückende deutsche Soldaten fanden versprengte Wehrmachtssoldaten gekreuzigt vor. Wenn sich die Sanitäter von dem Gebrüll der Unglücklichen nicht abhalten ließen, sahen die entsetzten Helfer, dass man den Männern die Augen ausgestochen hatte. Und einmal, als Kameraden einen dieser Unglücklichen abnehmen wollten – wogegen der sich mit erstickendem Gewinsel sträubte –, explodierte eine Sprengfalle, die man an dieser armen Kreatur angebracht hatte. Dem folgten wieder nicht enden wollende Geiselerschießungen. Werner berichtete nur ein einziges Mal davon und redete fortan nie mehr darüber. Das geschah in den Tagen, in denen er sich strikt gegen eine deutsche Beteiligung am Jugoslawienkrieg aussprach.

Noch vor dem D-Day wurde seine Einheit in die Normandie verlegt. Mittlerweile war er Sanitätsunteroffizier. Und obwohl er keinen Studienabschluss besaß, wurde er als operierender Unterstabsarzt eingesetzt, weil nicht mehr genügend Ersatz von den Hochschulen kam. Das entsprach nicht den Vorschriften, aber Werner hat sich darauf eingelassen. Nicht eingelassen hat er sich auf den Empfang eines Karabiners. Dieser sollte ihm statt einer Pistole ausgehändigt werden, weil Letztere knapp geworden waren. Werner berief sich auf die Genfer Konvention. Der Besitz eines Karabiners hätte aus dem Sanitäter einen Angehörigen der kämpfenden Truppe gemacht. Er setzte sich durch.

Mit der Versetzung an die Westfront schienen die jungen Männer das große Los gezogen zu haben. Für Sanitäter gab es vorübergehend wenig zu tun. Am häufigsten traten Geschlechtskrankheiten auf und etwas, was mein Vater uns gegenüber zur Verschleierung der wahren Gründe als Motiv für den späteren Abbruch seines Medizinstudiums angegeben hatte:

»Ich habe so viele wund gelaufene Landserfüße behandelt, dass ich das im zivilen Leben nicht mehr praktizieren wollte.«

Mit dem D-Day wurde eine mörderische Walze in Gang gesetzt. Die Alliierten trieben die Besatzungsmacht nach Belieben vor sich her. Im Dezember 1944 geriet Werner nahe der Maas in amerikanische Gefangenschaft.

Rosa Simon durchlebte währenddessen eine schwere Zeit im schlesischen Kurbad. Das Geschäft lag darnieder. Von beiden Söhnen hatte sie keine Nachricht. Hans, sofern er noch lebte, war in russischer Kriegsgefangenschaft. Von Werner keine Spur. Sie hoffte, dass er bei den Amerikanern war. Rita hatte sich mit ihrem Mann Felix auf eine abenteuerliche Flucht begeben. Immerhin kam von den beiden letztens Post. Bei einer Tante von ihm waren sie untergekommen – in einem ihr unbekannten Ort namens Murrhardt.

Die Russen hatten sich's in Reinerz gut eingerichtet. Hatten die Kurhäuser und Villen besetzt. Die schlimmsten Wochen mit Plünderungen und Vergewaltigungen waren vorüber. Doch immer wieder wurden Männer mittleren Alters aufgegriffen und unter dem Vorwand, sie hätten sich der Kriegsgefangenschaft entzogen, in Lager gebracht. Viele von ihnen wurden in Züge verladen. Es ginge nach Sibirien, hieß es, oder in die Kohlegruben des Donbass. Nun trafen Transporte umgesiedelter Ostpolen in Schlesien ein. Es kam zu ersten Räumungen. Wichen die deutschen Besitzer nicht freiwillig, wurden sie gewaltsam vertrieben.

Dann erreichten Rosa, wohl auf Vermittlung des Internationalen Roten Kreuzes, innerhalb kurzer Zeit zwei Briefe, die belegten: Werner lebt. Es waren keine Briefe, wie man sie kennt. Ihre Adresse ist akkurat auf einen Briefumschlag geschrieben. Darin befindet sich eine Postkarte mit einem merkwürdigen Motiv: Zwischen zwei lang gestreckten Zeilen von noch im Bau befindlichen zweigeschossigen Backsteingebäuden sind links und rechts jeweils dreireihig Hunderte deutsche Soldaten zum Appell angetreten. Sie tragen noch ihre abgerissenen Uniformen. Auf der Rückseite hat Werner nur vermerkt: »San. Uffz. Werner Simon, 517029, Abt. D V,7.« Darüber thront ein roter Stempel. Um zu entziffern, was er bedeutet, musste Rosa eine Lupe holen. Um ein verschmiertes Hoheitszeichen und die Ziffer 61 war gerade noch lesbar: »Canada censored. Int. OP.« Offensichtlich ist die Karte von der kanadischen Zensur freigegeben worden. Ist die Ziffer nach seinem Namen eine nur Eingeweihten bekannte Verschlüsselung seines Aufenthaltsortes? Gespenstisch wirkt das. Aber der Junge lebt! Es ist zweifelsfrei seine Handschrift.

Rosa schrieb einen kurzen Brief, gab auch Ritas Adresse in Murrhardt an. Dann verfasste sie noch zwei weitere inhaltsgleiche Briefe, die sie an den beiden folgenden Tagen zur Post brachte. Der Schalterbeamte, ein im Ersten Weltkrieg Kriegsversehrter, wunderte sich. Aber Rosa wollte die Wahrscheinlichkeit erhöhen, dass zumindest einer dieser Briefe ihren Sohn erreichte. Werner schien ähnliche Überlegungen angestellt zu haben. Schon wenige Tage später kam wieder ein Brief. Dessen Inhalt war wieder eine Postkarte mit rotem Stempel und der verschlüsselten Adresse. Das Fotomotiv ließ sie zusammenfahren. War dem Jungen was passiert? Unsinn! Er hatte die Karte ja beschriftet. Auf freiem Feld waren zehn deutsche Soldaten zu einem militärischen Begräbnis angetreten. Drei trugen einfache Kränze, einen größeren und zwei kleine. Aus einem geöffneten Grab ragte ein mit einer Fahne bedeckter Sarg. Sechs kanadische Soldaten schossen Salut. Wahrscheinlich hatte man einen verstorbenen deutschen Offizier beerdigt. Nobel, diese Kanadier. Und dennoch war das ein merkwürdiges Postkartenmotiv, fand Rosa. Nur mit der Lupe waren im Hintergrund weitere Grabhügel auszumachen. Hinter jedem war ein dünnes

Bäumchen gepflanzt worden, dessen schwache Triebe in den Himmel ragten.

Werner hatte gerne in Breslau und Wien gelebt und studiert. Dass er eines Tages seiner Schwester in die bedeutungslose schwäbische Kleinstadt Murrhardt folgte, kam so:

Seit annähernd 100 Jahren existiert im deutschen Bildungswesen eine spezielle Konstante. Sie besitzt keinen reformpädagogischen Hintergrund. Sie hat nichts mit Didaktik zu tun, auch nicht mit sonstigen Methoden der Unterrichtsgestaltung oder den gelehrten Inhalten. Es ist die durchgängig an den Tag gelegte Unfähigkeit deutscher Kultusverwaltungen, ein ausgewogenes Verhältnis zwischen dem leicht zu prognostizierenden Personalbedarf und den Kapazitäten der Lehrerausbildung herzustellen. Seit dem Ende des Ersten Weltkriegs wechselten sich Lehrermangel und Lehrerarbeitslosigkeit in nicht genau vorausbestimmbaren Zeitsprüngen ab.

Felix Knoll, 1912 als Sohn eines Darmstädter Bäckers zur Welt gekommen, hatte den für ihn vorgesehenen Berufsweg für sich ausgeschlossen. Er durfte aufs Gymnasium und war Lehrer geworden. Doch infolge der in den Dreißigerjahren dramatischen Lehrerarbeitslosigkeit bekam er in Hessen keine Stelle. Er resignierte nicht und ging auch nicht in die Backstube seines Vaters zurück. Sein Wunsch, den erlernten Beruf auszuüben, brachte ihn über einige Umwege in das niederschlesische Bad Reinerz.

Was ihm zunächst schwergefallen war, entpuppte sich als sein persönliches Glück. In dem Heilbad fand er eine Anstellung. Von nun an unterrichtete er in der *Eselsschule*. Dort wurden keine Esel dressiert, und es war auch keine Sonderschule, die im Volksmund eine abfällige Bezeichnung erhalten hatte. Der Name rührte daher, dass auf einer an das Schulgelände angrenzenden Wiese Esel geweidet wurden. Diese wurden nicht etwa vor Karren gespannt oder für den Lastentransport in die Ausläufer des Riesengebirges eingesetzt. Die Tiere hielt man wegen ihrer Milch. Eselsmilch galt als gesund und helfe gegen allerlei Beschwerden, weshalb sie bei verschiedenen Kuren verabreicht wurde.

Obwohl in dem Badeort Fremde nichts Ungewöhnliches waren, fiel der junge Hesse auf. Der drahtige, hübsche Bursche mit dem schwer zu zügelnden Haarschopf zog die Schwärmereien junger Damen und älterer Schülerinnen auf sich. Wenn der Junglehrer nach dem Unterricht zu Tisch ging, folgte ihm mancher Blick. Siebzehnjährig verliebte sich Rita in den zehn Jahre älteren Mann. Von nun an verkehrte er, dabei die Konventionen der damaligen Zeit achtend, im Hause Simon. Es hieß, die Delikatessen, die in dem am Reinerzer Ring gelegenen Kolonialwarenladen angeboten wurden, seien der anfängliche Grund für sein gelegentliches Auftauchen gewesen. Später hätten andere Motive die Oberhand gewonnen. 1943 kam es zur Kriegshochzeit. Rita war gerade einundzwanzig geworden. Felix heiratete in Zivil. Auf dem erhalten gebliebenen Hochzeitsfoto trug kaum einer der anwesenden männlichen Hochzeitsgäste Uniform. Werner war bei der Hochzeit seiner Schwester dabei. Er hatte sich ein paar Tage Sonderurlaub erschlichen. Als Antragsgrund hatte er in das auszufüllende Formular schlicht »Hochzeit« eingetragen. In der Annahme, es handle sich um seine eigene, wurde ihm der Fronturlaub genehmigt. Werner, jetzt überschlank und überdurchschnittlich groß, trug Frack und Zylinder. Da er die Hochzeitsgesellschaft deutlich überragte, war alsbald ein neuer Spitzname für ihn gefunden: *Nigrin*-Mann. Bereits seit den Dreißigerjahren warb die Schuhcreme-Fabrik *Nigrin* mit einem als Kaminkehrer verkleideten Stelzenläufer in Deutschlands Städten, der alle überragte und zur Freude der um ihn herumspringenden Kinder gelegentlich Süßigkeiten verteilte.

Werner führte seine Cousine Margarete Welzel in die Kirche und später an die Festtafel. Die *Welzel Gretel* galt als gute Partie. Sie entstammte der Schankwirtschaft *Kornecke*, die ihr Vater Franz führte. Geerbt hätte sie auch das *Schwarze Roß*, das damals erste Haus am Platze. Gasthaus und Hotel, direkt gegenüber dem *Kolonialwarenladen Eduard Kastner* gelegen – bis zur Vertreibung führte Rosa Simon diesen Firmennamen weiter –, warben bereits 1942 mit Zentralheizung, fließend kaltem und warmem Wasser, Ausstellungsräumen sowie Konferenz- und Gesellschaftszimmern. Im Ausschank: das fränkische *Kulmbacher*.

Zwei Tage nach der Hochzeit hieß es für Felix: zurück an die Ostfront. Werners Einheit sollte nach Jugoslawien verlegt werden. Sowohl der Bräutigam als auch der Bruder der Braut konnten nicht ahnen, dass das rauschende Fest, für das Rosa Simon allerlei *gebunkert* und *organisiert* hatte, sich im Nachhinein als dramatische Zäsur erweisen würde. Felix sah den Ort letztmals als Deserteur im April 1945 wieder. Werner reiste erst in den Siebzigerjahren als Tourist wieder in die alte Heimat.

Felix setzte sich auf dem Rückzug vor der Roten Armee im Raum Breslau von seiner Einheit ab. Zu irrwitzig erschienen ihm die Verteidigungsbemühungen für die zur Festung erklärte Stadt. Um einen Feldflughafen zu errichten, hatte der dem Wahnsinn nahe Gauleiter Karl Hanke unter Inkaufnahme zahlreicher Opfer eine Landebahn in die Altstadtbebauung sprengen lassen. Später wird er sich von dort mit einem *Fieseler Storch* aus dem Staub machen – dem einzigen Flugzeug, das dort jemals gestartet oder gelandet ist.

Felix nutzte den Vorteil, dass ihm die Gegend leidlich bekannt war. Zu Fuß schlug er sich abseits der Truppenbewegungen 90 Kilometer nach Bad Reinerz durch. Spät in der Nacht erreichte er das Haus am Reinerzer Ring, klopfte am Lieferanteneingang und bekam Einlass. Die Freude über das unverhoffte Wiedersehen wich der Angst vor Entdeckung, Verhaftung und Hinrichtung. Rosa, die resolute Firmenchefin, wusste Rat. Zwei Tage später zogen zwei dick vermummte Gestalten in die Nacht und aus der Stadt hinaus. Auf dem abgelegenen Hof Tante Hedwigs, einer verwitweten Verwandten der Kastners, fand Felix im ansteigenden schlesischen Bergland nahe der böhmischen Grenze im winzigen Weiler Löschney Unterschlupf.

Die von den Slawen geründete Siedlung zog sich in weiter Streuung den Hügel hinauf. 1937 wurde der *undeutsche* Ortsname abgelöst. Der Weiler hieß nun *Talheim*, was sich umgangssprachlich nie durchsetzte. Nach der Vertreibung der Deutschen entvölkerte sich der Ort. Anlässlich einer Schlesienreise führte uns Werner 2005 den nimmer enden wollenden Anstieg vom Bahnhof Lewin hinauf bis zu den noch sichtbaren Mauerresten von Hedwigs Hof. Gestrüpp überwucherte die letzten Siedlungsspuren.

Etliche kalte Nächte verbrachte der Untergetauchte in einem rasch ausgehobenen Erdloch. Als die Russen auch diesen Teil Schlesiens besetzt hatten, machte sich Rita erneut auf nach Löschney. Für das Paar stand die größte aller Fragen im Raum: Wie weiter? War dem polnischen Kriegsgefangenen, der auf dem Hof der Tante arbeitete, zu trauen? Oder würde er den Deserteur den Russen verraten? Pläne wurden geschmiedet und wieder verworfen. Am Ende entschieden die beiden sich für die wahnsinnigste aller erörterten Möglichkeiten. Felix und Rita begaben sich auf eine abenteuerliche Flucht. Mit einem der letzten Züge erreichten sie Glatz. Dort suchten sie einen Stellmacher auf, der ihnen gegen Tabak und noch etwas Geld zwei Wägelchen fertigte, auf denen sie ihre Rucksäcke und sonstiges Gepäck transportieren konnten. Zu Fuß zogen sie nach Westen. Kurze Strecken reisten sie in überfüllten Zügen. Manchmal durften sie auf einem Pferde- oder Ochsenkarren mitfahren. Ihr Ziel war Darmstadt. Sie hofften, bei Felix' Familie eine neue Bleibe zu finden. Wenn sie Glück hatten, konnten sie die Nacht in einer Remise, einem Stall oder einem Heuschober verbringen. In einer dieser flüchtigen Unterkünfte musste auch meine Cousine Rosemarie gezeugt worden sein. Geboren wurde sie im Februar 1946.

Irgendwann in diesen Tagen kamen sie mit einer Frau namens Poncin ins Gespräch. Man ging gemeinsam weiter. Sie war Luxemburgerin. Das erwies sich wenig später als großes Glück. Polnische Miliz hatte in Görlitz die noch intakte Neißebrücke gesperrt. Frau Poncin ging auf die Brückenwache zu. Am Mantelkragen hatte sie eine luxemburgische Fahne befestigt. Mit ausschweifenden Gesten zeigte sie den Posten ihren luxemburgischen Pass. Sie durfte passieren. Und in ihrem Gefolge auch Rita und Felix, die ebenfalls für Luxemburger gehalten wurden. Und nochmals erhielten sie in schwierigster Lage Hilfe von Frau Poncin. Dieses Mal auf eine Weise, die einem Motiv ähnelt, das im Roman und in der Verfilmung der Grass'schen *Blechtrommel* zu den ausdrucksstärksten Bildern gehört:

»Bei Oderwitz angekommen retten mich nur die Geistesgegenwart von mir selbst und Frau Poncin vor den Russen. Die durchsuchen den Zug nach jungen Männern. Da will ich schon rausspringen, überlege anders und kauere mich auf den Boden zwischen die Beine der Passagiere, die Wägelchen und Koffer. Frau Poncin wirft ihren Rock über mich. Und so sitze ich bis zur Abfahrt unter dem Rock einer Frau. Aber ich bin gerettet. Kein russischer Kriegsgefangener.« (Aus dem Fluchttagebuch des Felix Knoll, Auszug vom 20.6.1945)

In Güterzügen und zu Fuß erreichten sie Dresden. Der immer noch in der Luft liegende Brand- und Leichengeruch blieb Rita zeitlebens in Erinnerung.

Endlich im Hessischen angekommen, fand das Paar anstelle der elterlichen Bäckerei Knoll nur noch Trümmer vor, die sich in einem Bombenkrater auftürmten. Eine letzte vage Möglichkeit, wenigstens vorübergehend eine feste Bleibe zu finden, bot sich in dem verschlafenen schwäbischen Städtchen Murrhardt. Felix' Eltern hatten dort Verwandtschaft.

Am 6. Mai 1945 war Reinerz von einem *Stadtausschuss der Antifaschisten* der Roten Armee übergeben worden. Der NSDAP-Bürgermeister hatte sich, wie viele andere Funktionsträger des untergehenden *Dritten Reiches*, aus dem Staub gemacht. Die eben noch hohen und gefürchteten Herren waren untergetaucht oder hatten sich ins Böhmische abgesetzt. In den ersten Nächten der Besatzung kam es zu Vergewaltigungen und Plünderungen. Am Himmelfahrtstag detonierte Munition, die in großen Mengen in der Wandelhalle des Bades eingelagert war. Große Teile des lichten Baus und mehrere Gebäude flogen in die Luft, die verkohlten Leichen zweier Kinder wurden geborgen. Es hieß, deren Unachtsamkeit habe das Unglück herbeigeführt.

Rosa Simon konnte ihren Geschäften nicht mehr nachgehen. Längst waren alle Waren geplündert und das, was versteckt gewesen war, hatte man verbraucht oder als Tauschware verwendet. Nicht einmal ein Pferdegespann stand zur Verfügung. Die männlichen Angestellten waren gefallen, verschollen oder in Gefangenschaft. Das Schicksal der eigenen Söhne war ungewiss. Zudem galt es, ihre Schwester zu trösten. Friedl war nach dem frühen Tod der gemeinsamen Eltern nicht wie Rosa von den wohlhabenden Kastners, sondern von dem Ofensetzermeister Paul Seidel adoptiert worden. Der Sonnenschein ihres kargen, arbeitsreichen Lebens war ihr unehelich geborener Sohn Günter. Beginnend in der Flieger-HJ, hatte dieser es zum Flugzeugführer der Luftwaffe gebracht. Ende 1943 wurde er über den Weiten Russlands abgeschossen.

Im Sommer 1945 erreichten die ersten aus Galizien vertriebenen Polen das Heilbad. Sie übernahmen sogleich die Stadt- und wenig später auch die Kurverwaltung. Die deutsche Polizei wurde durch polnische Miliz abgelöst. Die ersten *Aussiedlungen* wurden angekündigt. Die Bevölkerung wurde durch Plakatanschläge informiert:

Der Aussiedlung unterliegen alle deutschen Volksgenossen mit folgenden Ausnahmen:

a) Alle Beamten, Angestellten und Arbeiter der öffentlichen Verwaltungen.

b) Alle Fachmänner: Ingenieure, Arbeiter, welche in den Fabriken und Werkstätten und öffentlichen Anstalten beschäftigt sind.

c) Ärzte und Sanitäter.

d) Handwerker mit besonderer Genehmigung.

Es dürfen mitgenommen werden: pro Person 20 kg Gepäck und Eßware.

Zurückgebliebene Sachen dürfen nicht vernichtet werden.

Der Abzug hat in Ruhe und Ordnung zu erfolgen. Zuwiderhandlungen dagegen werden streng bestraft, evtl. durch Kriegsgericht.

Dieser Befehl, unterzeichnet vom polnischen Stabschef und dem polnischen Grenzschutzkommandanten, wurde zum ursprünglich geplanten Termin nicht vollzogen. Die Hoffnung, bleiben zu können, wuchs. Doch dann kam Anfang März 1946 ein weiterer Räumungsbefehl. Teile der Stadt, so auch der innerstädtische Ring, wurden am Zwölften des Monats evakuiert. Ein kurzer Treck führte nach Glatz. Friedl und Rosa gingen die gesamte Strecke zu Fuß. Im Zentrum der Grafschaft angekommen, lagerten große Gruppen im Hof und in der Umgebung des Finanzamtes. Die Nacht verbrachten jeweils dreißig Personen in einem Amtszimmer. Anderntags wurden die Gruppen in

Güterwagen verladen. Als der Zug sich in Bewegung setzte, wusste niemand, wohin sie die Reise führen würde. Ging es nach Osten? Bei der Durchfahrt erkannte jemand den Bahnhof Liegnitz. Am nächsten Tag kroch der Zug durch Außenbezirke des zerstörten Magdeburg. Dann erfolgte ein längerer Halt an der russisch-englischen Zonengrenze. Die Erwachsenen erhielten eine Bescheinigung, die sie als Ausgesiedelte auswies.

Im Westen angekommen, landeten die Reinerzer nach kurzen Zwischenaufenthalten zur Entlausung in einem Sammellager in Nienburg. Nach einer weiteren Entlausung und einer oberflächlichen ärztlichen Untersuchung gab es eine dünne Suppe. Schließlich erfolgte die Zuweisung von Schlafstätten in dem überfüllten Lager.

Nach einigen Tagen kam es zu einer willkürlichen Verteilung der Vertriebenen in Städte und Gemeinden, die die Anweisung hatten, eine entsprechende Zahl dieser Personen aufzunehmen. Rosa und Friedl landeten nach Aufenthalten in weiteren Zwischenlagern im Bielefelder Stadtteil Heepen. Ihnen wurde ein Zimmer zugewiesen. Die Aufnehmenden waren über die Einweisung der *Habenichtse* empört. Als großes Glück erwies sich der Umstand, dass Friedl, die eine gute Köchin war, in einer öffentlichen Suppenküche im teilweise noch in Trümmern liegenden Hauptbahnhof eine Anstellung fand. Sie wurde über den Tag satt und konnte gelegentlich auch etwas für ihre Schwester und die Hausleute abzweigen, deren Freundlichkeit von Mal zu Mal wuchs.

* * *

Nebel

Wäre man versucht, eine Kausalkette zu konstruieren, so wäre diese aberwitzig und logisch zugleich. Sie mündet in der Behauptung, dass ich meine Existenz dem Volltreffer einer Sprengbombe verdanke, der von einer Darmstädter Bäckerei keinen Stein auf dem anderen hatte stehen lassen. Ohne die Nachricht: »Sind bei Tante Lina, Murrhardt, Küferei Haisch« wäre mein Vater nach seiner Ankunft in Deutschland niemals in dieses unscheinbare Städtchen gelangt. Und er hätte nie meine Mutter kennengelernt, die Lina hieß, aber darauf bestand, *Leni* genannt zu werden.

Leni war zu diesem Zeitpunkt noch nicht ganz dreiundzwanzig, hatte schon einiges hinter sich und bereits etliches zuungunsten anderer durcheinandergebracht. Sie war schon im Kindesalter fordernd und anmaßend. Bereits als Jugendliche galt sie als Schönheit, was ihr wohl jeder sagte, was wiederum dazu beitrug, ihre ganz eigenen Vorstellungen vom Funktionieren der Welt entstehen zu lassen. Diese konnten auf einen Kernsatz reduziert werden: Alle hatten sich nach ihr zu richten.

Der Doderers Franz vergötterte seine schöne Tochter. Mutter Lina verlor früh die Kontrolle über sie. Otto, der ein Jahr ältere Bruder, sonnte sich in der Schönheit seiner Schwester und war stolz, wenn seine Kameraden wegen ihr ins Haus oder in den Laden kamen. Leni gab sich mit den Burschen aus dem Ort nicht ab. Ja, ein kleiner Flirt war möglich, vor allem dann, wenn eine Gefälligkeit erforderlich war. Einen, der ihr näherkommen wollte, hat sie am unteren Riesberg ordentlich verdroschen. Auch mein armer Vater wurde später des Öfteren von ihr geschlagen, was mich wiederum gegen ihn aufbrachte. Ich war empört und noch mehr enttäuscht darüber, dass er es sich gefallen ließ.

Den Schwarzen Peter hatte ihre vier Jahre jüngere Schwester Liselotte gezogen. Sie hatte lange nach der Pfeife der Älteren zu tanzen. Wenn dieser etwas gefiel, was die Kleine besaß, etwa ein paar hübsche Schuhe oder die begehrten Nylonstrümpfe, die Liselotte von einem sie verehrenden GI geschenkt bekommen hatte, fehlten diese plötzlich. Um dann Tage später an Lenis Beinen wieder aufzutauchen, die keineswegs bereit war, das Raubgut zurückzugeben. An ihr – so ihre anmaßende Einschätzung – würden die Schuhe oder die modischen Strümpfe ohnehin besser zur Geltung kommen.

Nach Ende der Volksschule, in der sie gute Noten erzielte und insbesondere für ihren Gesang und die fantasievollen Aufsätze gelobt wurde, verhalf ihre Ausstrahlung ihr zu einer Lehrstelle als Fotolaborantin. Schon früh verzweifelte ihr Lehrherr, der Fotograf Strupp, der sein Studio am Marktplatz hatte. Oftmals nahe daran, das Lehrverhältnis zu kündigen, erlag er ein ums andere Mal ihrem Charme. Zu diesem Zeitpunkt hatten die ratlosen Eltern keine Macht mehr über ihre eigenwillige, durchsetzungsstarke und gelegentlich auch jähzornige Tochter. Ausdruck ihrer gewaltigen Vitalität ist ein nach achtzig Jahren noch sichtbarer diagonaler Riss in der massiven Vollholztüre der damaligen Wohnstube. Der hilflose Vater wusste sich im Zuge eines Streits um das abendliche Ausgehen seiner Tochter nicht anders zu helfen, als sie einzuschließen. Zornbebend, Flüche und Verwünschungen ausstoßend, sprang diese so lange gegen die Tür, bis selbige zu bersten drohte. Die linke Schulter und der Oberarm schillerten in allen Farben. Als Franz seiner Tochter aufschloss, ging er endgültig seiner väterlichen Autorität verlustig.

Der Krieg ging ins dritte Jahr. Leni hatte trotz etlicher Reibereien ihr Pflichtjahr hinter sich gebracht. Nun wurde sie als Fotolaborantin nach Ansbach kriegsverpflichtet. In der dortigen Reproduktionsanstalt wurden Fotografien der *Bildberichter* vervielfältigt, die später zu Propagandazwecken in Illustrierten und Tageszeitungen veröffentlicht werden sollten. Die Auswahl wurde in größeren Abständen von einer kleinen Kommission vorgenommen, die sich aus Zensuroffizieren des Heeres, der Luftwaffe und der Marine sowie etlichen Verwaltungskräften zusammensetzte. Obwohl es streng verboten war, entwendete Leni mehrere Dutzend Abzüge. Neben Fotografien berühmter Jagdflieger und Generäle waren darunter Motive, die auch wir Nachgeborenen später in Dokumentationen und Bildbänden finden konnten, wie zum Beispiel das Bild der Landser, die in Nordafrika auf Kamelen spazieren ritten. Eines Tages begann sie, auch Fotografien zu entwenden, deren Besitz gefährlich, wenn nicht gar strafbar war: Aufnahmen aus den Ghettos. Ein Foto zeigt eine frisch verfüllte Fläche. Im Hintergrund ragt die Außenmauer einer Fabrik empor. Mehrere Offiziere sind zu erkennen, die in weißem Nebel stehen. Es sind wohl Kalkschwaden, die über das Gelände ziehen. Heute hat man eine Vorstellung davon, was unter der Auffüllung gelegen haben könnte. Wurden Leichen verscharrt? Hatte man Menschen vor den Mauern der Fabrik erschossen? Möglich. Ich habe niemals in Erfahrung bringen können, was sich meine Mutter bei diesen Diebstählen gedacht hat. Alles, was ich aus den Jahren nach ihrer Schulzeit über sie erfuhr, haben mir andere berichtet: die Großmutter, Tanten, die Schwester, Freundinnen, Schulkameradinnen, ehemalige Verehrer.

Sie muss – trotz ihrer grotesk extravaganten Anwandlungen – in ihrem Beruf tüchtig gewesen sein. Und das Entwenden der Fotoabzüge ist wohl niemals aufgefallen. 1943 wurde sie zur Luftwaffe versetzt. Sie bearbeitete Aufnahmen, die im Rahmen der immer schwieriger werdenden Luftaufklärung über der Nordsee entstanden sind. In dieser Truppe lernte sie Evi kennen, die einzige Freundin, die sie das restliche Leben lang besaß. Evi war ein Jahr jünger, nicht weniger hübsch, bedächtig, deutlich weniger extrovertiert. Die beiden Schönheiten hatten unter den Fliegern zahlreiche Verehrer. Je ernster die Kriegslage wurde, umso heftiger ließen die jungen Piloten die Puppen tanzen. Die beiden Heißbegehrten lernten rasch, dass es mit Kummer verbunden war, wenn sie sich in einen der kühnen Flieger verliebten. Viele kamen von den Aufklärungsflügen nicht mehr zurück. Der unerfahrene Ersatz hatte noch geringere Überlebenschancen. Die Aufklärungseinheit wurde nach Amsterdam versetzt. Der holländische Widerstand und die Wehrmacht lieferten sich regelmäßig heftige Scharmützel auf und zwischen den Kanälen und Grachten.

Als ich gegen Ende meiner Schulzeit, wie viele andere auch, nach Amsterdam trampte, nahm mich meine Mutter ins Gebet: »Pass auf!«, sagte sie. »Die Holländer mögen die Deutschen nicht. Ich habe etliche gekannt, die in einen Hinterhalt gelockt und später tot in den Grachten treibend gefunden wurden.« Diese Art von Sorge kannte ich von meiner Mutter überhaupt nicht. Bei allem, was an ihr sonst auszusetzen war, hatte sie doch eine gute Eigenschaft: Sie war ungewöhnlich mutig. Das führte sie allerdings immer dann, wenn sich dieser Mut mit Zorn und Eigensinn paarte, in prekäre Situationen.

In Amsterdam hat sie mit mutigem und wahrscheinlich auch querulatorischem Auftreten zwei russischen Kriegsgefangenen das Leben gerettet, die dort im Arbeitseinsatz waren. Über diesen Vorfall hat sie niemals mit mir gesprochen. Ich erfuhr davon durch einen ehemaligen Kriegsgerichtsrat, einen ihrer damaligen Verehrer.

Die beiden Kriegsgefangenen, so berichtete mir Rampacher, der später wieder im Justizdienst des Landes tätig war, sollten wegen Brotdiebstahls hingerichtet werden. Leni habe sich, als sie davon Kenntnis erlangte, mit Offizieren und Angehörigen der Kriegsgerichtsbarkeit herumgestritten. Sie habe gebettelt, geschmeichelt, getobt – so lange, bis das eigentlich kaum Vorstellbare geschah: Die Anklage, die zwingend die Hinrichtung der beiden jungen Russen nach sich gezogen hätte, sei unter aberwitzigen Umständen unter den Tisch gekehrt worden.

Niemand weiß genau, wo Leni sich zwischen dem Kriegsende und Herbst 1945 aufgehalten hat. Ihre Freundin Evi berichtete von einem überstürzten Rückzug aus Holland. Die Fotolaborantinnen wurden von nun an auch zu anderen Tätigkeiten herangezogen. Es gab kaum noch Filmmaterial. Und wenn es doch geliefert wurde, konnten die Flieger nicht mehr aufsteigen. Meist fehlte Flugbenzin, was manchen der jungen, schlecht ausgebildeten Piloten das Leben rettete. Andere wurden von der überlegenen alliierten Luftwaffe schon beim ersten Feind- oder Aufklärungsflug abgeschossen. Und eines Tages war Leni verschwunden.

Mit allerlei wertvollen Gütern ausgestattet, gut geschminkt, bestens gekleidet und kokett behütet, tauchte sie Ende Oktober wieder in Murrhardt auf. Franz hatte einen schwungvollen Schwarzhandel begonnen. Mein Großvater handelte mithilfe seiner Tochter Liselotte und gelegentlich auch seiner Nichte Liese mit *harter Währung*: Schuhleder und Balancewaagen. Im Hausflur hatte er zudem einen Mostausschank aufgemacht.

Mit einigen wilden Auftritten machte Leni erst einmal deutlich, dass sie ab jetzt wieder das Sagen hatte. Erst danach gestand sie ihrer Mutter, dass sie schwanger war. Als sie in der französischen Zone weilte, hatte sie sich rechtzeitig und berechnend einen Beschützer geangelt, einen französischen Colonel polnischer Abstammung. Dessen Begeisterung für die schöne Deutsche muss wohl erloschen sein, als sie ihm ihre Schwangerschaft offenbarte. Mit Fahrscheinen, Dollars und anderen Dingen mit hohem Tauschwert ausgestattet, schickte er sie auf die Heimreise. In Frankreich warteten Frau und Kinder auf ihn.

Warum er keinen Ehering getragen habe, soll Leni ihn gefragt haben. Das sei im Krieg unpraktisch, und zudem seien im ersten Krieg manchmal den Gefallenen die Finger abgehackt worden, an denen sich goldene Ringe befanden, lautete die Antwort.

Nach dem wirtschaftlichen Niedergang der Kaufleute Doderer und der Sorge um den vermissten Sohn Otto drohte nun erneut Ungemach, was von Mutter Lina einmal mehr als *Schand* angesehen wurde. Für kurze Zeit fand die Mutter wieder zu ihrer früheren Gestaltungskraft zurück. Noch ehe die anderen Umstände sichtbar wurden, verließ Leni Murrhardt wieder. Sie entband fern der Heimat in einem katholischen Spital. Das Neugeborene kam in Obhut katholischer Nonnen. Am 4. Juni 1946 begann der kurze Lebens- und Leidensweg meiner Halbschwester Birgit, die sich nach einem elenden Leben gerade mal dreiundzwanzigjährig umbrachte.

* * *

Schwarzmarkt

Äußerlich quietschfidel tauchte Leni wieder in Murrhardt auf – selbstredend ohne Kind. Sie half meinem Großvater beim Schwarzhandel und begann, begünstigt durch familiäre Verbindungen in die Schweiz, eigene Geschäfte zu machen. Ihre Schwester Liselotte meinte später, die Epoche des Schwarzhandels sei die letzte wirklich gute Zeit meines Großvaters gewesen. Sie ging bereits mit der Währungsreform zu Ende.

Fäden, Litzen, Bändel, Schnür', alles hat die Leni hier.

In verklärenden Berichten über die harte Nachkriegszeit wurde in meiner Familie gelegentlich an diesen Reim erinnert. Offen blieb, ob er tatsächlich Verwendung fand, wenn sie – wie anfangs geschehen – mit dem Leiterwagen über die Dörfer zogen: der Doderers Franz, Leni, häufig auch Liselotte und hin und wieder eine weitere Tante, die mit ihrer kranken Mutter, sie hieß ebenfalls Luise, unverändert im zweiten Stock in der Fornsbacher Straße wohnte. Die alte und die junge Luise – letztere wurde meist Liese genannt – wohnten beengt. Die Mehrzahl der Zimmer war anfangs von Ausgebombten, später von Flüchtlingen belegt.

Leni schien gelegentlich mit einem zusätzlichen Angebot an Kurzwaren auf Tour zu gehen, die sie auf eigene Rechnung feilbot. Bald zogen sie nicht mehr mit einem Handleiterwagen, sondern mit Pferd und Wagen über die Dörfer. Die Gesetze Nummer 8 und Nummer 32 des Alliierten Kontrollrates hoben die Eigentumsrechte von ehemaligen Parteimitgliedern auf, die Unternehmen oder Unternehmensanteile besaßen. Die amerikanische Besatzungsverwaltung hatte verfügt, dass Firmeninhaber und Fabrikbesitzer, die Mitglieder in der NSDAP oder anderen NS-Organisationen gewesen waren, ihrer Leitungsfunktionen enthoben wurden und ihre Fabriken nicht betreten durften. Das betraf auch die Murrhardter Waagen-Produzenten und die Inhaber der Lederfabrik *Louis Schweizer*. Dieses Betätigungsverbot sollte ursprünglich zwei Jahre gelten, wurde aber schon früher wieder aufgehoben. Es setzte sich die Auffassung durch, dass die Wirtschaftsführer des untergegangenen Reiches beim Aufbau eines neuen Gemeinwesens – von einem Staat war noch nicht die Rede – doch noch gebraucht würden.

Die Zwischenphase wurde zur goldenen Epoche des Doderers Franz. Schuhleder und die Soehnle-Waagen hatten einen völlig anderen Tauschwert als *Faden, Litzen, Bändel, Schnür'*. Und der Doderers Franz hatte die richtigen Verbindungen. Der Handleiterwagen wurde im *Hausern* abgestellt. Der leidenschaftliche Fuhrmann hatte wieder einen Kutschbock unter dem Hintern. Nun wurden nicht mehr ein halbes Dutzend Eier, ein paar Pfund Kartoffeln und ein Liter Milch erhandelt. Auf dem Gummiwagen wurden lebende Tiere, darunter auch ganze Schweine, transportiert.

Einmal sei dieser Transport auf dem Rückweg im Abstieg von Steinberg an der Murrhardter Ortsgrenze von einem Angehörigen der deutschen Hilfspolizei angehalten worden. Leni fiel die Aufgabe zu, den Mann auf eine Weise zu umgarnen, dass er von einer Inspizierung der Ladung absah. Dumm war nur, dass schon die ganze Fahrt über ein größeres Ferkel grunzte, das in einem zugebundenen Sack transportiert wurde. Noch ehe der Wagen zum Halten kam, setzten sich Liese und Liselotte auf den Sack, um das Grunzen und Quieken des Tieres zu unterbinden. Die Ladung wurde nicht in Augenschein genommen. Doch das Gewicht der beiden jungen Frauen war zu viel für das Ferkel gewesen. Ohne einen weiteren Laut von sich zu geben, war es jämmerlich erstickt. Im Hinterhof der Fornsbacher Straße 3 habe man alles abgeladen. Das frisch verendete Tier sei noch vollständig verwertet worden. Der Franz habe noch hin und wieder von den »dicken Ärschen« gegrummelt. Seine Absicht sei nämlich gewesen, das Ferkel in einem vorbereiteten Versteck großzuziehen und erst dann zu vermarkten.

Leni baute zwischenzeitlich einen einträglicheren Geschäftszweig auf. Aus der am Bodensee ansässigen Doderer-Linie stammte ihr Onkel Willi. Er hatte sich bereits in jungen Jahren in der Schweiz niedergelassen und war Lehrer geworden. Willi sei ein Lebemann gewesen. Gutes Essen liebte er und den Wein. Neben seiner Ehefrau, einer Schweizerin, hatte er bis ins hohe Alter zahlreiche Geliebte. Onkel Willi war großzügig. Als Mutter Lina die *Schand* des Konkurses nicht mehr ertrug, war sie ein halbes Jahr bei ihm zu Gast. Nach Kriegsende war die Schweiz darum bemüht, möglichst wenig deutsche Hungerleider ins Land zu lassen. Selbst im Bodenseeraum kam der kleine Grenzverkehr zum Erliegen. Deutsche durften nur für einen kurzen Zeitraum in die Schweiz einreisen und auch nur dann, wenn sie in der Eidgenossenschaft einen Bürgen hatten. Onkel Willi bürgte für Leni. Als Freund der Frauen war er von ihrer Schönheit betört. Und er war bei der Beschaffung der Ware behilflich, die Leni nun mehrfach aus der Schweiz nach Deutschland brachte: Gold. Wie es ihr gelang, das Edelmetall unbehelligt über die Grenzen zu bringen, blieb ihr Geheimnis. Damals wurde sie beim Übertritt aus der Schweiz in die französische Besatzungszone kontrolliert, ein weiteres Mal beim Verlassen derselben und letztmals beim Betreten des unter amerikanischer Verwaltung stehenden Gebiets.

Ihr Abnehmer war ein Pforzheimer Goldhändler, der seinerseits Anstrengungen unternahm, die Widrigkeiten der Nachkriegszeit zu überwinden. Mit dem Gold hatte er in seiner völlig zerstörten Heimatstadt einen erheblichen Wettbewerbsvorteil.

Bei einer dieser Geschäftsreisen meiner Mutter – wir wollen es der Einfachheit halber bei dieser Umschreibung belassen –, die sie im Zug, zu Fuß und nicht selten per Anhalter zurücklegte, saß sie in einem Zugabteil einem Mann gegenüber, der in eine Zeitung vertieft war. Da Papier streng rationiert und Zeitungen knapp und überdies auch sehr dünn waren, fragte meine Mutter in ihrer für viele Männer unwiderstehlichen Art, ob sie auch einen Blick in die Gazette werfen dürfe. Der Fremde sah erstaunt auf. Sie kamen ins Gespräch. Mit Blick auf Lenis hochwertige Lederhandtasche – ein Schweizer Stück – bemerkte der Unbekannte: »Man sieht, dass Sie aus geordneten Verhältnissen kommen.«

»Ja«, erwiderte Leni. »Ich bin geschäftlich unterwegs.« Sie sei die Tochter des Murrhardter Kaufmanns Doderer, führte sie weiter aus und fügte in ihrer fantasiebegabten Großspurigkeit hinzu: »Ihm gehört das Kaufhaus Doderer.«

Die beiden haben wohl ihre Adressen ausgetauscht. Denn etliche Wochen später erreichte eine an das »Kaufhaus Doderer – z.H.v. Leni Doderer« gerichtete Postkarte die Familie Doderer zu einem Zeitpunkt, in dem das »Kaufhaus« aus den Schwarzmarktaktivitäten und, wenn überhaupt lokalisierbar, aus dem Mostverkauf bestand, den der Doderers Franz im ebenerdigen Flur bei meist geöffneter Haustür betrieb. Der Zufallsbekannte schrieb, seine Geschäfte würden ihn in Kürze nach Gaildorf führen. Er käme, wenn es recht sei, auf einen Sprung vorbei.

Aus diesem Besuch resultierte eine sechzehn Jahre andauernde Liebschaft zwischen meiner Tante Liselotte und dem Mann, der mit der Tochter eines führenden süddeutschen Traktorenherstellers verheiratet war. Er war als Vertreter für den schwiegerväterlichen Betrieb unterwegs. Es hieß, er und seine Frau hätten eine moderne Ehe geführt. Sie habe ihrerseits eine längere Liaison mit einem französischen Besatzungsoffizier gepflegt. Leni unterhielt mit dem attraktiven und gut situierten Mann noch eine Zeit lang innige Flirts, um potenziellen Konkurrentinnen und auch ihrer kleinen Schwester zu veranschaulichen: Schaut her, wenn ich nur wollte, könnte ich ihn haben. Dann überließ sie den wesentlich älteren Mann Liselotte. Sie beschränkte sich darauf, mit ihm Tauschgeschäfte zu machen und hie und da eine Gefälligkeit einzufordern. Liselotte war leicht zu gewinnen. Sie trauerte noch einer verflossenen Beziehung mit einem GI nach, der, ohne ein Wort zu sagen, von einem Tag auf den anderen verschwunden war. Die noch Minderjährige verliebte sich Hals über Kopf in Walter Mühlbauer, der von nun an über viele Jahre hinweg hilfreiche und stabilisierende Einflüsse auf die gesamte Familie ausübte.

Der Umstand, dass meine Tante es ihrer Schwester zu verdanken hatte, dass dieser Mann in Murrhardt aufgetaucht war und eigentlich sie, die Ältere, begehrt hatte, führte mehr als sechzig Jahre später zu einem handfesten Streit und nachfolgend einem bleibenden Zerwürfnis zwischen zwei betagten Damen. Die damals Fünfundachtzigjährige meinte, der Einundachtzigjährigen unter die Nase reiben zu müssen, dass sie stets die größere Anziehungskraft auf Männer besessen habe. Daraufhin brach die Jüngere ein für alle Mal den Kontakt mit ihrer Schwester ab, ignorierte alle Versöhnungsversuche, schickte durch Dritte überbrachte Geschenke postwendend zurück. Das Zerwürfnis hielt bis zum Tod Liselottes im Jahr 2014 an.

Die beiden Schwestern hatten nur eine einzige Gemeinsamkeit. Sie waren beide ungewöhnlich hübsch. Doch schon hier wurden die Unterschiede sichtbar. Leni hielt sich stets für etwas Besonderes, für eine bessere Partie, bestimmt für ein Leben im Luxus, umgeben von reizender, ihr gefügiger Gesellschaft. Doch außer ihrem Äußeren und ihren stilechten Inszenierungen brachte sie für ein derartiges Leben nur wenig mit. Vor allem: Sie tat wenig dafür. Am wenigsten ging sie gewöhnlicher Arbeit nach. Für die unterschiedlichsten Gelegenheiten hatte sie immer jemanden zur Hand, der die lästigen Dinge erledigte. Nach ihrer Entlassung aus der Luftwaffe ging sie während der darauffolgenden fünfundsiebzig Jahre nur einen einzigen Tag einer konventionellen Arbeit nach, die sie schon nach wenigen Stunden wieder aufgab. Eine Zeit lang arbeitete sie mit kleinem Kundenstamm stundenweise für die *Victoria*-Versicherung. Die Beiträge mussten gegen Aushändigung einer entsprechenden Wertmarke monatlich bei den Versicherten eingezogen werden. Daueraufträge und Abbuchungsermächtigungen waren damals noch nicht verbreitet. Das monatliche Abkassieren der Kunden wurde alsbald meine Aufgabe. Meine Entlohnung bestand ausnahmslos aus den kleinen Trinkgeldern mancher Versicherter. Schon damals machte ich die Erfahrung, dass einfache Witwen oftmals großzügiger waren als Leute, die im Ort zu den Reichen zählten.

* * *

Liselotte

Suchte man nach einem Stereotyp, das auf Liselotte anwendbar war, so fand man dieses am ehesten in der Musicalrolle des hübschen, einfachen Arbeitermädchens, das gerne über die Stränge schlug. Sie war in der Tat auf andere Weise hübsch als ihre große Schwester, war freundlich, zuvorkommend und großzügig. Vor allem aber war sie enorm fleißig.

Ihre Erinnerungen an die besseren Tage der Familie, die Zeit, als die Doderers zu den wohlhabenden Familien des Städtchens gehörten, beschränkten sich auf die Vorschulzeit. Der Kolonialwarenladen in der Hauptstraße mit seinen vertrauten und geheimnisvollen Auslagen, seltsamen Düften und den wertschätzenden Bemerkungen der meist weiblichen Kundschaft über das hübsche Kind war ihr auch Jahrzehnte später noch in Erinnerung. Nach dem Verkauf des Hauses an den Schuhmacher Spengler gingen die Geschäfte des Vaters weiter, weniger erfolgreich zwar, aber durch den Erbverzicht von Onkel Max noch mit Reserven ausgestattet. Sie zogen in den oberen Stock der Bäckerei Braun, gegenüber der *Sonnepost* gelegen, dem ersten Haus am Platze, vor dem anfangs nur vereinzelt und dann immer häufiger große Limousinen vorfuhren.

Wenn sie als Kind ins Haus der Geistdörfer-Großeltern geschickt wurde, trödelte sie lange, verlor sich im Stadtgarten, machte Umwege durch die Nebengassen der Hauptstraße. Nicht kindliche Verträumtheit war der Grund, sondern nüchterne Berechnung. Wann immer sie im Haushalt der Großmutter Gottliebin auftauchte, hatte diese eine unangenehme Arbeit parat. Und da Liselotte von ihrer Mutter dazu angehalten war, pünktlich zu Hause zu sein, verkürzte jedes Trödeln, jedes Herumstreunen die Phase unwillkommener Tätigkeit. Die Großmutter hatte entdeckt, dass sich die zierlichen Finger des Mädchens besonders gut für die Säuberung der kunstvoll gedrechselten Staketen des Treppenhausgeländers eigneten. Mit einem hellen Lappen waren Rillen und Verzierungen zu reinigen. Und wehe, an den prüfend darübertastenden Fingerspitzen der Großmutter haftete auch nur ein Stäubchen.

Als das Mädchen in die Schule kam, hatte der Doderers Franz seinen zweiten Konkurs hinter sich. Die Familie drohte ins Armenhaus eingewiesen zu werden. Die vom Geiz zerfressene Großmutter Pauline verhinderte, dass ihr Mann Otto seinem Sohn und dessen mittlerweile fünfköpfiger Familie aus der Patsche half. Ins Armenhaus zu kommen bedeutete, in einen der ausrangierten Eisenbahnwagen eingewiesen zu werden, die man als Notunterkünfte auf dem Gelände des heutigen Gymnasiums und im Teilort Siegelsberg aufgestellt hatte. In deren Nachbarschaft hausten schon seit Längerem Ortsarme, die der Volksmund *Rechaspitzer* nannte, da viele von ihnen in früheren Zeiten mit dem Schnitzen hölzerner Rechenzinken im Winter ein karges Zubrot verdienten.

Diese schlimmste aller Möglichkeiten wurde ausgerechnet von Walter Reihle abgewehrt, dem Direktor der örtlichen Gewerbebank, der sich außergewöhnlich großzügig und entgegenkommend zeigte. Wann immer meine Großmutter in Schimpftiraden über meinen geliebten Großvater verfiel, tauchte der Name des Mannes auf, der sie und ihre Kinder vor dem Schlimmsten bewahrt habe. Neben der *Schand* des Konkurses und der Tatsache, dass sich in dessen Folge seine Ehefrau gänzlich von ihm abwandte, wog für meinen Großvater schwer, dass Reihle als drittes Murrhardter NSDAP-Mitglied zur örtlichen Parteiprominenz gehörte. Dabei hatte der Doderers Franz 1932 anlässlich der Reichspräsidentenwahl seine Sympathien für Ernst Thälmann bekundet. Ob dies seiner damaligen politischen Gesinnung entsprach oder durch den wirtschaftlichen Niedergang befördert wurde, blieb im Verborgenen.

Die Familie kam schließlich im neu erbauten Haus des Schlossers Jakob Haag in der Römerstraße unter, der damals allgemein unter dem Namen *Hageljock* bekannt war. Die östliche Seite der Römerstraße war damals noch ein Gartengebiet. Ein größerer Teil war der *Degelesgarten*, in dem von einem eigens angestellten Gärtner Gemüse für die vegetarische Kost des an der Einmündung der Römer- in die Riesbergstraße gelegenen Kurhauses Degele angebaut wurde, das damals den stolzen Namen *Kurhaus am Römerwall* führte. Mit der Aufwertung von Murrhardt zum Luftkurort unternahm man den Versuch, erholungs- und heilungsbedürftige Gäste in die Stadt zu bringen. Hoch oben am Riesberg thronte das heute noch imposante Haus des Hauptlehrers Gürr, das ebenso als Kurhaus fungierte wie das Nachbargebäude, die vom Geheimen Kommerzienrat Robert Franck erbaute *Kaffeemühle*.

Nur wenige Dutzend Meter von Degeles Haus entfernt wurde 1953 das Sechsfamilienhaus erstellt, in dem ich neben dem großelterlichen Haus Kindheit und frühe Jugend verbrachte.

Acht Jahre zuvor, in der Nacht vom 25. auf den 26. April 1945 erreichten die Deserteure Christoph Scheytt und Walter Rieg über dieses Grundstück den Zugang zur unteren Römerstraße. Über den Riesberg kommend, hat sie ein gütiges Schicksal davor bewahrt, den kürzesten Weg zum nahe gelegenen Haus der Scheytts zu gehen. Möglicherweise wären sie wenige Meter vor dem Ziel ihrer langen Flucht, die auf dem Reichssportfeld des Berliner Olympiastadions ihren Ausgang nahm, auf der Höhe des Kurhauses Degele von einem dort stationierten amerikanischen Posten erschossen worden. Als sie die Gärten hinter sich hatten, standen sie vor der Neuapostolischen Kirche. Über die Kastellstraße gelangten sie in der Finsternis – es gab keinen Strom – in das Haus der Scheytts. Der Vater – der Präzeptor, der uns als betagter Aushilfslehrer noch in den Sechzigerjahren unterrichtete – war noch im Krieg. Man hatte ihn trotz seines fortgeschrittenen Alters zur Wehrmacht einberufen, nachdem er aufgrund der ihm zugetragenen Verbrechen aus der NSDAP ausgetreten war.

Die kleine Liselotte erntete schallendes Gelächter, als sie nach dem Umzug zum *Hageljock* die Umgebung erkundete und später davon berichtete, sie sei auf der Kreuzung auf ein *Kuhhaus* gestoßen. Zumindest habe das auf dem Schild über dem Weg zum Eingang gestanden. Ihre Mutter lachte sich halb tot. Denn ausgeschildert war das *Kurhaus* der Degeles, wo man mittlerweile außer vegetarischer Kost auch Lehmpackungen zur Verbesserung der Konstitution der Gäste verabreichte, die mittlerweile zur *Volksgesundheit* aufgewertet worden war.

Wie auch Generationen nach ihr wurde Liselotte mit ihrem Jahrgang in ständig wechselnden Schulräumen unterrichtet. Zeitweilig waren sie im evangelischen Gemeindehaus im Klosterhof untergebracht. Wenn Liselotte, die im Gegensatz zu ihrer Schwester nicht gerne in die Schule ging, den Kopf auf die Bank drückte, sah sie durch eines der Fenster die Turmuhr der nahe gelegenen Stadtkirche. Nur schleichend rückte der Zeiger vor. Auf ihrer Schulbank war von Schülerhand eingeritzt zu lesen: »Oh Herr, lass Abend werden! Morgen wird's von selber.« Leise seufzte das Mädchen: »Lieber Gott, das ist wahr!«

Nach Kriegsausbruch wurden die jüngeren Lehrer zum Wehrdienst eingezogen. Die Alten blieben. So auch der Lehrer Gürr, ein überzeugter Nazi, dessen hoch über der Stadt auf dem Riesberg errichtetes Anwesen vom Ort aus gut zu sehen war. Im Fortgang des Krieges blieben die Kurgäste aus. Statt ihrer fanden Ausgebombte in der Kleinstadt ein Notquartier. Die anfangs geringe Zahl wuchs sich alsbald zu einem bedeutsamen Zuzug aus.

An einem sonnigen Schulvormittag rief Lehrer Gürr Liselotte und ihre Nebensitzerin zu sich. Was hatte das zu bedeuten? Schreckensbleich gingen die Mädchen ans Pult. Statt eines Tadels erhielten sie den Auftrag, sich einen Leiterwagen zu beschaffen und am Bahnhof eine Familie abzuholen, die in einer der Bombennächte Hab und Gut verloren hatte.

Der Weg vom Bahnhof zum Gürr'schen Anwesen führte über die Hauptstraße, der damaligen *Adolf-Hitler-Straße*. Die Mädchen zogen den Karren, fuhren durch einen frischen Kuhfladen, wodurch das Gepäck mit Dungspritzern überzogen wurde. Mit gesenkten Häuptern zogen sie das Gefährt die Riesbergstraße hinauf. Beide rechneten mit einer Standpauke. Doch oben am Gürr'schen Haus waren die Neuankömmlinge voll des Lobes über die hilfsbereiten Mädchen. Die Wagenladung war das Einzige, was die Stuttgarter hatten retten können.

Als Liselotte mit vierzehn aus der Schule kam, wurde sie zum Pflichtjahr herangezogen. Mit ihrer Stelle im großen Haushalt des Bartenbacher Müllers hatte sie es nicht gut getroffen. Der Höllenlärm der auch nachts laufenden Mahlwerke ließ sie trotz des schweren Tagwerks kaum Schlaf finden. Sommers wurde um vier, winters um sechs Uhr aufgestanden. In der Wohnung durfte kein Licht gemacht werden. Sie tastete im Dunkeln nach ihren Kleidern, griff sich in der Küche einen am Vorabend bereitgelegten Kanten Brot und machte sich an die Arbeit. Selbst sonntags musste sie bis zum Mittag die Küchenarbeit verrichten. Kaum war sie mit dem Abwasch fertig, band sie die Schürze ab und lief, so rasch sie konnte, nach Murrhardt. Am frühen Abend zog sie bereits wieder in Gegenrichtung los. Ab sechs Uhr musste sie im Stall der Mühle die Kühe und das Geziefer füttern. Montags lieh ihr die Müllerin ein Fahrrad, damit sie den morgendlichen Beginn der Haushaltsschule nicht verpasste. Gleich nach Schulschluss fuhr sie direkt wieder zum Dienst.

Während Liselottes Pflichtjahr gebar die Müllerin ihr viertes Kind. Die Fünfzehnjährige wurde nun regelmäßig an den Bach geschickt, um die Windeln zu waschen. Auf dem Rückweg klemmte sie den schweren Wäschekorb unter den einen Arm. Mit der anderen Hand schleppte sie einen vollen Wassereimer. Am Nachmittag, wenn die Säue gefüttert waren, trieb sie das Geziefer in den engmaschig umzäunten Hühnergarten. Dabei hatte sie oft an jeder Hand noch ein kleines Kind. Es kam vor, dass sie selbst während ihrer kurzen sonntäglichen Verschnaufpause zwei Müllerkinder mit in die elterliche Wohnung nahm. Um einige Augenblicke Ruhe zu finden, brachte sie diese, wenn es die Zeit erlaubte, zu ihrer bettlägerigen Tante Luise in die Fornsbacher Straße. Diese war trotz ihrer chronischen Schmerzen stets freundlich zu den Kindern, unterhielt sich von ihrer Liege aus mit diesen, nicht ohne gelegentlich festzustellen, dass es ihnen an Umgangsformen und Bildung fehle.

»Es sind doch Kinder«, empörte sich dann Liselotte.

Worauf die Tante streng erwiderte: »Was Hänschen nicht lernt, lernt Hans nimmermehr.«

Liselotte war des Öfteren nahe daran, den freudlosen Dienst abzubrechen. Das aber hätte geheißen, das Pflichtjahr von vorne zu beginnen. Sie hielt durch, arbeitete verbissen und tröstete sich abends mit der Feststellung, dass schon wieder ein Tag vergangen war.

Als das Pflichtjahr endete, durchströmten sie Glücksgefühle. Kurz besuchte sie in Murrhardt die Nähschule, war aber auch auf Stellensuche. Die Familie war nach dem zweiten Konkurs Franz Doderers völlig verarmt. Liselotte musste etwas hinzuverdienen. Alsbald fand sie Arbeit im Haushalt des Sägewerkbesitzers Morlock. Dessen vor Hausen gelegenes Anwesen war für sie gut zu erreichen. Sie hatte sich gerade eingewöhnt, da wurde sie – soeben sechzehn geworden – zum Arbeitsdienst nach Pforzheim einberufen. Diesen erlebte sie als monotone Abfolge häufig sinnloser Dienste. Immer öfter wurden sie nachts vom Fliegeralarm geweckt. Rasch wurde die Arbeitsdienstkluft übergestreift, das Notgepäck ergriffen, und ab ging es in den Bunker.

Im Herbst 1944 wurde Liselotte mit ihren Kameradinnen zum Kriegshilfsdienst abkommandiert. In der hügeligen Umgebung von Neckarzimmern lebten sie in kasernenähnlichen Unterkünften. In den unübersichtlichen Gipsstollen zwischen Neckar und Odenwald wurden seit Mitte 1944 in unterirdischen Produktionsstätten Kugellager hergestellt. Die Mädchen fuhren zur Schicht in eine weitverzweigte Anlage ein. Sie betätigten riesige Maschinen, die sie nach kurzer Anlernzeit selbstständig zu bedienen hatten. Im Berg arbeiteten mit ihnen wenigstens fünfhundert Häftlinge des Konzentrationslagers Neckarelz. Voller Angst unterhielten sich die Mädchen abends in ihren Barackenunterkünften darüber, was geschehen könnte, wenn die Arbeitssklaven in ihrer Verzweiflung und weil allen klar war, dass der Krieg nicht mehr lange dauern würde, einen Aufstand wagen würden. Wenn sie wegen Fliegeralarms etliche Nachtstunden im Bunker verbrachten, schwiegen sie. Zu viele konnten ihre Gespräche belauschen, und sie hatten schon einmal erlebt, dass jemand wegen defätistischer Äußerungen aus dem Bunker heraus verhaftet worden war.

An einem eiskalten Morgen ließ man sie in der Dunkelheit antreten. Anfangs war vom aufopferungsvollen Kampf die Rede, der an der Front, aber auch an ihrer Produktionsstätte ausgefochten werde. Dann nahm die Ansprache eine überraschende Wendung. Man teilte den Mädchen mit, dass man sie verabschieden würde. Jede solle sich zum jeweiligen Heimatort durchschlagen. Sie empfingen für drei Tage Verpflegung und den so wichtigen Entlassungsschein.

Auf den ersten Kilometern war Liselotte noch mit einigen Kameradinnen unterwegs. Züge verkehrten nicht mehr. Die aus dem Hilfsdienst entlassenen Mädchen marschierten das Neckartal hinauf, vorbei an der Burg Guttenberg, weiter in Richtung Bad Wimpfen. Manchmal kamen sie sich vor wie auf einem Wandertag. Doch immer wieder hieß es »Achtung, Tiefflieger!«. Sie warfen sich in Straßengräben oder suchten hinter Mäuerchen und unter Brücken Deckung.

Eine nach der anderen ging schließlich eigene Wege und verabschiedete sich mit den Worten: »Bleib übrig.«

Liselotte wurde das Gepäck zu schwer. Sie setzte sich auf einen Grenzstein, öffnete ihren kleinen Koffer und warf Überflüssiges weg. In Marbach trennte sie sich von ihrer letzten Kameradin. Das vom Neckartal wegführende letzte Stück Weges ging sie alleine bis Bartenbach, ihr Köfferchen in der Hand, immer wieder aufs Neue vor den Fliegern Deckung suchend. In der Mühle, in der sie ihr schreckliches Pflichtjahr absolviert hatte, machte sie Rast. Die Kinder empfingen sie freudig. Der aus Ladenburg stammende Müller zerschlug in ihrer Gegenwart in wütender Verzweiflung ein Fenster. Als überzeugter Nationalsozialist fürchtete er die wohl bald eintreffenden Amerikaner.

Liselotte fand ihre Eltern im Haus des Schlossers Haag in der Römerstraße. Später, als die Amerikaner die Stadt besetzten, mussten sie Hals über Kopf die Wohnung räumen, die von der Besatzungsmacht beschlagnahmt wurde. Franz, Lina und Liselotte brachten das Notwendigste in die Fornsbacher Straße 3. Das Haus war überfüllt. Selbst im Laden hausten zwei ausgebombte Familien. Die drei unfreiwillig Ausquartierten fanden Unterschlupf in Luises Wohnung im zweiten Stock. Sie schliefen auf dünnen Matratzen, die tagsüber weggeräumt wurden. Der Zustand der schon lange bettlägerigen Tante hatte sich weiter verschlechtert. Ihr schweres Rheuma war so weit fortgeschritten, dass der Murrhardter Arzt Dr. Hartmann Linderung zu schaffen versuchte, indem er der Kranken die verkrümmten Beine brach. Luise wurde bei passablem Wetter auf einer eigens für sie gefertigten Liege auf den Balkon gefahren, die so aufgestellt wurde, dass sie wenigstens für kurze Zeit die Sonne und den Ausblick auf den Riesberg genießen konnte. Trotz dieser gravierenden Behinderung war sie sehr diszipliniert, wirkte ausgeglichen. Sie war das *Gehirn* der Familie, sorgte dafür, dass ihre weitgehend vaterlos aufwachsenden Kinder Herbert und Liese die Lateinschule besuchen konnten.

Im hinteren Zimmer dieser Wohnung war noch eine weitere Flüchtlingsfamilie untergebracht. Seidels, in Hamburg ausgebombt, hausten zu viert in dem dunklen Raum, den später Paul Steinhaus bewohnen sollte. Frau Seidel, ihre zwei Töchter und ihr Vater schliefen darin. Es hieß, ihr Mann sei im Osten vermisst. Wann immer es möglich war, versuchte der Alte, zwischen den unten im Laden einquartierten Flüchtlingen als Schneider zu arbeiten, um etwas zum kärglichen Auskommen der Familie beitragen zu können.

Als Liselotte in den ersten Apriltagen in Murrhardt eintraf, überraschte und verwirrte sie ein bis dahin nie gekanntes, sich nun immer weiter ausbreitendes Chaos. Alles schien sich aufzulösen. Die einst so wortgewaltigen großen Nazis der kleinen Stadt wurden kleinlaut. Mancher ward nicht mehr gesehen. Nachts marschierten zerlumpte und ausgemergelte deutsche Truppen in ihren Rückzugsbewegungen durch die Stadt. In der Römerstraße hörte man ihre Geräusche, wenn sie sich den Riesberg hinaufschleppten. Manchmal verließ einer seine Kolonne, klopfte an einem der Häuser. Die verschreckten Menschen gaben, was sie entbehren konnten. Immer wieder heulten die Sirenen. Kaum war ein Fliegeralarm vorbei, kündigte aufschwellender Sirenenlärm bereits den nächsten an. Schon lange flogen die Alliierten ihre Angriffe auch tagsüber. Bei jedem Alarm musste die schwer kranke Luise das Treppenhaus hinunter- und dann auf die andere Straßenseite geschleppt werden.

Am Rande des Areals der Schreinerei Wohlfahrt war im Anwesen des Geschäftsreisenden und Mehlhändlers Lehle ein geräumiger Keller zu einem Bunker ausgebaut worden. Zwei der zu den *Zeugen Jehovas* gehörenden Familienmitglieder befanden sich in Konzentrationslagern. Karl und Friedrich hatten erst die Entbietung des Hitlergrußes, später den Wehrdienst verweigert. Karl wurde ins KZ Welzheim verbracht und war später in Stuttgart inhaftiert. Der jüngere Friedrich wurde schon 1939 ins KZ Sachsenhausen deportiert, wo er sechs Jahre Haft überstand. Trotz der Tragödie war es eine glückliche Fügung, dass die beiden nicht längst hingerichtet worden waren. Die Brüder überlebten den Krieg und die Konzentrationslager. Friedrich Wohlfahrt überstand sogar den Todesmarsch, auf den ab dem 21. April 1945 mehr als 30 000 Häftlinge des KZ Sachsenhausen getrieben wurden. Im Belower Wald, nahe Wittstock, wurden sie von Soldaten der US Army und der Roten Armee angetroffen und von Angehörigen des Internationalen Roten Kreuzes versorgt. Ihre SS-Bewacher hatten sich zuvor aus dem Staub gemacht. Die in Murrhardt verbliebenen Wohlfahrts öffneten den gemeinsam mit dem Nachbarn zum Bunker ausgebauten Keller für andere. Auch Luise und ihre Träger waren dort an einem leidlich sicheren Ort.

* * *

In der Franzenklinge

Nie mit im Bunker war mein Großvater. Seit er in den Kasematten des Fort Douaumont ununterbrochen unter französischem Artilleriebeschuss gelegen habe, sei ihm der Aufenthalt in modrigen Kellern und Bunkern verleidet gewesen. Erst in den letzten Kriegstagen hatte er auf massiven Druck von Lina, die den innerstädtischen Kellern misstraute, damit begonnen, in den Fuß des über den Fischteichen der Franzenklinge ansteigenden Hanges einen eigenen Schutzraum zu graben. Am 19. April 1945 hörte er während der Plackerei von der Stadt herauf Sirenengeheul und Glockengeläut. Er stellte die Arbeit ein und spitzte die Ohren. Was mochte passiert sein? Prüfend sah er in den Himmel. Wohl wieder ein Fliegeralarm? Er werkelte weiter. Das Läuten hörte auf.

Nur wenig später keuchte Liselotte den Weg herauf. Gänzlich außer Atem rief sie von Weitem ihrem Vater zu: »Kannsch uffhöra mit Graba. D'r Kriag isch aus. D' Amerikaner send do.«

Nahe den kleinen Fischteichen stand damals ein wunderschönes Holzhäuschen. Auf massiven Ständern stehend, schmiegte es sich an den Steilhang. Ein Raum war hübsch möbliert. Feinmaschige Gardinen schirmten das Innere nach außen ab – ein vorzüglicher, diskreter Rückzugsort für Liebespaare.

Im letzten Vorkriegsjahr versteckte meine Großmutter, ohne ein weiteres Familienmitglied einzuweihen, an diesem abgeschiedenen Ort einige Tage lang einen früheren jüdischen Geschäftspartner, einen ihrer Lieferanten aus der bereits lange zurückliegenden Zeit, als Doderers Geschäfte noch florierten. Der Vorgang blieb lange im Verborgenen und wurde Jahrzehnte später nur dadurch erhellt, dass Liselotte im Nachlass ihrer

Mutter einen Brief fand, der in Holland aufgegeben worden war. Der Flüchtling war seinerzeit dort glücklich angekommen und hatte wohl später noch hundert Dollar auf dem Wege einer Postanweisung geschickt, ein Zeichen des Dankes und dafür, dass er wohlbehalten die Staaten erreicht hatte.

Das kleine Gebäude, das Liebenden und Flüchtenden gleichermaßen als Unterschlupf diente, fiel in den frühen Fünfzigerjahren einer Brandstiftung zum Opfer.

Die Zeit der Besetzung, die von den älteren Murrhardtern und von den zahlreichen späteren Vergewaltigungsopfern als Tragödie erlebt wurde, empfanden Liselotte und ihre fünf Jahre ältere Cousine als spannendes Abenteuer. Liselotte brachte es Jahrzehnte später auf den Nenner: »Für die meisten war es eine Katastrophe. Aber für uns war's eine schöne Zeit. Grad so nach dem Krieg hast du alles gehabt.« In diesen Worten wird auch die Leichtigkeit deutlich, mit der die beiden *fraternisierten*. Andere meinten, es sei eher Leichtsinn gewesen. Liselotte war unerschrocken und lebensfroh. Liese sprach fließend Englisch und Französisch. Das half ihnen dabei, ihren Spaß zu haben, eröffnete ihnen Versorgungswege, die anderen verschlossen waren, und minimierte durch die Herstellung von Beziehungen die Gefahr.

Andere junge Frauen hatten dieses Glück nicht. Wenige Wochen nach der Besetzung Murrhardts zogen die Amerikaner überraschend aus Murrhardt ab. Es hieß, die Franzosen kämen. Gleich in den ersten Tagen der nur kurzzeitigen französischen Besatzung geschahen Dutzende Vergewaltigungen.

Liselotte, die Unerschrockene, hatte nun die Aufgabe, alle außerhäuslichen Erledigungen zu besorgen. Lina war zu furchtsam. Leni steckte irgendwo zwischen Holland und dem Schwäbischen. Man machte sich Sorgen um sie. Andererseits, wenn eine durchkäme, dann sie. Das war gängige Meinung.

Als es hieß, es gebe Brot beim *Schulzenbäck*, wurde Liselotte losgeschickt. Sie traf eine Bekannte, mit der sie den Laden betrat. Die beiden jungen Frauen kamen gerade noch durch die Ladentür. Vor ihnen drängten sich zwei Dutzend Menschen, die um Brot anstanden. Da tauchten zwei bewaffnete Soldaten auf und betrachteten wortlos die Szene. Dann wurden die beiden aufgefordert, den Soldaten zu folgen. Liselotte zögerte, schaute sich Hilfe suchend um. Die anderen blickten starr zu der sich rasch leerenden Brotauslage oder zu Boden.

»Mais vite – aber schnell!«, sagte der eine und dirigierte die beiden jungen Deutschen auf die Straße hinaus.

Die in der Fornsbacher Straße einquartierte Frau Seidel hatte den Vorgang beobachtet. Aufgeregt eilte sie zu Liselottes Mutter, um von dem vermeintlichen Unglück zu berichten. Die Frauen waren verzweifelt. Groß war die Angst vor den Franzosen, die schon einige Tage in der Stadt gewütet, geplündert und vergewaltigt hatten. In ihrer Angst ging Lina davon aus, dass die beiden Mädchen ihren Vergewaltigern zugeführt würden. Allein die bettlägerige Luise behielt einen kühlen Kopf und schlug vor, ihre Tochter loszuschicken. Liese war couragiert und sprachbegabt.

Mit pochendem Herzen betrat sie die im Obermühlenweg gelegene Nolff'sche Villa. Das Anwesen des Sägewerksbesitzers war als Unterkunft für die französischen Offiziere beschlagnahmt worden. Die Mädchen empfanden das nicht als unangemessen, galt doch der Sägewerker als überzeugter Nazi.

Liese fragte sich durch, wurde eingelassen und traf zu ihrer gelinden Überraschung ihre Cousine und die andere junge Murrhardterin quietschvergnügt in der Küche an. Während der ersten Tage hatten die Soldaten das verwendete Geschirr nach Gebrauch einfach aus dem Fenster geworfen. Gerade noch rechtzeitig wurde ihnen bewusst, dass sie auf diese Weise über kurz oder lang über kein Geschirr mehr verfügen würden. Also war besagte Streife ausgeschickt worden, um zwei Spülerinnen aufzustöbern.

Die beiden Mädchen standen anfangs unter Schock. Man geleitete sie in die Nolff'sche Küche. Sofort fiel Liselotte auf, dass sich hier und in anderen Räumen neben der französischen Verpflegung noch manches fand, was der Villenbesitzer beiseitegeschafft hatte: Konservendosen mit Fleisch, eimerweise Schmalz, Zucker, Mehl und Eingedostes.

Über die Küche herrschte Jean, ein Engländer, der einen französischen Namen führte. Er war streng, aber er gab den Mädchen das Gefühl, dass sie unter seinem Schutz standen. Wenn neugierige Marokkaner in die Küche drängten, griff er nach einer schweren Peitsche und vertrieb die Gaffer. Die beiden Küchenhilfen mussten in den folgenden Tagen auch die Wäsche der Offiziere waschen. Dafür bekamen sie reichlich zu essen. Und der sonst so gestrenge Jean sah darüber hinweg, wenn sie heimlich noch etwas für die Familie einsteckten. Um achtzehn Uhr begann die Sperrstunde. Alle Deutschen hatten sich bis zum nächsten Morgen in ihren Unterkünften aufzuhalten. Waren die beiden Mädchen über den Beginn der Sperrstunde hinaus noch tätig, wurden sie von einer bewaffneten Streife bis an ihre Haustüren begleitet.

Von nun an verkehrte auch Liese regelmäßig in der Nolff'schen Villa. Aufgrund ihrer guten Französischkenntnisse war sie gern gesehen. Als die Franzosen schon nach kurzer Zeit ihren Abzug ankündigten, bedrängte Liese ihre jüngere Cousine. Man könne doch mit den Franzosen weiterziehen. Was hielt einen denn noch hier in dem Elend? Eingeschüchtert stimmte Liselotte zu. Im letzten Moment täuschte sie eine fiebrige Erkältung vor. Alleine mit den fremden Soldaten fortziehen wollte Liese allerdings auch nicht.

Einen Tag nach dem Abzug der Franzosen kam Franz wie ein Rohrspatz schimpfend aus der Franzenklinge. Französische

Soldaten hatten den ohnehin schon recht dezimierten Fischbestand vernichtet. Sie hatten Handgranaten in die Teiche geworfen, um die nun an der Oberfläche schwimmenden toten Fische mit Keschern abzufischen, die sie aus Gardinen gefertigt hatten. Die hatten sie sich zuvor besorgt, indem sie die Tür des Häusles aufgebrochen hatten.

* * *

Verführte Jungen

Bis ins fortgeschrittene Alter bin ich davon ausgegangen, dass es weder in der schwäbischen noch in der schlesischen Linie meiner Verwandtschaft exponierte Nationalsozialisten gegeben habe. Beide Familien waren aufgrund von Erfahrungen und Traditionen den Nazis fern, auch wenn sich niemand anmaßte, Widerstandskämpfer gewesen zu sein. Der Doderers Franz wählte bei den letzten freien Reichspräsidentenwahlen Ernst Thälmann. Er brach im Streit mit seinem Sohn Otto, dessen im minderjährigen Alter vorgelegtes Gesuch, in die SS aufgenommen zu werden, vom Vater nicht unterschrieben wurde. Großmutter Lina tat sich zweimal mutig hervor. Nach dem wirtschaftlichen Niedergang der Familie wohnten sie zeitweilig im selben Haus wie der Vorsitzende der in Murrhardt nie sonderlich starken KPD. Es handelte sich um einen Mann namens Schweizer, der nicht mit den anderen örtlichen Schweizer-Clans verwandt war. Dessen Ehefrau hat sich später erhängt. Es hieß, sie habe die ständigen Ehebrüche ihres Mannes nicht länger ertragen. Unmittelbar vor einer Hausdurchsuchung ließ sich Lina – leichtsinnigerweise – von der verzweifelt flehenden Ehefrau dazu überreden, die winzige Druckmaschine der Kommunisten aus der Bodenkammer der Schweizers in einen abseits liegenden Verschlag zu bringen, der zur Unterkunft der Doderers gehörte. Sie handelte eigenmächtig, aus dem Bauch heraus, ohne jemanden einzuweihen. Es kam zur Durchsuchung. Polizei war dabei, auch Georg Doll, der stellvertretende Ortsgruppenleiter. Mit dessen Frau war Lina befreundet. Als der Dachboden durchsucht wurde, ging Lina mit nach oben. In Schweizers Verschlag wurde nichts gefunden.

»Das hier ist unser Teil«, erklärte Lina resolut und schob sich vor den Zugang.

Doll kam ihr zu Hilfe.

»Hier brauchen wir nicht zu suchen«, wandte er sich an den Einsatzleiter der Polizei. »Frau Doderer ist eine anständige Bürgerin.«

Vier Jahre später begünstigte sie, wie erwähnt, die Flucht eines ihr aus früherer Zeit bekannten jüdischen Vertreters. Wieder handelte sie aus dem Bauch heraus. Liselotte war davon überzeugt, dass sie niemanden eingeweiht hatte.

Das einzige Familienmitglied, das sich von dem faschistischen Brimborium mitreißen ließ, war Otto, der älteste Doderer-Sohn. Er war ein guter Schüler, scheiterte aber in der Aufnahmeprüfung zur Lateinschule. Bereits als Vierzehnjähriger leistete er härteste Arbeit in der Lederfabrik Schweizer. Erhöhung und Erlösung sah er in der Hitlerjugend. In ihm wuchs der Wunsch, einer Elite anzugehören. Seine besten Freunde waren die Gebrüder Burckhardt. Ihr Vater unterschrieb deren Aufnahmegesuch in die SS. Auch sie waren zu diesem Zeitpunkt noch minderjährig. Franz verweigerte seine Zustimmung. Eine Zeit lang redeten Sohn und Vater kein Wort mehr miteinander, worunter vor allem Lina litt. Als Otto für die Wehrmacht gemustert wurde, erwies sich der Konflikt im Nachhinein als *überflüssig wie ein Kropf*. Otto wäre zwar *rassisch geeignet* gewesen, war aber zwei Zentimeter zu klein.

Die schlesische Linie war streng katholisch. Wer wahlberechtigt war, wählte das katholische Zentrum. Werner und sein Bruder Hans waren bis zu dessen Verbot im konfessionellen Jugendbund Neudeutschland aktiv und traten keiner NS-Organisation bei.

Aber wie bei den Doderers auch gehörte zum schlesischen Familienzweig ein Junge, der sein Heil und seinen Aufstieg in der Hitlerjugend und später bei einer Eliteeinheit suchte. Günter war der ledige Sohn der in ärmlichen Verhältnissen aufgewachsenen Frieda Seidel-Latte. Günter spürte den doppelten

Makel. Schon früh suchte er Anerkennung und Kameradschaft in der Flieger-HJ.

Inwieweit Günter ein überzeugter Nationalsozialist wurde, ist nicht überliefert. Ein Foto zeigt ihn als jungen Mann, der in Fliegermontur vor seiner Jagdmaschine steht. Ein schüchternes Lächeln liegt auf dem kindlichen Gesicht. Er war erst einundzwanzig, als er über der Sowjetunion abgeschossen wurde.

Auch Otto, dessen nationalsozialistische Gesinnung in Feldpostbriefen deutlich zum Ausdruck kam, fiel. Seine Spur verlor sich wenige Tage vor Kriegsende in den letzten Abwehrgefechten der zerbröckelnden Ostfront.

In Familiendebatten verfestigte sich nach und nach die Sicht auf eine verblüffende Auffälligkeit. Nur die beiden, die sich von der nationalsozialistischen Idee hatten anstecken lassen, waren gefallen. Das Gedenken und Erinnern ließ nie Raum für irgendeine Legitimation ihres Sterbens. Es waren traurige Schicksale junger Männer. Im Unterschied zu Günter hatte Otto im jugendlichen Alter noch mehrere Freundinnen gehabt. Es hieß, er sei seit 1943 mit einer jungen Frau aus Magdeburg verlobt gewesen. Eine schwere Verletzung zwang ihn zu einem dreimonatigen Aufenthalt in dem an der Elbe gelegenen Lazarett. In diesem lang gestreckten Sandsteingebäude wurde 1999 der Fachbereich untergebracht, in dem ich lehrte und dessen Dekan ich gewesen bin. Was für ein aberwitziger Zufall.

Legt man die Fotos, die Günter und Otto in Kampfmontur zeigen, nebeneinander, sind keine Ähnlichkeiten festzustellen. Doch beiden steht ein auffälliges, scheues Lächeln im Gesicht. Ihre Augen strahlen keine Freude, eher Verlorenheit aus. Hatten beide eine Ahnung von ihrem Schicksal?

* * *

Der Kriegsverbrecher

Noch zu Zeiten, als mein Vater bei uns weilte, tauchte in größeren Abständen ein ferner Verwandter in Murrhardt auf. Hugo von Senger – wir nannten ihn Onkel Hugo – war Schweizer. Die Familie stammte aus Zurzach, hatte aber auch einen repräsentativen Familiensitz in Zürich. Das Verwandtschaftsverhältnis war weitläufig. Es ging auf von Sengers Mutter zurück.

Sein Vater war der in Genf geborene Architekt Alexander von Senger, Sohn des dem Nietzsche-Kreis nahestehenden Komponisten Hugo de Senger. Er errichtete zwischen 1911 und 1914 den Hauptbahnhof von St. Gallen. An prominenter Stelle am Zürichsee wird das von ihm geplante Gebäude der *Schweizerischen Rückversicherungs-Gesellschaft* erstellt, das von renommierten Schweizer Architekten und Kunstkritikern in der Zeitschrift *Architektur und Kunst* und an anderer Stelle als »irreparabel belastende Zwitterarchitektur« sowie als »korinthische Kostümierung eines Berner-Schermens« bezeichnet wird. Neue Architektur war Alexander von Senger fremd, mehr noch, ein Gräuel. Er bekämpfte die Moderne, kritisierte Le Corbusier, den er als den »Lenin der Architektur« diffamierte, polemisierte gegen den *Baubolschewismus* des Bauhausstils. Er betätigte sich darüber hinaus als völkischer Protagonist. Seine in Buchform gegossene Architekturkritik mit den Titeln *Krisis der Architektur* und *Die Brandfackel* ebnete ihm 1938 den Weg zu einer Professur an der TH München, die von *undeutschen* Kräften *gereinigt* worden war.

Der in Zurzach als Wirtschaftspionier gefeierte Fabrikant Jakob Zuberbühler – er gründete neben einer Stickerei auch eine Schuh- und eine Schäftefabrik – vermählte sich gleich zweimal hintereinander mit Verwandtschaft meines Urgroßvaters Otto Doderer. Nachdem Caroline, die 1847 geborene Tochter von Carl und Caroline Doderer, geborene Wieland, früh verstorben war, heiratete er deren vierzehn Jahre jüngere Schwester Christine Emma, die am 12. Juli 1885 ihre Tochter Leonie Alice zur Welt brachte. Leonie, die 1919 mit Alexander von Senger die Ehe einging, gebar ein Jahr später ihr einziges Kind Hugo. In einigen nach seinem Tod aufgefundenen Briefen nannte dieser meine Mutter mit zum Teil heiteren Umschreibungen seine »Cousine«.

Diese weitläufigen verwandtschaftlichen Beziehungen verschafften Leni nach dem Zweiten Weltkrieg eine zusätzliche Einreisemöglichkeit in die Schweiz, die sie neben der über ihren Onkel Willi für ihre Geschäfte nutzte. Hugo selbst ist aus Gründen, auf die noch einzugehen sein wird, in den ersten Nachkriegsjahren nicht in der Schweiz.

Alexander von Senger verlor nach 1945 im Zuge von Entnazifizierungsverfahren seine Münchner Professur. Wirtschaftliche Krisen bahnten sich an, die nicht absehbar waren.

Der Schwiegervater hatte mit seiner *Fabrique de Broderies, Lingerie et Rideaux* mit maschinellen Stickereien, Wäsche und Vorhangherstellung sowie den später gegründeten Schuh- und Schäftefabriken reüssiert. Zu seinem sechzigsten Geburtstag schuf er sich selbst einen weiteren Glanzpunkt: den Einzug in die pompöse *Villa Himmelrych*, die heute Teil zweier Stiftungen ist und nunmehr als *Schloss Bad Zurzach* firmiert. Jakob Zuberbühler starb 1904, der einzige Sohn vier Jahre später. Die Töchter und deren Ehemänner – darunter Alexander von Senger – engagierten sich in den hinterlassenen Geschäften mit mäßigem Erfolg. Siebenundfünfzig Jahre nach dessen Gründung verschwand das Zuberbühler-Unternehmen von der Bildfläche.

Bereits in den Tagen, in denen ich als noch nicht schulpflichtiges Kind die Gespräche der Erwachsenen zu verstehen begann, war vom *Vetter Hugo* des Öfteren die Rede. Mein Vater mochte ihn nicht. Das war greifbar und wurde von mir begriffen. Lange bin ich davon ausgegangen, dass er in dem stattlichen Kerl, der so unverfroren mit Leni scherzte und flirtete, einen Konkurrenten sah. Andererseits, mein Vater war als Sanitäter auf dem Balkan gewesen. Er wird von den dort verübten Gräueltaten der Kosaken, der Division *Prinz Eugen* und anderer Wehrmachtseinheiten Kenntnisse gehabt haben. Hatte er ihm deshalb so deutlich seine Abneigung gezeigt?

Als Kind imponierte mir dieser Mann. Er bereicherte meine kindliche Fantasie- und Erlebniswelt. Ausflüge im offenen Cabriolet. Großartiges Essengehen, hier noch ein Eis, dort ein Stück Kuchen. Geschichten und Anekdoten, in sprühender Laune erzählt. Pferde, verwegenes Reiten und Reitkunststücke waren des Öfteren Thema. Ein richtiges Urviech. Manchmal hätte ich lieber einen wie ihn als Vater gehabt. Schon wenige Jahre später erstarb diese Schwärmerei. Im Fundus meiner Mutter stieß ich auf ein Bild, das zu meiner Verwunderung Hugo von Senger in deutscher Uniform aufrecht auf den Rücken zweier Pferde stehend zeigt. In der einen Hand hielt er die Zügel. Mit der anderen grüßte er stolz und selbstsicher. Herausfordernd und kühn blickte er in Richtung des Fotografen. Ein Schweizer in deutscher Uniform? Er sei ein Pferdenarr gewesen. Aus Idealismus und aufgrund seiner deutschen Vorfahren habe er sich freiwillig der Wehrmacht angeschlossen, meinte meine Mutter. Dieser Umstand ließ meine als Kind gezeigte Sympathie erkalten.

Jahrzehnte später fand ich etliche Briefe, denen ich anfangs keine Beachtung schenkte. Sie sind zum Teil auf Papier geschrieben, das mit einem völkisch wirkenden, hellblauen Emblem versehen war. Meine Aufmerksamkeit erregte ein einzelnes

Farbfoto, das zusammen mit den Briefen auftauchte. Ein alter, immer noch kräftiger Mann in weitem Hemd, die Hose von breiten Hosenträgern gehalten, sitzt leger an einer Kaffeetafel. Andere Personen sind nicht abgebildet. Selbstgefällig hält er dem Fotografen eine fast leere Wodkaflasche entgegen. Vor ihm steht eine unberührte Torte. Der mittlere Teil der Kuvertüre ist aus vier farbigen Dreiecken zusammengesetzt, die ein Abzeichen bilden. Am Rand wurde ein Schriftzug in Schokoladenguss aufgetragen: »Herzlichst zum 80. Geburtstag.« Groß stehen zwei Buchstaben darüber: »TB.«

Die beiden Buchstaben und das Symbol lassen sich rasch entschlüsseln. Es handelt sich um das Ärmelabzeichen des Terek-Kosaken-Reiter-Regiments 6, das ab November 1944 als Bestandteil des XV. SS-Kosaken-Kavallerie-Korps der SS unterstellt war.

Jetzt ergibt auch ein am 25. Mai 2001 geschriebener Brief einen Sinn, in dem Hugo seiner »lieben Cousine« mitteilte, dass er die nächsten vier Tage in Lienz an der Drau verbringen wolle. » … Bei unserem voraussichtlich letzten Kosaken-Treffen. Die noch leben, gehen langsam auf die 90 zu. Viel ist nicht mehr zu erwarten!«

In Erfüllung des Vertrages von Jalta wurden die von den Engländern im Mai 1945 nahe der kärntnerischen Stadt Lienz festgesetzten Kosakenverbände an die Rote Armee überstellt. Bei Recherchen stößt man zuerst nicht etwa auf seriöse militärhistorische Forschungsberichte, die die zahlreichen Gräueltaten und Kriegsverbrechen der russischen Hilfstruppen auf dem Balkan dokumentieren. Der kommunikative Raum des Internets wird auch hier von rechtsextremer Propaganda dominiert, die das einzige *Verbrechen* in der Überstellung der Kosaken an die Rote Armee sehen. Hugo von Senger, so zeigt sich, war ein Protagonist dieses *Erinnerns.* Als er 2001 eines der letzten

Male nach Lienz aufbrach, fuhr er nicht nur zu einem Treffen alter Kameraden. Die Kriegsverbrecher hatten in der Stadt an der Drau einen Ort gefunden, an dem sie sich selbst in einer Opferrolle inszenieren konnten. Die im Internet auftauchenden Berichte blenden konsequent die Beteiligung der Kosakenverbände an Hitlers Vernichtungskrieg aus.

Recherchiert man im Internet über die Person Hugo von Senger, so stößt man durchgängig auf heroisierende Selbstdarstellungen und unappetitliche Inszenierungen auf Neonazi-Seiten. Die faschistische Schweizer *Avalon-Gemeinschaft* feiert ihn als einen ihrer Großen. Amerikanische Neonazis setzten die auf Europareisen abfotografierten Erinnerungsfotos Sengers ins Internet. Er selbst ließ sich hochbetagt mit umgehängter Uniformjacke fotografieren, wobei er wie folgt zitiert wird: »Ich habe meinen Waffenrock nie abgelegt.«

Wie wurde ein Schweizer Staatsbürger Rittmeister einer Kosakeneinheit, die auf deutscher Seite kämpfte und zahlreiche Kriegsverbrechen begangen hat?

Der kleine Hugo wuchs in einem Elternhaus auf, dessen Klima maßgeblich von der antisemitischen und antikommunistischen Einstellung des Vaters geprägt war. Welche Rolle die Mutter einnahm, wie sie zu den Hasstiraden ihres Mannes stand, ist nicht belegt. Alexander von Senger sah sich nicht nur als Verteidiger deutscher Baukultur gegen den *Baubolschewismus der Moderne*. Er betätigte sich auch im Geiste des Nationalsozialismus als antisemitischer Publizist. Der vom Vater auf den Sohn übergegangene Antisemitismus dürfte neben einem ausgeprägten Abenteurertum die zentrale Triebfeder für Hugos Eintritt in die Wehrmacht gewesen sein. Er, der gerne signierte Fotos verschenkte, beschriftete eine der ersten Porträtaufnahmen, die ihn in Wehrmachtsuniform zeigten, mit den Worten: »Bereit für Europa gegen die Handlanger Zions!!«

Er wurde zur Fliegerausbildung zugelassen, trat aber die Ausbildung nicht an. Ein bereits handsigniertes Foto zeigt ihn in der Uniform des in Cannstatt stationierten 18. Kavallerie-Regiments der Wehrmacht, das unmittelbar vor Kriegsbeginn in eine Nachrichteneinheit überführt wurde. Ob er schon jetzt die weitläufig Verwandten im nahen Murrhardt besuchte, ist nicht überliefert.

Theoretisch könnte er am Standort seines Regiments Otto, dem Vetter entfernten Grades, begegnet sein. Dieser war nach einer frühen Kriegsverletzung eine Zeit lang Infanterie-Ausbilder in der Cannstatter Garnison, in der sich für ihn eine menschliche Tragödie ereignete. Ein zu Depressionen neigender Freund setzte sich für kurze Zeit von der Truppe ab, schlug sich zu seiner Familie auf die Schwäbische Alb durch. Er wurde aufgegriffen und wegen Fahnenflucht zum Tod verurteilt. Das Cannstatter Erschießungskommando wurde aus Soldaten seiner Einheit rekrutiert. Otto Doderer gehörte dem Erschießungskommando an, das den jungen Älbler hinrichtete.

Von Senger war an zahlreichen militärischen Aktionen beteiligt. Den Einmarsch in Frankreich erlebte er ebenso als Kavallerist wie den Überfall auf die Sowjetunion. An der Ostfront wurde er zum Unteroffizier befördert. Angeblich gegen seinen Willen kommandierte man ihn zur Offiziersausbildung ab. Als damit begonnen wurde, aus übergelaufenen Kosaken eine Freiwilligenarmee aufzustellen, überstellte man den »leidenschaftlichen Reiter« zum deutschen Rahmenpersonal. Die selbst gestrickte Legende besagt, dass bereits der kleine Hugo von der Kosakenreiterei begeistert gewesen sei. Als Zehnjähriger habe er in einem in Zurzach gastierenden Zirkus eine Pferdenummer russischer Kosaken bestaunt. Nachdem die Zirkusleute weitergezogen waren, fand das Kind angeblich eine russische Kosakenmütze, die es lange in seinem Besitz behalten habe.

Im Herbst 1942 traf er in Mielau (polnisch: Mława) ein, einer Stadt in heutigen Woiwodschaft Masowien. Dort befand sich die 1. Kosaken-Kavallerie-Division in Aufstellung. Der Schweizer, mittlerweile Leutnant der Wehrmacht, wurde Offizier des Terek-Kosaken-Reiter-Regiments 6.

Die Oberste Heeresleitung hielt es für zu riskant, die Kosakenfreiwilligen gegen die Rote Armee einzusetzen. Am Ende hätten Kosaken gegen Kosaken gestanden. Man setzte die Einheit auf dem Balkan ein, wo sie zahlreiche Kriegsverbrechen beging. Von Senger war an verantwortlicher Stelle beteiligt. Er wurde während dieser Einsätze zum Oberleutnant befördert, später zum Rittmeister. In den Selbstinszenierungen und Glorifizierungen alter und junger Nazis ist zu lesen: »Grausame, harte und endlose Kämpfe begleiten Hugo von Senger nun täglich. Sie waren gekennzeichnet durch eine wilde und raue Topographie, sich an keine Konvention haltende Tito-Partisanen sowie durch die schonungslose Antwort der Kosaken.«

Der Umstand, dass die Wehrmacht auch auf dem Balkan einen völkerrechtswidrigen Eroberungs- und Vernichtungskrieg führte, wird ausgeblendet. Die »schonungslose Antwort« bestand in zahlreichen Plünderungen, Vergewaltigungen und Massenhinrichtungen, auch von Zivilisten. Für einen getöteten Wehrmachtsangehörigen wurden fünfzig, manchmal hundert Geiseln erschossen. Entlang der Bahnlinien wurden »zur Vergeltung und Abschreckung« zahllose Menschen an Telegrafenmasten aufgehängt. Die Gräueltaten waren so furchtbar, dass sogar die gegen Oppositionelle und ethnische Minderheiten rücksichtslos vorgehende Ustascha-Regierung in Berlin gegen die Verbrechen der Kosakeneinheiten protestierte. Die Reichsregierung, namentlich Hitler, lehnte deren Abzug aus dem kroatischen Vasallenstaat ab.

Im Januar 1945 kämpfte das 6. Terek-Kosaken-Regiment an der Seite der 6. SS-Gebirgsdivision bei Virovitica. Beide Einheiten begingen weitere Kriegsverbrechen. Nach der Kapitulation der Heeresgruppe C wurden die Kosakenverbände im Raum

Lienz gesammelt und gerieten in englische Kriegsgefangenschaft.

Der Legende nach – Quellen außer von Sengers eigene Darstellungen existieren nicht – erfuhr er von den Auslieferungsabsichten der Briten durch seinen Vorgesetzten Oberstleutnant Prinz zu Salm-Hostmar. Dessen Verwandtschaft mit dem Hause Windsor habe ihm auf geheimen Kanälen den Zugang zu entsprechenden Informationen ermöglicht. Von Sengers Einheit unternahm zwei Tage nach Kriegsende einen Überraschungsangriff auf die nachgerückten russischen Verbände und lieferte sich an anderer Stelle mehrstündige Feuergefechte mit britischen Truppen. Hundertsiebzig Männern, darunter Hugo von Senger, gelang die Flucht in die Berge. Er schlug sich von Kärnten nach Oberbayern durch. Mit gefälschten Papieren geriet er in amerikanische Gefangenschaft, aus der er bald wieder entlassen wurde. Eine Zeit lang tauchte er auf einem Bauernhof unter, arbeitete als Knecht.

Als von Senger geraume Zeit später wieder in die Schweiz einreiste, stand ein Strafverfahren im Raum. Wer als Schweizer Staatsbürger als Kombattant für eine ausländische Macht tätig wurde, hatte mit einem Strafprozess zu rechnen. Kriegsverbrechen, wohl weil nicht bekannt und in seinem Fall damals nicht recherchiert, standen nicht zur Anklage. Weshalb nie ein Strafverfahren eröffnet wurde, blieb ungeklärt. Später wurde kolportiert, man habe Hugo von Senger in Ruhe gelassen, da er dem Schweizer Geheimdienst Informationen über seine Auslandstätigkeit vorgelegt habe. Wahrheit, Gerücht oder Legende?

Bei weiteren Recherchen stoße ich auf spanischsprachige Forschungsarbeiten, die im Zuge der Aufarbeitung der Pinochet-Diktatur in Chile entstanden sind. Zu nennen sind insbesondere die Publikationen des Journalisten und Schriftstellers Carlos Basso. Dieser belegt unter Offenlegung von Geheimdienstquellen, dass von Senger zu Zeiten der chilenischen Diktatur ein maßgeblicher Mittelsmann einer *Conexión chilena* gewesen ist, die den Zweck hatte, in Chile eine logistische Basis – *Hafen* genannt – für deutsche Nazis und Neonazis zu errichten. Ein mittlerweile veröffentlichtes, vormals als *secret* eingestuftes CIA-Dossier (ohne Datum, mit einem Bearbeitungsstempel vom 13. Juni 1985 versehen) beschreibt den in zahlreichen Ländern als chilenischer Botschafter tätigen Fernandez Miguel Serrano als zentrale Figur eines Netzwerks chilenischer und europäischer Faschisten. Dazu gehörte auch der später mit dem NSU in Beziehung stehende Rechtsterrorist und Holocaustleugner Manfred Roeder. Engen Kontakt hielt Serrano ferner mit Hugo von Senger, den das CIA-Dossier als »einen führenden Vertreter der westeuropäischen Nazi-Szene« bezeichnete. Eine von Serrano organisierte Reise führte in den chilenischen Distrikt El Parral, an der auch von Sengers zweite Frau Ursula teilnahm. Ziel war dort die berüchtigte *Colonia Dignidad*, die damals unter dem besonderen Schutz der Pinochet-Regierung stand.

Bis zu seinem Tod hat *Vetter Hugo* immer wieder Versuche unternommen, Leni von seinen kruden Ideen zu überzeugen. Seinen Briefen legte er gelegentlich Ausschnitte der Zeitschrift *Recht + Freiheit* bei, die bis in unsere Tage von dem mehrfach vorbestraften Holocaustleugner Ernst Indlekofer verantwortet wird. Einem Artikel über Heinrich Himmler fügte er handschriftlich hinzu: »Auch über diesen Mann wird man eines Tages die heute üblichen Lügen berichtigen müssen.«

Von Senger starb im 90. Lebensjahr. Auch nach seinem Tode ist er für alte und junge Nazis ein Idol.

* * *

Werner kommt nach Murrhardt

Für Werner endete der Krieg im Spätherbst 1944. Er geriet einige Monate nach dem D-Day in Nordfrankreich in amerikanische Gefangenschaft, wurde nach England überstellt, später nach Kanada verschifft. Die letzten Monate seiner Kriegsgefangenschaft verbrachte er in einem Camp in den USA. Porträtfotos zeigen ihn bei der Registrierung in England. Sie wirken wie aus einer Verbrecherkartei, zwei Fotos, frontal und im Profil aufgenommen, um den Hals ein Schild mit der Aufschrift: »Camp 132 – 517029 – 12.2.45.«

Werner trägt noch Uniform. Schmal und blass ist er. Die Brille wirkt zu groß. Der Haarschnitt ist nicht mehr militärisch. Die Nackenhaare streifen den Uniformkragen. Mit ernster, geradezu undurchdringlicher Mine schaut er in die Kamera. Eine ungewisse Zukunft lag vor ihm. Aber er gehörte zu den wenigen seines Jahrgangs, die überlebt hatten.

Ein weiteres unscharfes Foto zeigt eine Gruppe entspannt wirkender junger Männer. Sie lachen, sind wohlgenährt. Man könnte meinen, es handle sich um junge amerikanische Sportler, vielleicht College-Studenten. Hinten, die anderen leicht überragend, sieht man Werner. Als einziger Brillenträger ist er leicht zu erkennen. Auch er lächelt. Die Haare sind länger als jemals zuvor. »Prison Camp Sudbury near Derby«, steht auf der Rückseite und mit einem Fragezeichen versehen: »1946/47?«. Offensichtlich führte der Weg zurück nach Deutschland wieder über ein Zwischenlager in England. Die *Halstead & District Local History Society* vermerkt in einem Beitrag ihrer heimatgeschichtlichen Schriften die Existenz eines Kriegsgefangenenlagers zwischen Star Stile und Ashfort Lodge an der Hauptstraße zwischen Halstead und Sudbury.

Nur wenig später führte der Umstand, dass es Rita nach

Württemberg verschlagen hatte, ihren aus der Kriegsgefangenschaft entlassenen Bruder nach Murrhardt, womit das Schicksal – vor allem auch seines – seinen Lauf und manch ungewollte und ungeahnte Wendung nahm.

Mit dem Schiff erreichte er Bremerhaven. 1947 betrat er wieder deutschen Boden. Die Entlassungspapiere vollständig, einige Konserven, Kaffee, Schokolade, Seife und amerikanische Zigaretten als Tauschmittel, Kleidung und persönliche Gegenstände. Alles was er besaß, passte in einen Rucksack und eine hölzerne Transportkiste. Immerhin waren sie von den Amerikanern vor ihrer Abreise nach England nochmals großzügig eingekleidet worden. Wohin sollte er sich wenden? In einem hastig geschriebenen letzten Brief hatte seine Mutter berichtet, dass sie aus Schlesien vertrieben würden. Ihren und seiner Tante Aufenthalt kannte er nicht. Hans war wohl noch bei den Russen. Er musste zur Schwester Rita. Seine Mutter hatte ihm deren vorübergehende Adresse in Briefen nach Kanada mitgeteilt. Hoffentlich war sie unter dieser noch erreichbar.

Knolls aus Darmstadt stammende Tante Lina hatte den Murrhardter Küfer Albert Haisch geheiratet, der wenige Tage vor Kriegsende während des amerikanischen Beschusses vor seinem eigenen Anwesen tödlich verletzt worden war. Bei dieser fand auch die mittlerweile schwangere Rita Unterschlupf.

Felix hatte sich zwischenzeitlich freiwillig in amerikanische Gefangenschaft begeben. Es war eine Frage der Vernunft. Ohne Entlassungsschein gab es nirgends eine Zuzugsgenehmigung und Lebensmittelkarten. Die Kriegsgefangenschaft dauerte nur wenige Monate. Der politisch unbelastete Lehrer wurde andernorts dringender gebraucht.

Werner war in seiner Jugend immer von schlanker Gestalt gewesen. Als er den Zug auf dem Murrhardter Bahnhof verließ, zog er sofort die Blicke einheimischer junger Frauen auf sich.

Eine stattliche Erscheinung, gut gekleidet, wohlgenährt, so ganz anders als die Ersten, die jetzt aus Russland zurückkehrten.

Als er nun erstmals auf dem Kleinstadtbahnhof stand, konnte er schwerlich ahnen, dass er viele Jahrzehnte als Zugreisender zwischen Murrhardt und Backnang unterwegs sein würde. Sicher wird er den ärmlichen Ort als flüchtige Durchgangsstation betrachtet haben. Er war im schlesischen Bäderwinkel aufgewachsen. In seinem Heimatort Bad Reinerz hatte der internationale Hochadel gekurt und logiert. Chopin war hier fast zu Hause gewesen, hatte regelmäßig Konzerte gegeben. Später hatte Werner in Breslau und in Wien studiert. Was also sollte das rückständige schwäbische Städtchen für ihn an Strahlkraft haben?

Außer seiner Schwester und seinem Schwager erwartete ihn niemand. Der Krieg hatte Murrhardt am Rande der Innenstadt Zerstörungen gebracht, die 1947 weitgehend behoben waren. Jetzt war der Ort voller Fremder. Man lebte beengt. Viele hausten nach ihrer Ankunft bis zu einer weiteren Einweisung in der überfüllten Stadthalle. Ab 1943 waren Ausgebombte in der Stadt untergebracht worden. In den Folgejahren kamen in mehreren Wellen Flüchtlinge und Heimatvertriebene an. Oft mussten sie gegen den Widerstand der Hauseigentümer zwangseingewiesen werden. Dazu war die wenig respektierte deutsche Hilfspolizei oftmals nicht in der Lage. Allein die Besatzungsmacht verfügte über genügend Autorität, die Einquartierungen dort umzusetzen, wo sich Hauseigentümer querstellten. Im Rottal geriet ein Bauer über die ihm aufgezwungene Unterbringung von Heimatvertriebenen dermaßen in Rage, dass er sich vor den Augen der amerikanischen Militärpolizei und der entsetzten Vertriebenen mit einem Gewehr erschoss, das er verbotenerweise noch besaß.

Die Flüchtlinge und Heimatvertriebenen galten als rückständig. Sie waren damals genauso unerwünscht, wie es Flüchtende heute sind. Man nannte sie respektlos *Knoblauchfresser* und *Rucksackdeutsche.* Bereits im Begriff *Flüchtling* steckte eine Abwertung. Die Neuankömmlinge waren zudem lästige Esser, die um das Wenige konkurrierten, was noch vorhanden war. Der bekannte Schriftsteller Peter Härtling berichtete kurz vor seinem Tod aus eigener Anschauung über die vielfältigen Belastungen und Kränkungen, denen gerade Kinder ausgesetzt waren. Seine Mutter war mit ihm und seiner Schwester von Mähren nach Nürtingen geflüchtet. Der Vater starb in russischer Gefangenschaft. Seine schwer traumatisierte Mutter tötete sich in Gegenwart ihrer Kinder mit Schlaftabletten. Auf die Frage: »Wann hört man auf, ein Flüchtling zu sein?«, antwortete er im Gespräch mit dem ebenfalls geflüchteten syrischen Schriftsteller Abbas Khider: »Nie.« Aus der Kindheit blieb ihm ein Bauunternehmer in Erinnerung, der seine Schäferhunde auf den Befehl »Fass, das ist ein Flüchtling!« abgerichtet hatte.

Rita hatte im Februar 1946 entbunden. Rosemarie war das erste Nachkriegskind der Familie. Ihr junger Onkel sah sie das erste Mal, als sie bereits laufen konnte. Und als Hans, der ältere Bruder, einem Schatten gleich, aus der russischen Gefangenschaft entlassen wurde, war die Kleine im fortgeschrittenen Kindergartenalter.

In seinen ersten Murrhardter Tagen war Werner ein gefragter Mann. Stets sparsam, brachte er eine gut gefüllte Überseekiste mit, die noch Jahrzehnte später leer und nie mehr benutzt auf dem Dachboden stand. Weiß aufgemalte Buchstaben wiesen auf die amerikanische Herkunft und gaben der Kiste etwas Geheimnisvolles. In den einsehbaren kleinen Bühnenverschlägen der Römerstraße standen derer drei, Hinweise darauf, dass noch andere Überlebende nach ihrer Kriegsgefangenschaft in dem Sechsfamilienhaus eine neue Heimat gefunden hatten. Ein Paar mit weißer Tarnfarbe gestrichene Holzski der Art, wie sie mein

Vater als Angehöriger einer Gebirgsjägereinheit besessen hatte, erregte meine Aufmerksamkeit und warf Fragen auf. Wie hatte der Vater die Ski hierherbringen können? Erst später erfuhr ich, dass sie dem Uhrmacher Seitz gehörten, der bei jedem Neukauf eines Wagens ein Emblem – das Edelweiß der Gebirgsjäger – vom alten Modell abmontierte und am Neuwagen wieder anbrachte. Uhrmacher Seitz war ein Mann großer Bildung und eine stilvolle Erscheinung. Daran änderte auch der Umstand nichts, dass er eine Beinprothese trug, weshalb ich als Kind nie auf die Idee gekommen bin, dass die Wehrmachtsski ihm gehören könnten.

Uhrmacher Seitz war nicht der einzige Kriegsversehrte in diesem Haus. Parterre links wohnte Paul Klenk. Auf den Steinstufen des Sechsfamilienhauses war am Klang der Prothesen leicht zu unterscheiden, ob Paul Klenk oder Manfred Seitz die Treppe benutzte. Die Prothese des Uhrmachers machte ein dumpfes Geräusch. Klenks Kunstbein knarrte leise. Auch in der Schrittfolge unterschieden sich die beiden Kriegsversehrten. Aber nicht nur die Laufgeräusche der beiden Prothesenträger vermochte ich auseinanderzuhalten. Nach und nach konnte ich sämtliche Hausbewohner am Klang ihrer Schritte auf der Treppe erkennen. Diese Fähigkeit bekam später eine wichtige Bedeutung für meinen Bruder und mich.

Für Werner war der Weg vom Murrhardter Bahnhof zur Küferei Haisch kurz und leicht zu finden. Dort gab es ein herzliches Wiedersehen mit der Schwester und dem Schwager, die er das letzte Mal im Sommer 1943 bei deren Hochzeit gesehen hatte. Anrührend war die erste Begegnung mit der achtzehn Monate alten Rosemarie, die meist *Rose* genannt wurde. Es gab einen kräftigen Imbiss und eine erste Tasse rasch aufgebrühten *Maxwell* Instantkaffees. Platz für eine längerfristige Unterbringung des Neuankömmlings war bei den Haischs nicht vorhanden.

Aber Tante Lina hatte vorgesorgt. Beim bankrotten Kaufmann Doderer, dem in jener Zeit der Schwarzhandel aus der Bredouille half, ging es eng zu. Aber wenn man dort noch mehr zusammenrückte, konnte ein weiteres Zimmer frei gemacht und untervermietet werden.

Die andere Lina – die Doderische – hatte anfangs gezögert. Das vordere Zimmer war an die aus dem Sudetenland vertriebenen Holubeks vermietet worden. Der Mann hatte im Hinterhof mit dem Aufbau einer einfachen Fahrradwerkstatt begonnen. Fahrräder waren das einzig erschwingliche Transportmittel. Allerdings waren Ersatzteile, Reifen und Schläuche knappe Güter. Wer – wie Holubek – im Flicken kaputter Schläuche, im Aufarbeiten abgefahrener Reifen und beim Ausrichten deformierter Speichenkränze Geschick besaß, konnte in der Zeit des Tauschhandels ein bescheidenes Auskommen erlangen.

Linas ältere Tochter Leni wohnte nur unregelmäßig bei den Eltern. Wann sie kam und wann sie ging, wusste nur sie selbst. Leni ging ihren Geschäften nach und war ohne Angaben von Gründen und Zielen mal eine Woche oder gar einen Monat lang weg – um dann des Nachts ohne Voranmeldung wieder aufzutauchen.

Liselotte, die kleine Fleißige, hauste die Woche über in einem Zimmerchen in Sulzbach am Kocher. Von dort fuhr sie jeden Morgen mit dem Rad zur *ARWA* in Unterrot. Wenn sie an Wochenenden oder an freien Tagen nach Murrhardt kam, begnügte sie sich mit einem Nachtlager auf der Chaiselongue. Sorgen bereitete den Eltern der Umstand, dass die noch nicht einmal Volljährige regelmäßig mit ihrem wesentlich älteren Liebhaber unterwegs war.

Noch hatte Lina die Hoffnung nicht aufgegeben, dass eines glückseligen Tages ihr *Ottole* wieder nach Hause käme, ihr Ältester, der seit den allerletzten Kriegstagen als vermisst galt. Bereits mehrfach hatten sich Betrüger ihr Vertrauen erschlichen, die vorgaben, etwas über den Verbleib Ottos zu wissen. Bei einer kleinen Verköstigung könne man Genaueres berichten. Und gerne nahmen sie der auf die Rückkehr ihres Sohnes hoffenden Mutter noch Naturalien als *Wegzehrung* ab.

Als Knolls Tante das erste Mal vorgesprochen hatte, hatte Lina Doderer gezögert. Vielleicht brauchte man bald ein Bett für Otto. Am Ende machten die beiden Linas die Sache klar. Schließlich kam der junge Mann aus gutem Hause, hatte Manieren und noch einiges in seiner Überseekiste. Was den Ausschlag gegeben hat, das hintere Zimmer an den jungen Kriegsheimkehrer zu vermieten, kann nicht mehr erhellt werden.

Im zivilen Leben hatte dieser nie bescheidener gewohnt. Zu Hause in Schlesien hatten sie auf jedem Stockwerk ein weiträumiges Badezimmer gehabt. In seiner neuen Unterkunft teilten sich acht Erwachsene den einzigen Kaltwasserhahn am Wasserstein der Küche. Warmes Wasser gab es nur aus dem Schiff des Holzherdes. In Schlesien hatten sie Zentralheizung besessen. Bad Reinerz war bereits in den Zwanzigerjahren kanalisiert worden. In Murrhardt sollte es bis Mitte der Sechzigerjahre dauern, bis weite Teile der Innenstadt an den Kanal angeschlossen wurden. In der Fornsbacher Straße war in jeder Wohnung ein Plumpsklo. Wer ein Wannenbad zu nehmen wünschte, musste die privat betriebene Badeanstalt im Walterichsweg aufsuchen. Dabei konnte man neben dem einfachen Wannenbad auch ein *Kräftigungsbad* nehmen. Hierfür setzte Bademeister Rall dem heißen Wasser zwei kleine Schaufeln Meersalz zu.

Werner wird erst einmal wichtigere Anliegen gehabt haben. Immerhin, eine Unterkunft war besorgt. Die Entlassungsbescheinigung aus der amerikanischen Kriegsgefangenschaft lag vor. Das waren wichtige Voraussetzungen für den Erhalt einer Zuzugsberechtigung und der dringend benötigten Lebensmittelkarten. Behördengänge standen an, endloses Warten auf Amtsfluren, Befragungen. Was er künftig zu tun gedenke? Ab

Herbst studieren. Das begonnene Medizinstudium fortsetzen? Nein? Was dann?

»Aha, Lehrer wollen Sie jetzt werden. Und was machen Sie bis zum Studienbeginn? Das wissen Sie nicht? Wir haben was für Sie.«

Der vormalige Medizinstudent wurde den örtlichen Notstandsarbeiten zugeteilt. Gemeinsam mit anderen Versprengten und den von den Amerikanern zum Arbeitsdienst verpflichteten ehemaligen lokalen NS-Größen war er mit dem Aushub des Murrhardter Freibades beschäftigt. Letztere waren in Ludwigsburg inhaftiert und wurden täglich auf Lastwagen zum Arbeitsplatz ins Trauzenbachtal gefahren, was ihren Angehörigen Gelegenheit bot, ihnen Lebensmittel und anderes zukommen zu lassen.

Maschinen wurden nicht eingesetzt. Man schuftete mit Schaufeln, Hacken, Pickeln und Spaten. Wer nicht zwangsverpflichtet war, erhielt 90 Pfennig auf die Stunde. Vom ersten Wochenlohn bezahlte Werner die 20 Mark Monatsmiete für das Zimmer. Mit dieser vordergründig günstigen, ihm seit langer Zeit erstmals wieder einen privaten Raum schaffenden Fügung fing sein persönliches Unglück an.

Der Aushub des Bades wurde alsbald eingestellt und erst in den frühen Fünfzigerjahren an anderer Stelle wieder aufgenommen. Für Werner hatte die Plackerei ein vorzeitiges Ende. Wenngleich, der Doderers Franz hatte immer eine Beschäftigung für den neuen Untermieter. Holz war zu hacken, in der Franzenklinge musste gemäht werden, im Garten in der Wallstraße waren allerhand Arbeiten zu erledigen. Hier baute Franz Doderer im großen Stil Gemüse an. Der Alte war noch immer im Schwarzhandel tätig, obwohl die ganz großen Zeiten vorbei waren. Die amerikanische Besatzungsmacht hatte jene Verfügung aufgehoben, die Murrhardter Firmeninhabern verbot, ihre eigenen Fabriken zu betreten. Damit fiel Franz

Doderers Vermittlungsfunktion weg, der bislang im großen Stil mit Schuhleder und Balancewaagen gehandelt hatte.

War Leni im Lande, ging auch sie mit über Land, trällerte weiterhin unverdrossen ihr: »Fäden, Litzen, Bändel, Schnür', alles hat die Leni hier.« Nach der lieblosen Fremdunterbringung ihrer Tochter hatte sie alte Geschäftsverbindungen wieder aufleben lassen, war gelegentlich in der Schweiz. Die bürgende Verwandtschaft ermöglichte ihr auch weiterhin den Grenzübertritt. Zwischenzeitlich hatte sie sich mit Adolf Schorer verlobt, einem lebensfrohen Forststudenten, der im Oberschwäbischen lebte und nach dem Krieg Wert darauf legte, nicht mehr *Adolf*, sondern *Adel* genannt zu werden. Das Ende seiner Forstausbildung war absehbar. Mit Blick auf die anstehenden staatlichen Prüfungen kam er noch seltener als zuvor nach Murrhardt.

Nach der Währungsreform begann Werner sein Studium an der Lehrerbildungsanstalt in Esslingen. Württemberg brauchte Lehrer. Nach zwei Semestern galten die Studenten als Volksschullehrer. Werner hatte während seiner Kriegsgefangenschaft in England, Kanada und in den Vereinigten Staaten jede Gelegenheit genutzt, um seine Englischkenntnisse zu verbessern. Mit drei Studiensemestern wurde er Mittelschullehrer. Obligatorisch war eine Prüfung im Fach Musik. Nach Auffrischung seines in der Schulzeit erworbenen rudimentären Könnens meisterte er das Vorspiel auf einer geliehenen Geige gerade noch erfolgreich. Während der Semesterferien arbeitete er als Hilfsarbeiter bei der Firma *Spintex*. Ansonsten pendelte er zwischen Esslingen und Murrhardt, was auch mit der Anziehungskraft Lenis zu tun hatte, die ihm trotz ihrer Verlobung allerlei Avancen machte. Nach wie vor lebte man in der Fornsbacher Straße äußerst beengt. Liselotte schlief, wenn sie da war, weiterhin auf der Chaiselongue. Leni fand immer einen Platz. Der ließ sich auch im Zimmer des Untermieters finden. Werner wird sich dieser Frau nicht leichtfertig hingegeben haben. Er war unverändert streng katholisch. Der attraktive Mann hatte schon mehrere Annäherungsversuche anderer Frauen zurückgewiesen.

Im zweiten Stock wohnte Helga. Sie war als Ausgebombte alleine nach Murrhardt gekommen und war geblieben, auch weil sie eine vorläufige Anstellung bei der örtlichen Lebensmittelkartenausgabe gefunden hatte. Ihr gefiel der junge Mann, der dieses Interesse nicht erwiderte. Eine Zeit lang war Werner Helgas kuriosen Annäherungsversuchen ausgesetzt. So ließ sie mit der Begründung nach ihm schicken, sie sei erkrankt und könne nicht aufstehen. Den beflissen nach oben Eilenden empfing sie im Bett liegend mit entblößtem Busen, was Werner im Glauben, die junge Frau habe Fieber, veranlasste, meine Großmutter zu holen.

»Frau Doderer, Frau Doderer, Fräulein Helga ist krank«, rief er bereits auf dem oberen Treppenabsatz. Als er mit Lina zu der vermeintlich Kranken zurückkehrte, war diese so wütend, dass sie ihm einen Schuh an den Kopf warf. Ein andermal gab sie vor, auf der *Bühne* sei das Licht ausgefallen. Sie fürchte sich, alleine im Dunkeln Holz zu holen. Ob er sie nicht begleiten könne. Der höfliche junge Mann willigte ein. Oben angekommen, fiel Helga ihm sogleich um den Hals und versuchte, ihn zu küssen, worauf er sich ihr entwand und die Treppe hinunterrannte. Helga gab nicht auf. Als weitere Annäherungsversuche scheiterten, drohte sie, vom Balkon zu springen, worauf er veranlasste, dass der Arzt Doktor Berner geholt wurde.

Dieses hartnäckige Widerstehen schien Leni imponiert zu haben. Auch nahm sie wahr, dass noch andere Frauen an dem gepflegten jungen Mann interessiert waren. Zarte Bande wurden gesponnen. Wenn die anderen schliefen, schlich Leni in das Hinterzimmer. Die Liaison blieb nicht verborgen und erfüllte die Eltern mit Sorge. Lina mahnte ihre Tochter, ihre Finger von dem Flüchtling zu lassen. Sie solle sich glücklich schätzen, dass Adel Schorer trotz des unehelichen Kindes mit ihr die Verlobung eingegangen war.

Der sonst so wortkarge Franz sprach mit seinem Untermieter mehrfach von Mann zu Mann. Er billige nicht, was er sehen müsse. Die Affäre müsse ein Ende haben. Wenn Werner in Zweifel verfiel, wurden diese von der energischen Leni ausgeräumt. Seit Ende ihrer Kindheit hatten ihre Eltern keine Macht mehr über sie gehabt. Auch jetzt setzte sie ihren Willen durch und hauste von nun an mit Werner in dessen finsterer Bude.

Eines Samstags erklang das blecherne Schellen der mechanischen Klingel an der Glastür. Die Haustür hatte offen gestanden. Es war später Vormittag. Lina erkannte durch das gewellte Glas und die eingespannten Gardinen hindurch, wer der frühe Besucher war. Mit einem Stoßgebet auf den Lippen öffnete sie die Tür. Just in jenem Moment, in dem Adel Schorer die Wohnung betrat, verließ Werner das hintere Zimmer. In der Absicht, dieses auf dem Abort zu entleeren, hielt er Lenis Nachtgeschirr in der Hand. Mit einem Griff an den Hut machte der Gehörnte auf dem Absatz kehrt und verabschiedete sich mit den Worten: »Ich sehe, hier werde ich nicht mehr gebraucht.«

Großes Kino. Bis ins hohe Alter erzählte Liselotte immer wieder gerne jene Episode. »Der Werner kam hinten heraus, den *Bettschamper* in der Hand.« Meist wurde schon hier der Erzählfluss von einem glockenhellen Lachen unterbrochen.

Eines Abends im Frühsommer 1952 war Franz Doderer in seine Arbeit *im Seele* vertieft. Er hatte mit der ersten Mahd begonnen, was mühselig war, zog sich doch ein großes Stück der Baumwiese den Hang hinauf. Mit einem Zipfel seines blauen Schurzes wischte er sich den Schweiß von der Stirn. Es war noch heiß, obwohl die Sonne am Untergehen war. Einige Meter noch, bis zur Wildkirsche. Den Rest würde er morgen angehen. Er sah zu den Seen hinunter und stellte erstaunt fest, dass Werner soeben die steinerne Brücke erreicht hatte, die den Nebenarm des Großkeebachs am Grundstückseingang überspannte.

»Vater, ich muss etwas mit dir besprechen.«

Franz mochte es nicht, wenn Werner ihn so ansprach. Er hatte es von den Töchtern und der Frau übernommen. Schwerfällig stieg der Alte ab, sich dabei auf den Stiel der Sense stützend.

Werner sammelte sich, sagte dann in feierlichem Tonfall: »Vater, du weißt, dass Leni und ich uns lieben. Wir wollen unser Verhältnis jetzt auf eine solide Grundlage stellen. Ich bitte dich um die Hand deiner Tochter.«

Franz verharrte schweigend, immer noch auf die Sense gestützt. »Herr Simon«, hub er nach langem Überlegen an, »Sie sind nicht der Richtige für die Lina.« Die Eltern waren die Einzigen, die ihre Tochter nicht *Leni*, sondern *Lina* nannten. »Sie werden dieser Frau niemals Herr. Nehmen Sie Ihre langen Beine unter Ihre Arme, holen Sie so rasch wie möglich Ihre Siebensachen und nehmen Sie den nächsten Zug. Noch haben Sie die Möglichkeit, Ihrem Unglück zu entfliehen.«

Wann immer später davon die Rede war, dass Werner eigentlich hätte gewarnt sein müssen, wurde diese Episode aufs Neue erzählt.

Er sei sichtlich geknickt von dannen geschlichen, nicht ohne seinem künftigen Schwiegervater noch zuzurufen: »Ich liebe Leni. Und wir werden heiraten.«

Leni und Werner heirateten am 4. April 1953. Das geschah gegen den Willen beider Familien. Als Letzter versuchte Bruder Hans, der endlich aus russischer Kriegsgefangenschaft nach Hause zurückgekehrt respektive in der neuen Fremde angekommen war, Werner von dieser aus seiner Sicht unpassenden Eheschließung abzubringen. Vergeblich.

Nur kurz währte die Harmonie zwischen den Eheleuten. Mittlerweile hatte die nunmehr vierköpfige Familie Knoll eine zu klein gewordene Neubauwohnung in der Römerstraße verlassen und ein hoch über dem Friedhof gelegenes, geräumiges Holzhaus bezogen. Leni und Werner konnten die Dreizimmerwohnung übernehmen. Endlich kamen sie raus aus dem Hinterzimmer der Doderers, hatten nun etwas Eigenes. Es schien aufwärtszugehen. Werner hatte das Studium an der Esslinger Lehrerbildungsanstalt abgeschlossen und unterrichtete an der Backnanger Mittelschule.

* * *

Kleine Fluchten

Leni wurde wieder schwanger. Am 4. Oktober 1954 wurde ein strammer Junge geboren. Ich hatte das Licht der Welt erblickt. Die wilde Verliebtheit, die zwischen den beiden geherrscht hatte, schmolz dahin. Leni entwickelte eine manchmal rasende, allerdings grundlose Eifersucht. Es gab Gezeter, wenn schulische Belange Werners häusliche Abwesenheit erforderten. Besuche bei seiner Schwester wurden von Lenis Schimpftiraden begleitet, die sich noch steigerten, wenn seine in Bielefeld ansässig gewordenen Verwandten zu Besuchen nach Murrhardt kamen. 1956 erwartete Leni ein weiteres Kind. Jetzt wurde ihr die Sorge für den älteren Sohn zu viel. Erst in hohem Alter erfuhr ich von meinen Tanten Liese und Liselotte, dass ich als Kleinkind fast zweieinhalb Jahre vorwiegend im Haushalt meiner Großeltern gelebt hatte. Ich selbst hatte daran keine Erinnerung. Einzig der Moment, als mein Vater mich wieder nach Hause holen wollte, ist mir präsent. Ich saß mit dem Großvater in der großelterlichen Küche beim Vesper. Mein Vater kam hinzu, aß einen Happen. Die Großmutter brachte meine Schuhe. Zwischenzeitlich war ich auf Großvaters weiß lackierten Stuhl geklettert und hatte vom Küchenschrank einen zum Ring geflochtenen Draht heruntergeholt, der mir genau auf den Kopf passte. Ich war schon des Öfteren nach oben geklettert, stieg dabei zum Schrecken der Großmutter auf eine Armlehne und holte mir den Drahtring als Spielzeug herunter. Er wurde mir zum Kopfputz, zur Krone.

Von der Großmutter angezogen, stand ich nun ausgehfertig vor dem Vater, der mich an der Hand nahm und milde sagte, ich solle die Drahtkrone nun absetzen. Wir würden jetzt nach Hause gehen. Ich riss mich los, presste das Gebinde mit beiden Händen fester auf meinen Kopf und verschwand hinter der Großmutter, dabei jede weitere Mahnung ignorierend. Am Ende erhielt ich die einzige Ohrfeige, die ich jemals von meinem Vater erhalten habe. Die Großmutter setzte eine finstere Miene auf, schwieg aber. Die Wut, die meinem Vater die Hand ausrutschen ließ, entsprang einer nicht erwarteten Enttäuschung. Endlich hatte er seine Frau so weit gebracht, dass der Ältere wieder in die Familie zurückkehren konnte. Doch der wollte nicht zurück und veranstaltete einen Zirkus, den die Großmutter wortlos billigte, da sie den Buben gerne noch einige Zeit bei sich gehabt hätte. Die harte Hand des Vaters, der seinen Jungen gegen dessen Willen heimholen wollte, blieb mir in Erinnerung, nicht aber der Umstand, dass ich zuvor mehr als zwei Jahre bei den Großeltern gelebt hatte.

Werner machte den verzweifelten Versuch, endlich die Familie zusammenzubringen. Auch Birgit, die sich mittlerweile in der Pubertät befand, sollte nach Murrhardt kommen. Zwischen ihrer Geburt und ihrem vierzehnten Lebensjahr lebte sie in verschiedenen Heimen und längere Zeit auch im Haushalt Adels, Lenis vormaligem Verlobten. Seine Frau und er nahmen im Lauf der Zeit insgesamt vier Pflegekinder zu sich, nachdem die Ehe des späteren Forstdirektors kinderlos geblieben war. Werner kämpfte um das Kind, adoptierte es. Leni war von Anfang an verstimmt. Kein liebes Wort für die Tochter, keine Dankbarkeit oder zumindest Anerkennung dem Mann gegenüber, der das Kind in die Familie geholt hatte und sich alle Mühe gab, ihm ein guter Vater zu sein. Zank, Schimpf, bei kleinsten Vergehen wurde das Mädchen von der Mutter geschlagen. Mein Bruder – damals gerade vier – und ich, der Sechsjährige, standen ratlos dabei, hörten die hasserfüllten Tiraden, die in dem Vorwurf gipfelten, das Mädchen sei frühreif, zudem mannstoll und stelle dem Vater nach. Während die Mutter wie eh und je ihre Schönheit pflegte, machte sie die ungeliebte Tochter zum Aschenputtel, das zu putzen, den Ofen zu reinigen und die beiden Halbbrüder zu beaufsichtigen hatte.

Erschwerend kam die Enge hinzu. Als Birgit kam, lebte die Familie zu fünft in einer Dreizimmerwohnung mit 48 Quadratmetern. Mein Bruder und ich schliefen im elterlichen Schlafzimmer. Tagsüber hielten wir uns im Kinderzimmer auf. Um etwas mehr Platz für drei Kinder zu haben, schlief Birgit in einem Klappbett. Werner erledigte seine Korrekturen und Unterrichtsvorbereitungen in Ermangelung eines Schreibtisches auf einem dünnen Einlagebrett. Leni begann damals das, was sie im späteren Leben noch exzessiver betreiben würde. Sie schloss Zimmer ab. Das Wohnzimmer war selbst für ihren Mann nur dann zugänglich, wenn ihre Launen dies zuließen oder Besucher kamen. Oft saß mein Vater mit gebeugtem Rücken in der Fensternische des Kinderzimmers und erledigte seine Aufgaben, das Brett vor sich auf den Knien. Warum ließ Werner das zu? War er dieser Frau wirklich nicht gewachsen, wie es mein Großvater vorausgesagt hatte? Er ließ sich von seiner Frau schlagen, ohne sich zu wehren. Mir war das peinlich. Ich wollte keinen schwachen Vater. Wenn die Bielefelder Verwandtschaft bei seiner Schwester zu Besuch war – nunmehr im neu erbauten Haus in der Wiesenstraße –, sperrte Leni ihren Mann mittels der vorgelegten Sicherheitskette aus, sofern sie annahm, dass er vom Kaffeetrinken mit der *katholischen Bagasch* nach Hause kam. Ich hoffte, dass der Vater die Kette mit Wucht aus ihrer Verankerung sprengen würde, was er nicht tat. Traurig ging er von dannen, hoffend, dass er später eingelassen würde. Irgendwann begann ich, die Kette zu lösen. Den Schimpf der Mutter nahm ich in Kauf. Schlimmer war, den Vater so hilflos zu erleben.

Ich lernte früh, in diesem Tohuwabohu Rückzugsorte zu finden. Mit meinen Kasperlepuppen verzog ich mich in eine Ecke.

Deren stille Präsenz vermittelte mir Normalität. Oder ich flüchtete in die Welt der Bücher. Ich verschlang alles, was mir in die Finger kam und war früh Dauergast in der örtlichen Stadtbücherei. Frau Braun, deren fürsorgliche Leiterin, ermahnte mich gelegentlich, wenn ich Bücher auszuleihen versuchte, die meinem Alter nicht entsprachen. Für Dinge, die ich nicht besitzen durfte – ausschlaggebend hierfür war ausschließlich die Mutter –, hatte ich im Kniestock der *Bühne* ein Versteck eingerichtet, in dem ich meine ersten Comics, ein Taschenmesser, eine Steinschleuder und anderes deponierte. Wann immer es möglich war, entfloh ich der Enge der Wohnung und dem Gekeife der Mutter. Dies wurde dadurch begünstigt, dass sie es am liebsten sah, wenn ich nach Hause kam, um sogleich ins Bett zu gehen. Zudem half regelmäßig der Hinweis, ich ginge zu den Großeltern. Dort war mein eigentliches Zuhause. Als Kind saß ich oft als aufmerksamer Lauscher in den Teerunden meiner Großmutter. Frau Burckhardt, die später im Altersheim lebte, und Helene Schenk waren am häufigsten zu Gast. Ich trank schwarzen Tee mit Milch und Zucker, zerbröselte Gugelhupf oder Hefezopf und hörte schweigend den alten Frauen zu. Helene Schenk gehörte zu einer der ersten katholischen Familien, die noch vor Kriegsende als Ausgebombte nach Murrhardt gekommen waren. Und sie hatte stets viel zu berichten.

Wenn ich der Geschichten der alten Frauen überdrüssig geworden war, suchte ich mir eine eigene Beschäftigung. Im Haus der Großeltern verfügte ich als Kind nur über wenig Spielzeug. Gelegentlich holte ich die Nähschatulle meiner Großmutter, die eine umfangreiche Knopfsammlung enthielt. Stundenlang konnte ich mit einfachen Dingen spielen, so auch mit Knöpfen. Knopfmannschaften trugen Fußballturniere aus. Knopfarmeen schlugen Schlachten. Während ich den unkontrollierten Ausbrüchen meiner Mutter fern sein wollte, fürchteten viele ihre Väter, deren nie behandelte Kriegstraumata sich mit dem, was gang und gäbe war, zu einer gewaltgeprägten Erziehung verdichteten.

In der Vorschulzeit bestand mein Lebensraum vorrangig aus der Achse zwischen elterlicher und großelterlicher Wohnung. Zu Fuß war die Entfernung in wenigen Minuten zu bewältigen. Auf halber Strecke lag Großvaters Garten in der unteren Wallstraße. Vertraute Orte wie die *Eiche*, das Kino, die Praxis von Dr. Berner, Sträbs Bauernhof und die Werkstätten des Schlossers Meier und des Steinmetzen Griesheimer lagen auf dem Weg.

Die Straßen, Gässchen, Hinterhöfe und Plätze waren belebte Räume, aber auch durchzogen von Örtlichkeiten mit Geheimnissen und geheimen Orten, die von der eigenen Deutung bestimmt waren. Manche Winkel dienten als Verwahrungsort für Dinge, die man vor den Erwachsenen, aber auch vor anderen Kindern verbergen wollte. Leidvolle Erfahrungen hatten mich gelehrt, dass es ratsam war, gute Verstecke zu besitzen. In der elterlichen Wohnung hatte ich bis zum zwölften Lebensjahr keinen Fleck, den ich mein Eigen nennen konnte. Da ich rasch Lesen gelernt hatte, durfte ich, finanziert vom Vater, über die Schule den *Sommergarten* abonnieren, eine Zeitschrift für Grundschüler. Geschichten, Rätsel und Wissenswertes wurden in einfacher Form präsentiert. Ich verschlang die monatlich über die Schule vertriebenen Hefte meist schon am Tag der Ausgabe. War ich nicht draußen oder bei den Großeltern, war das Lesen meine Flucht vor der familiären Unwirtlichkeit. Neben den Büchern aus der Stadtbücherei und den wenigen, die ich geschenkt bekam, bediente ich mich auch am überschaubaren Bücherschrank meiner Eltern.

Mit Leidenschaft las und sammelte ich Comics, wann immer das knappe Geld mir den Kauf und nachfolgend den Tausch mit anderen ermöglichte. Allmählich hatte ich einen kleinen Schatz angehäuft. Ich besaß einen Karton meiner Lieblingscomics, *Sigurd*-Hefte im schlanken Piccolo-Format. Ich musste diese vor meiner Mutter verstecken. Der Grund lag nicht, wie zu vermuten gewesen wäre, darin, dass sie ihrem Sohn *Schundliteratur* verboten hätte. Viele Nummern hatte ich durch Tausch erworben. In den zum Teil recht zerlesenen Heften hätte sie eine Brutstätte gefährlicher Krankheiten gesehen. Ich deponierte den Karton mit meinem wertvollsten Besitz auf einem Schrank, der außerhalb unserer Wohnung auf dem Trockenboden stand.

Etliche Wochen ging das Versteckspiel gut. Ich mehrte meine Schätze. Nicht alle Comics hatte ich bereits gelesen. Weiteres Lesevergnügen lag vor mir. Eines Nachmittags, ich hatte bei der Großmutter zu Mittag gegessen und anschließend mit Egon Witt Heftchen getauscht, wollte ich den Neuerwerb sogleich sicher verstauen. Ich betrat das Haus durch die tagsüber meist offen stehende Waschküche, huschte hinauf und öffnete leise die Tür zum Trockenboden. Mein Karton war nicht an seinem Platz. Ich sah nach, ob er seitlich heruntergerutscht war. Nichts. Ich stieg ein Stück die steile Treppe zu den oberen Bühnenräumen hoch, um eine bessere Übersicht zu haben. In diesem Augenblick wurde mir klar, dass ich einen schlimmen Fehler begangen hatte. Von der Treppe aus sah man alles, was auf dem Schrank abgestellt war. Hatten die älteren Kinder, die im Haus wohnten, meine *Sigurd*-Hefte entwendet? Rasch verwarf ich den Gedanken. Die Tiralla-Töchter würden sich nicht dafür interessiert haben, und die anderen Jungen waren längst dem Alter entwachsen, in dem man derartige Heftchen las. Als mir die Mutter nach zweimaligem Klingeln öffnete, fand ich letzte Gewissheit. Im Bad lagen Teile des Kartons auf dem Boden, gedacht als Anfeuerungsmaterial für den Badeofen.

Wo meine Comics seien, fragte ich.

»Der Dreck kommt mir nicht ins Haus«, antwortete die Mutter doppeldeutig.

Wütend zog ich den Aschenkasten heraus. Die flockige Asche zeigte mir an, dass zuvor eine Menge Papier verbrannt worden war. So lernte ich früh, dass sichere Verstecke das A und O der Wahrung von Geheimnissen und des Verbergens waren.

In der Nähe des Keebachs hatte ich ein hochwertiges Fahrtenmesser gefunden. Diesen wertvollen Schatz verwahrte ich mit großem Geschick. Angrenzend an den Garten meines Großvaters lag eine schmälere, aber ebenso lange Parzelle, der Horn'sche Garten. Zu meinem Leidwesen wurde dieses Stück mit Liselottes finanzieller Unterstützung von meinen Großeltern erworben, was auch meinen Arbeitsaufwand in Großvaters Garten vergrößerte. Auf der Grenze der vormals getrennten Gärten stand ein altes, schwarzgraues Gartenhaus. Die Dachpappe war bereits durchlässig geworden, die Wände standen schief. An die seinem Grundstück zugewandte Wand lehnte mein Großvater die nicht in Gebrauch befindlichen Bohnenstangen und Aststützen. Dahinter befand sich ein trockener Hohlraum zwischen dem Erdreich und dem Holzboden des windschiefen Bauwerks. Hier war ein sicheres Versteck für meinen Dolch, den ich in einen löchrigen Jutesack wickelte. Mein dicker, behäbiger Großvater würde niemals so tief in die Hocke gehen, um das Messer zufällig zu finden.

Zwischen Wall- und Friedensstraße befanden sich damals zahlreiche Nutzgärten. Zierrasen war noch selten. Meist den Straßen und Wegen zugewandt wurden Blumenrabatten angelegt. Im Garten meines Großvaters schloss an den mit Fliegerfarbe himmelblau gestrichenen Zaun eine gut meterbreite Blumenrabatte an, die lediglich vom Durchgang zum Gartentor sowie zwei am Zaun stehenden Pflaumenbäumen durchbrochen wurde. Tulpen und Vergissmeinnicht standen dicht an dicht. Die Grenze zum Horn'schen Garten und die straßenabgewandte Seite waren durchgängig mit roten und schwarzen *Träuble* sowie einigen Stachelbeersträuchern bepflanzt, was etliche Jahre zu freudlosen Sommertagen beitrug, an denen ich oftmals ganz alleine die Früchte ernten musste.

Eine meiner schönsten Kindheitserinnerungen blickt auf einen langen, sonnigen Nachmittag, an dem ich zusammen mit meinem Vater die *Träuble zopfte* und er mir dabei die komplette Nibelungensage erzählte.

Gartenzäune waren keine Hindernisse und signalisierten kein Betretungsverbot. Wir sausten hindurch, trugen unsere kindlichen Gefechte aus – das Bilden von *Banden* gehörte zu den Freizeitbeschäftigungen vieler Jungen. *Lägerle* wurden errichtet. Wir wussten, wo Wasserleitungen verlegt und zugängliche Wasserhähne unseren erhitzten Köpfen und Schlünden Erfrischung boten.

* * *

Birgit

Kurz vor meinem achten Geburtstag kam meine Schwester heimlich nach Murrhardt. *Heimlich* bedeutete, dass meine Mutter davon nichts erfahren durfte. Die geeignetsten Zeitkorridore waren die, in denen Leni ein paar Tage oder länger verreiste, was nach dem Auszug meines Vaters des Öfteren vorkam. Dem Bedürfnis, ihre Umgebung im Unklaren zu lassen, entsprangen unzutreffende Angaben über Zeit und Ziele.

Das nunmehr sechzehnjährige Mädchen hielt sich während der Sommerferien des Jahres 1962 zusammen mit mir eine Woche bei der Großmutter auf. Birgit nutzte die Abwesenheit der Mutter, um auf dem Rathaus ihren ersten Personalausweis zu beantragen. Meine Mutter war mit meinem Bruder verreist. Zürich wurde als Ziel angegeben, eine Einladung von Vetter Hugo läge vor. Tatsächlich, so berichtete mein Bruder später, sei man nur kurz beim Vetter gewesen. Nach heimlichen Telefonaten habe sie aber dann ein jugoslawischer Geschäftsmann und Verehrer der Mutter in einer Nacht- und Nebelaktion in Zürich abgeholt und sei mit ihnen nach Italien gefahren. Auch dieses Mal müssen geheime Nachrichtenaustausche stattgefunden haben. Gleich nach der Abreise von Mutter und Bruder tauchte Birgit auf und teilte, wie schon früher, mit mir das großelterliche Schlafzimmer. Sie entblößte sich nicht mehr vor mir, aber sie war zu mir zärtlich wie eine Mutter, so wie es meine leibliche niemals gewesen ist. Sie blieb etwa zehn Tage. Für mich waren es die schönsten Sommertage meiner Kindheit.

Morgens wurden wir von der Großmutter geweckt. Sie buk jeden zweiten Tag ein wunderbar lockeres, süßes Weißbrot. Dazu gab es Butter, Pflaumenmarmelade und echten Kakao, nicht die ungeliebte *Ovomaltine* oder das in Mode gekommene *Nesquik*. Tante Liese unternahm mit uns einen Ausflug nach Tripsdrill, damals noch altertümlich, mit einer langen Rutschbahn, auf der man auf einer Sisalmatte sitzend nach unten rauschte, und einem betulichen Bähnchen, das durch das überschaubare Gelände zuckelte. An anderen Tagen ging es ins *Blühende Barock*, auch an den Ebnisee oder in das Mainhardter Freibad, das die Tante aus unerfindlichen Gründen der Murrhardter Schwimmanstalt vorzog. Als Birgit wegfuhr, wirkte sie fröhlich, jung und entspannt. Danach bin ich ihr nur noch zweimal begegnet.

Das letzte Mal sah ich sie kurz nach ihrem einundzwanzigsten Geburtstag. Wieder einmal war sie überraschend aufgetaucht, als meine Mutter verreist war. Zu dieser Zeit wohnte ich wieder bei der Großmutter. Wie immer war es für mich ein Fest, wenn die Schwester auftauchte. In ihr sah ich immer die Schwester – nie die Halbschwester –, die Leidensgenossin, die Vertraute. Wir schliefen zu zweit im Ehebett der Großeltern. Ich war zwölf. Ich erhielt einen Gutenachtkuss. Einstmals gelebte Nähe wurde nicht gesucht. Am vorletzten Tag ihres Besuches, der dieses Mal keinen besonderen Anlass zu haben schien, schenkte sie mir zu meiner großen Verwunderung und Freude fünfzig Mark.

»Damit du dir auch mal was leisten kannst.« Mehr sagte sie nicht.

Ich erfüllte mir einen lang gehegten Wunsch und kaufte mir beim *Fernseh-Mayer* ein kleines blaues Transistorradio mit einem Ohrhörer, der ein für andere lautloses Radiohören ermöglichte. Im Sommer 1968 schlief ich zu meinem großen Verdruss oftmals während der weit nach Mitternacht ausgestrahlten Radioübertragungen von den Olympischen Spielen in Mexiko ein. Ich hatte dadurch nicht nur die Sportberichte verpennt, sondern auch die teure Kompaktbatterie verbraucht.

Ehe Birgit ihren letzten Aufenthalt in Murrhardt beendete, waren wir bei Tante Liese zu Besuch, die einmal mehr eine großartige Gastgeberin war. Nach einem reichhaltigen Imbiss spielten wir ein spontan entwickeltes Ballspiel. Zwei Spieler standen auf dem riesigen Balkon. Die anderen Mitspieler, vielleicht drei oder vier, waren ebenerdig positioniert. Sie mussten den Ball so nach oben werfen, dass er, ohne von den beiden *Burgwächtern* gefangen zu werden, hinter oder neben diesen auf dem Balkonboden aufkam. Die beiden auf dem Balkon mussten ihrerseits versuchen, den Ball zu fangen und die unten Stehenden abzuschießen, die einen festgelegten Korridor nicht verlassen durften. Dieses Spiel haben wir nur dieses eine Mal gespielt. Birgit spielte mit großem Eifer. Sie kämpfte, schwitzte. Mir fiel auf, dass sie dabei mehrmals von der Tante und unserer Großmutter gelobt wurde. Meine Schwester wirkte angegriffen, war fülliger geworden, hatte rote Flecken im fahlen Gesicht, das sonst so akkurat gekämmte Haar war ungepflegt. Resultierten die aufmunternden Worte der beiden Älteren daraus, dass sie um den schlechten Zustand der jungen Frau wussten? Ich ahnte nicht, dass sie zu diesem Zeitpunkt bereits einige Monate in der Psychiatrischen Klinik Zwiefalten verbracht hatte.

Als sie mit vierzehn Jahren auf Initiative meines Vaters ein knappes Jahr in die Familie kam, trat hierdurch eine Veränderung ein, die mir anfangs leidtat: Wenn meine Eltern abends ausgingen, kam sonst der Großvater als Babysitter zu uns. Waren wir endlich eingeschlafen, setzte er sich in die Küche und las in einem mitgebrachten Buch. Bis es so weit war, hörte er geduldig unserem Geplapper zu und ging auf unsere Fragen ein.

Zu den zahlreichen Konflikten, die meine Mutter jahraus, jahrein auslebte, gehörte ein skurriler Streit mit der gegenüber wohnenden Frau Schaphoff. Zwischen den Wohnungseinheiten lag die Tür zum Trockenboden. Meine Mutter, der Frischluft und Durchzug wichtig waren, beharrte darauf, dass jene Tür offen stand. Sonst könne der Mief des Treppenhauses nicht entweichen und staue sich vor ihrer Wohnungstür. Die Schaphoff war gegenteiliger Auffassung. Durch das Dach ziehe die Wärme hinaus. Die Tür müsse geschlossen bleiben. So kam es zu einem wiederkehrenden, mir peinlichen Prozedere, das von niemandem zu stoppen war. Wann immer meine Mutter hinter verschlossener Wohnungstür bemerkte, dass die Stockwerksnachbarin aus der Wohnung trat und die Tür lautstark zuzog, wartete sie gerade mal so lange, bis ihre Widersacherin wieder in ihrer Wohnung verschwunden war. Nun huschte sie hinaus und öffnete den Durchgang mit einem vernehmbaren: »Die Tür bleibt offen.«

Meist gab sich die Nachbarin nicht geschlagen. Mit einem nicht minder lauten »Die Tür bleibt zu!« stellte sie den von ihr gewünschten Zustand wieder her. Das konnte eine Zeit lang so weitergehen, bis es anderen Hausbewohnern zu bunt wurde und diese nicht minder lautstark Ruhe einforderten.

Mein Vater verfolgte das Spektakel hilf- und teilnahmslos, was mir noch peinlicher war als der von den beiden Frauen ausgetragene Kleinkrieg.

Nun sei eines Abends, so berichtet die Familienlegende, mein Großvater wieder einmal als Hüter seiner Enkel tätig geworden. Mein Bruder schlief wohl schon, als ich barfuß in die Küche stapfte.

»Opa«, hätte ich gefragt, »was ist denn die Schaphoff für eine?«

Der Großvater habe gezögert und dann geantwortet: »Soweit ich weiß, ist es eine anständige Frau.«

»Wieso ist die anständig? Die Mutter schimpft über sie.«

»Doch, doch, das ist eine rechtschaffene Frau, auch wenn sie manchmal Streit mit der Mutter hat.«

Ich hätte eine Zeit lang nachgedacht, ehe ich zu der abschließenden Einschätzung gekommen wäre: »Aber a klois *Lumpamenschle* isch se doch.«

Nachdem Birgit zu uns gezogen war, konnte auf die milde Strenge des Großvaters verzichtet werden. Das Mädchen war angewiesen, auf uns aufzupassen, wenn die Eltern weg waren. Wir Brüder tobten durch die Wohnung. Doch wir hatten von klein auf gelernt, uns unauffällig zu verhalten und alle Spuren wilden Spiels und Herumtollens zu beseitigen. Da wir in dem hellhörigen Haus den Klang der Schritte unserer Eltern von anderen zu unterscheiden wussten, hatten wir noch eine Galgenfrist, wenn das Treppenhauslicht durch die Glastür der Wohnung schimmerte. Wir lauschten dem Klang der Schritte, wussten sofort, dass *Entwarnung* gegeben werden konnte, oder nutzten die knappe Minute, die uns blieb, zur Beseitigung der Spuren. Wenn wir das *Tschack, Tschack, Tschack* der Stöckelschuhe unserer Mutter hörten, war Eile angesagt. Rechtzeitig lagen wir im Bett.

»Und nichts sagen«, flehte Birgit, die von unserer Mutter für jede Kleinigkeit beschimpft, beleidigt und gelegentlich auch geschlagen wurde. Wir hielten zur Schwester. Wir wussten, dass unser Vater zu schwach war, um die an Kindes statt angenommene Stieftochter gegen die Willkür seiner Frau zu schützen.

Eines Abends blieben unsere Eltern länger weg. Wie üblich tollten wir noch eine Weile herum und gingen dann, müde geworden, ins Bett. Mein Bruder schlief alsbald. Ich lag noch lange wach, fragte mich, wo die Eltern blieben. Unruhig stand ich auf, ging nacktfüßig zur Kinderzimmertür, öffnete sie leise und machte das Licht an. Meine Schwester zog die Steppdecke zurecht. Sie blinzelte mich an. Ich schloss die Tür.

»Wo sind Mama und Papa?«, fragte ich.

»Die werden bald da sein.«

»Ich bleibe so lange bei dir.«

Mit der Absicht, mich an sie zu kuscheln, zog ich an der Decke. Sie hielt sie mit den Händen fest. Unschwer war dennoch zu erkennen, dass sie splitternackt war. Sie sah anders aus als die Mutter. Birgits Haut war hell, fast weiß. Verlegen zog sie mich an sich. Eine Weile verharrten wir regungslos. Dann befreite ich mich, roch an ihrem Bauch und presste, einer spontanen Regung folgend, mein Gesicht an ihre Scham. Sie roch gut. Birgit ließ mich gewähren.

Als ich wieder aufstand, löschte sie das Licht.

»Bitte nichts sagen«, bat sie leise.

Ich antwortete nicht, hielt mich aber beinahe sechzig Jahre an ihren Wunsch.

Was war geschehen? Ich war ein fünf-, höchstens sechsjähriges Kind. Ich hatte keine Regung kindlicher Lust empfunden. Zwei Kinder, die durch dunkle Täler taumelten, hatten einander gespürt.

Einige Tage später war ich mit Birgit unterwegs. Unsere Mutter hatte es sich zur Gewohnheit gemacht, uns aus der Wohnung zu schicken und dem Mädchen die Aufsicht über mich zu übertragen. Der Bruder blieb meist in ihrer ebenso engen wie unberechenbaren Obhut. Wir stromerten durch die Straßen, hielten uns eine Zeit lang in Großvaters Garten auf. Es war die Beeren- und Frühzwetschgenzeit. Wir *zopften* gerade *Träuble* und Zwetschgen in einen Spielzeugeimer, als es zu regnen begann. Ich wusste, wo der Schlüssel für das angrenzende Horn'sche Gartenhaus versteckt war. Wir öffneten den windschiefen Holzbau, gelangten ins Trockene und schlossen die Tür. Drinnen machten wir es uns, so gut es ging, gemütlich und schoben uns gegenseitig Beeren in den Mund. Meine Schwester legte sich auf eine Gartenbank, schob den Rock nach oben und zog den Schlüpfer aus. Ich kannte den Anblick. Dann gab sie mir ein glattes Hölzchen in die Hand und zeige mir eine Stelle, an der ich sie mit dem Hölzchen vorsichtig reiben sollte. Ich tat dies, ohne etwas dabei zu empfinden. Ich war nicht aufgeregt oder erregt und verspürte keine Scham. Ich tat das, was sich meine geliebte Schwester von mir wünschte. Leise gab sie mir Anweisungen. Ein winziges, schmutztrübes Fenster ermöglichte mir den Blick ins Freie. Gleichförmig trommelte der Regen auf das Wellblechdach.

»Nichts sagen«, sagte sie wie so oft.

Als Kind hatte ich gelernt, wo sich die sensiblen Stellen einer Frau befanden.

Noch ein weiteres Mal ließ sie sich von mir berühren. Wir machten einen Spaziergang, erreichten über den Hohlweg die Franzenklinge, rannten aber nicht, wie sonst, die steile Wiese zu den Teichen hinunter, sondern umrundeten das Gelände auf einem sanft abfallenden Weg. Vor dem Zufluss zum ersten Fischteich erstreckte sich ein winziges Grundstück steil nach oben. Über eine rohe Konstruktion eingelassener Tritte erreichte man eine schmale Hütte, die noch Jahrzehnte später existierte. Birgit stapfte voraus. Die Hütte war offen. Wieder schob sie etwas Glattes in meine Kinderhand und sagte mir, was ich tun sollte. Ich tat, wie angewiesen, wieder ohne Regung, ohne Scham, vielleicht mit Neugierde, sicher mit dem Wissen, etwas Verbotenes zu tun, aber auch mit dem Gefühl, ein inniges Geheimnis mit der Schwester zu teilen. Jahrzehnte später, als in den Zweitausenderjahren Abertausende von Missbrauchsfällen in Heimen, Schulen und Anstalten ruchbar wurden, habe ich mich gelegentlich gefragt, ob mich meine geliebte Schwester missbraucht hat. Ich habe das stets verneint, meine auch, keinen Schaden genommen zu haben. Wir hatten ein Geheimnis. Sie war eine verstoßene, geschlagene, von der Mutter tyrannisierte Kreatur. Das Mädchen hatte seinen Orgasmus entdeckt, den kleinen Tröster in einer finsteren Welt.

Kurze Zeit später wurde sie wieder weggebracht. Der Vater hatte den Kampf mit der Mutter einmal mehr verloren. 1969, ein Jahr nach dem Ballspiel am Neumann'schen Haus, nahm sie sich das Leben.

Als sie tot war – ich erfuhr es von der Großmutter, die ihren Schmerz nicht verbergen konnte –, fanden die irren Familienpraktiken ihre Fortsetzung. Die Mutter sollte nichts vom Tod ihrer ungeliebten und von ihr abgrundschlecht behandelten Tochter erfahren. Ein Aberwitz, gespenstisch, skurril, aber bittere Realität. Wessen Idee das war, lässt sich nicht mehr rekonstruieren. Ich hatte es, wohl gegen die Absicht der Heimlichtuer, mitbekommen. Von der Großmutter und den Tanten wurde ich zum Schweigen verpflichtet. Auch das war eine sich oft wiederholende ungute Praxis in dieser Familie. Kinder wurden mit finsterem Wissen befrachtet, durften aber darüber nicht sprechen.

Über den Tod der Schwester sprach ich mit dem kleinen Bruder. Und es kam, wie es kommen musste. Irgendwann redete die Mutter in seiner Gegenwart abfällig über die Schwester. Wie häufig, sprach sie nicht von Birgit oder ihrer Tochter, sondern bezeichnete sie als *des Mensch*. Der Kleine fiel ihr ins Wort: »Birgit ist doch tot.« Gerne hätte er diesen Ausspruch rückgängig gemacht. Doch er stand im Raum, mächtig, obwohl von Kindermund gesprochen.

Sie raste ins Kinderzimmer, schüttelte mich. Ob es stimme, dass Birgit tot sei.

Ich schwieg, wurde erneut geschüttelt. Ich nickte stumm und erhielt eine Ohrfeige.

Die Mutter zog sich schluchzend ins Schlafzimmer zurück und schloss die Tür ab. Mein Bruder und ich hockten ratlos im Flur. Durch die geschlossene Tür vernahmen wir ihr leises Weinen. Schweigend zogen wir uns ins Kinderzimmer zurück.

Stunden später stürmte sie fertig angezogen und geschminkt aus dem Schlafzimmer und machte sich auf den Weg, um die aus ihrer Sicht Verantwortlichen zur Rede zu stellen. Zuerst machte sie ihrer Mutter eine Szene, später, als diese von der Arbeit nach Murrhardt kam, auch ihrer Schwester.

Nach dem Tod unseres Vaters fanden wir mehrere Briefe mit Lenis zutiefst verletzenden Vorwürfen, Unterstellungen und Beleidigungen. Zeitlebens hat sie nicht ein Jota Verantwortung am unglücklichen Leben und frühen Sterben ihrer Tochter übernommen.

* * *

Der Tod des Grossvaters

Hätte Liselottes Geliebter Mühlbauer nicht darauf bestanden, die damalige Möglichkeit zu nutzen, für meinen Großvater eine einmalige Nachzahlung in die Rentenkasse zu leisten – *Nachkleben* sagte man damals dazu, weil erworbene Marken in ein Rentenbüchlein geklebt wurden –, hätte dieser als vormals Selbstständiger kaum Rente bezogen. Ansprüche waren lediglich aus jenen Arbeitsjahren erwachsen, in denen er, der Not gehorchend, in der Lederfabrik Schweizer beschäftigt war. Das, was er erhielt, reichte kaum, weshalb der Doderers Franz noch etliche Jahre in der Druckerei Lang und später als Nachtwächter für die Lederfabrik tätig war. Am frühen Abend legte er eine dunkelblaue Uniformjacke und ein schwarzes Koppel an und setzte eine zur Jacke passende Mütze auf. Die lederne Lasche der mich als Kind faszinierenden Signallampe befestigte er an einem Jackenknopf, den meine Großmutter nachgenäht hatte. Sie fürchtete, dass die Lampe den Knopf in Bälde abreißen ließe.

»Und no isch des ganze Deng hi.«

Seinen Dienst tat er im Wechsel mit einem alten Freund, dem vormaligen Busunternehmer Rieg aus Trauzenbach. Für beide ging diese Tätigkeit nicht gut aus.

Eines Mittags traf ich meinen Großvater in der Küche an. Wie erschlagen saß er auf seinem Stuhl. Rieg war in der Nacht zuvor bei der Verfolgung eines unbekannten Eindringlings durch ein Glasdach gebrochen. Man hatte ihn erst Stunden später schwer verletzt gefunden. Ihm stand ein langes Siechtum bevor. Ein böses Omen. Schlimmer noch! Einige Monate später verfolgte mein Großvater des Nachts eine Person, die sich unberechtigt auf dem Betriebsgelände aufhielt. Als er, immer hinter der Person her, die Fritz-Schweizer-Straße erreicht hatte, wurde er von einem Auto erfasst. Der Fahrer flüchtete und konnte auch später nicht ermittelt werden. Franz wurde mit inneren Verletzungen in die Backnanger Klink gebracht. Nach einem längeren Krankenhausaufenthalt kam er nach Hause. Der einstmals so umtriebige Mann saß von nun an kraftlos in einem Rattansessel.

Dass es bedenklich um meinen Großvater stand, merkte ich daran, dass mich meine Mutter für einige Wochen zu sich holte. Seit der Scheidung meiner Eltern hatte ich wieder bei den Großeltern gewohnt. Lediglich sonntagnachmittags ging ich zur Mutter, die neuerdings einen Fernseher besaß, ein hochmodernes, futuristisch anmutendes Modell. Das Gerät erinnerte an die Monitore im *Raumschiff Orion*.

Sonntags wurden beliebte Produktionen der *Augsburger Puppenkiste* ausgestrahlt. *Jim Knopf und Lukas der Lokomotivführer*, im Jahr darauf – mein Großvater war schon tot, und ich wohnte bereits wieder bei der Großmutter – *Urmel aus dem Eis*.

Mein Mittagessen nahm ich unverändert bei den Großeltern ein. Meine hilflosen kindlichen Fragen beantwortete mein Großvater knapp, aber geduldig.

Wenn ich ihn gelegentlich anbettelte: »Opa, hasch du mir zwei *Zehnerle*?«, griff er, ohne zu zögern, nach seinem Geldbeutel, klappte das Münzfach auf und gab mir wortlos die beiden Münzen. Für zwanzig Pfennig konnte man sich damals zwei Brezeln kaufen, was mich aber weniger interessierte. Häufiger erstand ich im *Sportplatzstüble* beim dicken Töpfer oder seiner Frau zwei Zehnerschlotzer. Die kegelförmig gegossene bunte Masse ummantelte eine Plastikfigur, zu der man sich durchschlotzte. Hatte man das mit Geduld und Spucke geschafft, hielt man einen grünen oder einen grauen Plastiksoldaten in der Hand. Die tat ich zu den bereits gesammelten Spielzeugfiguren, die ich schlauerweise bei der Großmutter aufbewahrte. Ebenfalls beim dicken Töpfer konnte man für zwei *Zehnerle* eine Wundertüte erwerben. Die enthaltenen Spielzeugserien bedienten thematische Motive wie zum Beispiel *Zirkus*, *Tarzan* oder *Indianer*. Wundertüten hatten etwas Geheimnisvolles und deshalb eine große Anziehungskraft. Man erhielt etwas, was eine begonnene Sammlung ergänzte oder im schlechtesten Fall als Tauschobjekt taugte. Wenn der dicke Töpfer oder seine Frau den Karton durch das geöffnete Verkaufsfenster schoben, durfte man die einzelnen Tüten sachte abtasten.

»Aber nichts zerknautschen«, mahnte der asthmatische Mann mit dem Furcht einflößenden roten Schädel.

Ich hatte für meinen Zirkus bereits viel Geld ausgegeben. Aber noch fehlten die Löwen. Was war das für eine Enttäuschung, wenn die frisch geöffnete Tüte außer einigen Körnern gesüßtem Puffreis wieder einen Bären oder zwei weitere kleine Affen enthielt. Von den Groschen, die ich meinem Großvater abbettelte, habe ich reichlich Zehnerschlotzer und Wundertüten erstanden.

Er war der erste Tote, den ich zu Gesicht bekam. Zwei Tage vor seinem Tod war er nochmals aufgestanden, hatte sich unter Mühen angekleidet, war in den *Stern* gegangen und hatte dort – angeblich – drei Viertele getrunken. Der Wirt hatte ihn nach Haus gebracht. Die Nacht musste grausam für ihn gewesen sein. Aber es war noch nicht seine letzte. Als mein Großvater verstarb, war Liselotte bei ihm. Meine Großmutter mied den Mann und alles, was mit dem Sterben zu tun hatte. Die beiden verhielten sich zueinander wie *Fuchs und Has*.

Mittlerweile hatten sich die traditionellen Bestattungsgepflogenheiten in Murrhardt geändert. Bis in die Sechzigerjahre hinein war der Verstorbene zu Hause aufgebahrt worden. Am Tag der Beerdigung formierte sich vor dem Anwesen der Leichenzug. Der Sarg wurde in einem kutschenähnlichen Leichenwagen transportiert, der von zwei Rappen gezogen wurde. Dem

Gespann schloss sich die Trauergemeinde an. Die älteren Männer trugen mehrheitlich noch schwarze Zylinder.

Neuerdings wurde der Leichnam im Haus des Verstorbenen gewaschen und angekleidet und dann im Sarg in die neue Leichenhalle gebracht. Während Frau Braun, die Ehefrau des Leichenbestatters, meinen Großvater ankleidete, konnte ich einen Blick auf ihn werfen. Schmal sah er aus, eingefallen. Aber ich erkannte meinen Großvater.

Jahrzehnte später sprach ich mit meiner mittlerweile betagten Tante Liselotte über diesen Mann, der mir während der Kindheit wichtiger gewesen war als der eigene Vater. Wir erinnerten uns daran, dass er während seiner letzten Lebenswochen große Schmerzen ertragen musste. Manchmal war zu beobachten, wie er sich so heftig an die Armlehnen seines Rattansessels klammerte, dass die Knöchel weiß hervortraten. Ich sprach den Darmkrebs an. Uns Kindern, aber auch anderen hatte man weisgemacht, dass durch den Unfall *Derartiges aufgebrochen* sei.

Liselotte lachte ihr bübisch-verschmitztes Lachen. Auf Wunsch meiner Großmutter sei immer von *Krebs* gesprochen worden. In Wirklichkeit sei *d'r Vadd'r* – sie sagte immer *Vadd'r* und *Muad'r*, wenn sie von ihren Eltern sprach – an Leberzirrhose gestorben. Aber wegen *d'r Schand* habe man das den Leuten und auch uns Kindern nicht erzählen wollen.

Ein starker Trinker ist mein Großvater zweifelsohne gewesen. Er trank ausnahmslos Wein und Most, kein Bier, keinen Schnaps. Wenn er im Kreis seiner Binokelfreunde weilte und das Spiel erst endete, wenn der Wirt zum Aufbruch mahnte, kamen oft zehn Schoppen auf die Rechnung. Von dreizehn Viertel Wein war die Rede, die er einmal während einer langen Binokelnacht *beim Kappus* am Fuße des Hofbergs zu sich genommen haben soll.

Der Tod meines Großvaters war für mich in vielerlei Hinsicht eine Zäsur. Er war für mich der vertrauteste Mensch gewesen. In seiner Gegenwart hatte ich Sicherheit verspürt. Mit einer nahezu wortlosen Bedächtigkeit hatte er mir viele praktische Dinge beigebracht. Dazu gehörte allerlei Handwerkliches, aber auch – wenngleich von mir mit deutlichem Widerwillen ausgeübt – das Gärtnern, das Mähen mit der Sense, das Schneiden von Bäumen, Sträuchern und Hecken, auch das Angeln, das Anfassen und Töten von Fischen, Hasen und Hühnern. Letzteres oft begleitet von den mahnenden Worten, dass man nur töten dürfe, was man selbst oder andere dann auch essen würden.

Mit seinem Tod entfielen zahllose Arbeiten: Beeren *zopfen*, Äpfel auflesen, umgraben und Unkraut jäten. Mit den lästigen Mühen fielen viele kleine Verdienstmöglichkeiten weg. Auch wenn es für einen halben Tag Äpfelauflesen in der Franzenklinge gerademal ein *Fuffzgerle* gab.

Den Garten erbte meine Mutter, die ihn umgehend verkaufte. Vom Erlös erstand sie die Dreizimmerwohnung in der Römerstraße.

Das Seele wurde dreigeteilt und verpachtet. Ein Pächter bewirtschaftete die Seen, ein anderer den Hang mit der oben angrenzenden Wiese. Ein dritter erweiterte mit der Einbindung eines flachen Stückes am Bach seinen Garten. Ohne ihrer schwäbischen Verwandtschaft auch nur ein Wort zu sagen, hat die in den Staaten lebende Luise Spitzig das Grundstück in besagter Drittelung verkauft. Jede Wanderung, jeder Spaziergang, der an diesem vertrauten Areal vorbeiführte, weckte später bittersüße Erinnerungen.

Ich mochte fünf oder sechs Jahre alt gewesen sein, als mein Vater und mein Großvater dort einen Apfelbaum fällten. Der Baum hatte nur eine mittlere Höhe erreicht und war abgestorben. Die beiden Männer arbeiteten mit einer altertümlichen Zweimannsäge. Durch eine Unachtsamkeit meines Vaters fiel der gefällte Baum in meine Richtung. Er erfasste mich und begrub mich unter einem Teil der verdorrten Krone. Mein Großvater hatte blitzschnell seine Axt unter den fallenden Baum gestemmt, dadurch fiel er gebremst. Mir geschah nichts. Das Bild blieb mir zeitlebens in Erinnerung. Der schwache Vater konnte mich nicht schützen. Anders der Großvater. Die Axt gehört zu meinen wohlgehüteten Erbstücken.

Gleich nach dem Tod meines Großvaters zog ich wieder zur Großmutter. Das war in jeder Hinsicht eine »Win-win-win-Situation«. Meine Mutter hatte mich los, meine Großmutter hatte mich bei sich, fühlte sich in der großen Wohnung sicherer. Ich hatte wieder mehr Freiheiten, die ihre Grenze allerdings in meiner völligen Mittellosigkeit fanden. Mein regelmäßiges Einkommen bestand in dem Geld für die Pausenbrezel, das ich hungernd sparte, um wenigstens etwas liquide zu sein. Die Freizügigkeit meiner Großmutter war unberechenbar. War sie der Meinung, meine Wünsche setzten mich schädlichen Einflüssen aus, war sie eisern. Kein noch so charmant oder energisch vorgetragenes Bitten konnte sie erweichen. Immerhin gab es mal eine Mark für den Schulausflug, oder ich bekam sogar das Geld für die Kinderjahreskarte des Freibads.

Einmal war der Vormittag in der Schule von Vorfreude und gespannter Erwartung bestimmt. Am Nachmittag sollte es eine Dreiuhrvorstellung im Kino geben, was sonst nur an Wochenenden der Fall war. Schon mehrfach hatte ich mit anderen den Aushang zu dem Film betrachtet, der in einer verbilligten Zusatzvorstellung für Schüler gezeigt werden sollte. In allen Pausen wurde über den *Schatz im Silbersee* gesprochen und darüber, wie man es anstellen musste, um einen der guten Plätze zu ergattern. Anders als sonst gab es für alle Platzkategorien einen Einheitspreis. Ich hoffte selbstredend, am Nachmittag dabei zu sein. Das Geld für den Eintritt hatte ich nicht. Eine Mark fünfzig war nicht viel. Tante Liselotte, die sich wahrscheinlich meiner erbarmt hätte, war bei der Arbeit. Beim Mittagessen, das ich wie gewohnt bei meiner Großmutter einnahm, wurde rasch klar, dass sie nicht bereit war, mir den Kinobesuch zu ermöglichen. Für so einen *Schund* gebe es kein Geld.

Rasch beendete ich meine Mahlzeit und eilte mit der Hoffnung in die Römerstraße, meine Mutter für mein Anliegen gewinnen zu können. Sie gab vor, kein Geld zu haben, und war auch nicht durch mein Angebot der Erledigung anstehender Arbeiten umzustimmen. Ich rannte zurück in die Fornsbacher Straße. Gelegentlich hatte ich die Großmutter in einem zweiten Anlauf milde gestimmt. Doch dieses Mal schmeichelte und bat ich vergebens.

Um halb drei ging ich die wenigen Schritte hinüber zu den *Murrlichtspielen*. Zahlreiche Schüler lümmelten vor dem Kino herum, drängten sich im Foyer oder standen noch in der Schlange vor der Kasse. Die Vorstellung würde ausverkauft sein. Sollte ich jemanden anpumpen? Mein Stolz verbot es mir. Gleich würde die Vorstellung beginnen. Die Letzten drängten ins Kinoinnere. Ich trollte mich. Es war bitter. Aber ich kannte derlei Enttäuschungen zur Genüge. Und ich lernte daraus. In den Jahren, in denen ich bei meiner Großmutter wohnte, war ich von nun an fast jeden Sonntagnachmittag im Kino. Zumal sich mir eine neue Einkommensquelle erschloss. Meine Mutter legte plötzlich Wert darauf, dass ich am Sonntagmorgen in die Kirche ging. Das ließ ich mir jeweils mit zwei Mark vergüten. Die Kinokarte war finanziert.

Wenn die Vorstellung um 15 Uhr begann, war ich in der Regel um 17 Uhr oder geringfügig später bei meiner Großmutter. Unmittelbar danach wurde gevespert. Der Sonntag – trotz des Kinobesuchs war er für mich unverändert der langweiligste aller Wochentage – neigte sich seinem Ende zu.

An einem dieser Sonntage lief in der Nachmittagsvorstellung *Krieg und Frieden*, die frühe, etwas schlichte Verfilmung von Tolstois mächtigstem Werk. Frau Kalmbach, die an der Kasse saß, schaute mich fragend an. »Der Film hat Überlänge. Darfst du den überhaupt anschauen?«

Freudig bejahte ich. Überlänge – das war wie ein Freispiel beim Flippern. Es gab mehr Genuss für dasselbe Geld. Ich hatte bereits des Öfteren erlebt, dass Filme etwas länger dauerten. Auf eine Viertelstunde kam es mir nicht an.

Die Handlung zog sich hin. Mehr gefühlsbeladene Szenen als Schlachtengetümmel. Als ich dachte, der Film müsse nun bald zu Ende sein, ging das Saallicht an.

»Kurze Pause«, rief der Filmvorführer aus seinem Kabuff. »Die Spule muss gewechselt werden.«

Mir dämmerte, dass ich nicht nur ein paar Minuten, sondern *sehr viel später* nach Hause kommen würde. Vorzeitig gehen? Das kam nicht infrage.

Als ich das Kino durch den Seitenausging verließ, war es draußen bereits dunkel. Der Film hatte dreieinhalb Stunden gedauert – ohne die Pause. Mir schwante Übles.

Meine Großmutter, die sich längst sämtliche Varianten dessen vor Augen geführt hatte, was ihrem Enkel hätte zustoßen können, empfing mich mit einer Mischung aus Verstimmtheit und Erleichterung. Nach einem rasch vertilgten Abendessen musste ich umgehend zu Bett gehen.

Schon bald wiederholte sich dieses Ablaufschema. Ähnlich lang war der Monumentalschinken *Doktor Schiwago*, der noch im selben Jahr gezeigt wurde. Eine Szene des Films hakte sich zeitlebens in meinen Erinnerungen fest: der Moment, als Strelnikows Panzerzug im Schneegestöber an den Wartenden vorüberdonnerte.

* * *

Emilie

Das einzige Familienfoto meiner Urgroßeltern Doderer zeigt ein älteres Ehepaar mit seinen fünf Kindern. Zwischen dem ältesten und dem jüngsten Kind lagen fünfzehn Jahre Altersunterschied. Wie bei damaligen Fotoarrangements üblich, sitzt der Patron Otto Doderer in der Mitte, ein schon leicht gebrechlicher, hagerer Mann, der sich im Gehrock und mit Hut ablichten ließ. Neben ihm Pauline, sein durch und durch böses Weib. Mit sichtlichem Wohlwollen betrachtet eine schöne junge Frau meinen noch jungen Großvater. Die linke Hand legt sie ihm sanft auf die Schulter. Emilie ist das älteste der fünf Kinder.

Als ich dieses Familienfoto das erste Mal sah, ging es mir wie allen anderen Nachgeborenen bei dessen Betrachtung. Es war schwer vorstellbar, dass die graziöse, schöne junge Frau dieselbe sein sollte, die wir nur als ein verstörtes, manchmal bockiges und hässliches Weib kannten. Von meiner Mutter und anderen wurde sie *d' Muhla* genannt. Die Emilie, die uns in den Sechziger- und Siebzigerjahren begegnete, war faltig, kauzig und verkniffen. Ich erinnere mich an kein Lachen von ihr, ja nicht einmal an ein Lächeln. Gelblich-weiße Haare hatte sie zu einem dünnen Knoten gebunden, etliche Strähnen standen ihr ungeordnet vom Kopf. Ihre Hässlichkeit wurde dadurch verstärkt, dass ihr vom rechten Nasenflügel ein größeres Stück weggeschnitten worden war. Es habe sich um einen chirurgischen Eingriff gehandelt, lautete die Erklärung der Großmutter auf kindliche Nachfragen. Durch Verunreinigungen habe sich eine gefährliche Entzündung entwickeln können. Diese Schilderung überstieg die kindliche Vorstellungskraft, auch weil uns vergleichbare Beispiele fehlten.

Emilie trug stets lange, dunkel gemusterte Kittelschürzen, darunter dicke Strümpfe und klobige Schuhe. Während meiner frühen Kindheit bewohnte sie ein dunkles Zimmer im Haus des Malermeisters Förderer in der Mittelgasse. Der *Trauben*-Wirt Sträb war ihr Vermögenspfleger. Es hieß, sie sei verrückt geworden, als ihr Dollarvermögen und damit ein gesichertes Auskommen verloren gegangen waren. Noch war sie im Besitz eines Erbteils, eines Waldes bei Hausen. Dieser galt als der letzte Rest des einstmals großen Vermögens der Doderers.

Den Tag über war sie selten in ihrem Stübchen. Sie verbrachte die meiste Zeit im Haushalt meiner Großeltern. Wenn sie das Haus verließ, hatte sie häufig eine altertümliche, quaderförmige Tasche aus lackiertem Presskarton bei sich, in der sie ihre wenigen Habseligkeiten verwahrte. Neben ihrer Geldbörse, in der sich nur wenige Münzen befanden, enthielt die Tasche eine unförmige Schneiderschere, ein zerknülltes, oft gebrauchtes Schnupftuch, einige Bonbons oder die Reste einer Tafel Schokolade und den Hausschlüssel, den sie hütete wie ihren Augapfel.

Um ein paar Mark zu verdienen, ging Emilie bei verschiedenen Leuten putzen. Nach verrichteter Tätigkeit kehrte sie meist in die Fornsbacher Straße zurück. Sie putzte dort das Treppenhaus und wischte den Betonboden des *Hauserns*. Im Haushalt meiner Großeltern war sie als regelmäßiger Tischgast anzutreffen. Sie galt als gute Esserin, die allem Süßen zugetan war. Geradezu versessen war sie auf Schokolade.

Wir Kinder spielten ihr harmlose Streiche. Wenn sie beim Putzen auf dem Boden kniete, sprangen wir ihr manchmal wie einem Reittier auf den Rücken. Oder wir klemmten heimlich Wäscheklammern an den Saum ihrer dunklen Kittelschürze. Sie reagierte darauf sehr ungehalten, brummte und keifte vor sich hin, schlug aber nicht nach uns, was uns ermunterte, mit unseren Streichen fortzufahren. Bei derartigen Gelegenheiten kamen wir ihr so nahe, dass wir den muffigen Geruch wahrnehmen konnten, der von ihr ausging. Sie wusch sich selten und wenn, dann höchstens am Waschbecken. Die letzten Lebensjahre wird sie kein einziges Vollbad genommen haben.

Obwohl meine Mutter nach der Scheidung außer dem Unterhalt für meinen Bruder und mich sowie die vom Vater zusätzlich übernommenen Nebenkosten der Wohnung über kein regelmäßiges Einkommen verfügte, leistete sie sich eine Putzkraft, die die beiden oberen Treppen des Sechsfamilienhauses, das Bad und die Böden der Wohnung reinigte. Solange sie hierzu noch die Kraft besaß, übernahm Emilie diese Tätigkeit.

Anfangs lagen im Flur und in den drei Zimmern noch Holzböden. Im ersten Arbeitsschritt wurden Schmutz und alte Wachsreste mit Stahlwolle abgescheuert. Das war eine schwere, zeitraubende Arbeit, die Emilie auf den Knien verrichtete. Gleichmäßig die Wolle kreisen lassend, rutschte sie im Krebsgang von einer Wand zur anderen. Waren die Bodenbretter blank gescheuert, wurden sie abgekehrt und nachfolgend unter Hinzunahme eines Lappens mit Bohnerwachs einbalsamiert. Erst danach konnte sich Emilie mit steifem Rücken und schmerzenden Knien aufrichten. Nun nahm sie den mit Blei beschwerten Blocker und führte die kurzen Borsten so lange gleichmäßig über die einzelnen Riemen der Holzböden, bis diese einen gleichmäßigen Glanz aufwiesen. Mein Bruder und ich machten uns einen Spaß daraus, auf den Blocker zu springen und uns ein Stück über den Boden ziehen zu lassen. In einem weiteren Arbeitsgang wurde dem Blocker ein weiches Tuch untergelegt. Ränder und nicht gut erreichbare Stellen wischte Emilie nochmals mit der Hand nach. Hierfür wurden Fetzen zerschlissener Wollkleidung verwendet.

Für die mehrstündige Schufterei erhielt Emilie von meiner Mutter gerade mal drei Mark. Wenn sie gut gelaunt war, gab sie eine Tafel Schokolade dazu.

D 'Muhla fristete ein freudloses Dasein. Über ihren Amerikaaufenthalt wusste man wenig. Einige munkelten, es gebe in den

Staaten ein uneheliches Kind. Andere behaupteten, es habe eine Totgeburt gegeben. Belegt ist keine dieser Behauptungen. Übereinstimmend wurde angenommen, dass ihre seelische Befindlichkeit und ihre Eigenarten maßgeblich auf den Totalverlust ihres Vermögens zurückzuführen waren. Sie hatte so viel Geld mitgebracht, dass zum Zeitpunkt ihrer Rückkehr der damals zum Verkauf angebotene Gasthof *Stern* hätte erworben werden können. Die Finanzjonglagen ihres Vaters hatten die materielle Absicherung ihres weiteren Lebens vernichtet. In Murrhardt besaß sie keine großen Verdienstmöglichkeiten. Sie wurde wunderlich, verhielt sich seltsam, wurde zur Außenseiterin. Viele schätzten sie gering. Andere hatten Angst vor ihr, weil sie sich manchmal merkwürdig benahm. Ihre bescheidenen Höhepunkte waren ein guter Bohnenkaffee mit einem oder besser gleich zwei Stück Kuchen. Sie liebte Hefezopf und Schokolade. Tafeln mit Nüssen mochte sie nicht. Nahezu zahnlos geworden, bereitete es ihr Mühe, diese zu verzehren.

Der Tod von Franz, ihrem Lieblingsbruder, traf sie schwer. Und dennoch verbesserte sich danach ihre Situation. Meine Großmutter nahm sie aus einer komplizierten Melange aus Mitgefühl und Berechnung zu sich. Zum einen ließ sie das traurige Schicksal ihrer Schwägerin nicht kalt. Andererseits bekam sie aus dem vom Pfleger zu betreuenden Restvermögen eine kleine Miete. Zudem war es ein erklärtes Ziel der Großmutter, dass Emilies Wald der Familie erhalten blieb. Der wichtigste Grund aber lag darin, dass Lina sich davor fürchtete, alleine in der großen Wohnung zu leben, in der nachts die Böden knarrten, in die das Geplärr Betrunkener schallte, die aus der *Linde* oder dem darüberliegenden Tanzlokal torkelten.

Das lange leer stehende Hinterzimmer, in dem meine Eltern eine Zeit lang ihr Liebesnest eingerichtet hatten, wurde frisch tapeziert und gestrichen. Das uralte eiserne Bettgestell kam auf den Müll. Durch die Wand zwischen der Küche und diesem

Raum wurden Wasser und Abwasser verlegt, sodass dieses Zimmer nun mit einem Waschbecken ausgestattet werden konnte. Der hohe weiße Schrank, in dem vor Weihnachten unsere Geschenke versteckt wurden, blieb an alter Stelle.

Emilie war inzwischen über siebzig und hatte von nun an bei meiner Großmutter eine leidlich gute Zeit. Die beiden Frauen bildeten eine Symbiose. Dazu gehörte auch, dass die eine sich über die andere gelegentlich beschwerte. Meine Großmutter bekochte mich und Emilie ausgezeichnet. Emilie erledigte leichtere Arbeiten wie das Holzholen und kleinere Einkäufe. Letzteres machte sie besonders gern. Sie streifte durch die Läden, verharrte lange vor den Regalen mit Süßigkeiten. Doch dieses kleine Vergnügen fand ein jähes Ende.

Ich war zugegen, als der damals noch junge Heiner Rössle, Inhaber des gleichnamigen Feinkostgeschäfts, sichtlich verlegen die großmütterliche Wohnung betrat.

Es sei ihm unendlich peinlich. Aber er müsse meiner Großmutter mitteilen, dass er das Fräulein Emilie nun bereits zum wiederholten Male beim Stehlen einer Tafel Schokolade ertappt habe. Es sei ihm höchst unangenehm, wiederholte er nochmals. Natürlich wolle er das nicht anzeigen. Aber es müsse ein Ende haben.

Das wiederum war meiner Großmutter hochnotpeinlich. Emilie, die aus ihrem Zimmer gerufen wurde, schaute grimmig drein und schwieg beharrlich. Meine Großmutter wollte den Schaden begleichen, worauf Heiner Rössle großmütig verzichtete.

Meine Großmutter griff zu einem drastischen Mittel, das gleich zwei zu Betroffenen machte. Emilie durfte von nun an nicht mehr einkaufen, was mit einem Schlag meinen Pflichtenkanon vergrößerte.

* * *

Lenis Verehrer

Obwohl mein Vater schon seit geraumer Zeit ausgezogen – geflüchtet – war, kam sein Scheidungswunsch für meine Mutter unerwartet. Werner hatte die gemeinsame Wohnung in der Römerstraße nach einem heftigen Streit verlassen, der sich wenige Wochen vor meiner Einschulung zugetragen hatte. Den Anlass dazu hatte ich herbeigeführt. Noch immer trug ich auf ausdrücklichen Wunsch meiner Mutter schulterlange, fast schwarze Locken, die mir im Spiel mit Gleichaltrigen schon des Öfteren beschämende Zurufe eingetragen hatten.

»Mädle, Mädle«, riefen die Spötter.

Da von der Mutter keine Abhilfe zu erwarten war, teilte ich meinem Vater bei passender Gelegenheit mit, dass ich mit dieser Haarfülle niemals in die Schule gehen würde. Er war einsichtig. Gemeinsam suchten wir den Friseursalon Rong in der Hauptstraße auf. Der Senior höchstpersönlich verpasste mir einen zeitgemäßen Jungenschnitt. Als ich von dem Friseurstuhl heruntergllitt, lagen mir dicke Lockenbüschel zu Füßen.

Mein Anblick versetzte Leni in wilde Raserei. Meine schüchternen Erklärungsversuche, dass dieser Haarschnitt auf meinen Wunsch nach Befreiung zurückging, verhallten ungehört. Noch eine Zeit lang ließ mein Vater Schimpf und wüsteste Beleidigungen über sich ergehen. Dann machte er sich daran, das Allernötigste einzupacken, und verschwand für immer.

Durch Vermittlung eines Kollegen konnte er ein möbliertes Zimmer in einem Aussiedlerhof in Backnang-Germannsweiler beziehen.

Was zunächst nur für wenige Tage als Unterkunft dienen sollte, wurde ihm sechsundvierzig Jahre lang zur mönchisch-kargen Wohnstätte.

Für meinen Bruder und mich begannen Jahre voller Ungewissheit. Die Mutter blieb launisch, rechthaberisch, unberechenbar und explosiv.

»Der katholische Kreuzkopf und seine Sippschaft« könnten ihr gestohlen bleiben.

Was aus dem Vater würde, blieb uns Kindern unklar. Würde er wiederkommen? Und wann?

Ich hielt mich wieder vermehrt in der Fornsbacher Straße auf, mied die Mutter, ihre unkontrollierbaren Ausbrüche, ihre Schimpferei und ihre Launen. Bei einem der wenigen gemeinsamen Mittagessen nahm unsere Mutter mit einem Mal einen bereits geöffneten Brief zur Hand und sagte lapidar: »Euer Vater will sich scheiden lassen.«

Ungewöhnlich war, dass sie nicht vom *Kreuzkopf* oder vom *Hurenbock* sprach. Und noch ungewöhnlicher war, dass sie auf einmal weinte.

Die Behauptung, meine Mutter habe ihre Beziehungen gewechselt wie andere Leute ihre Hemden, wäre unpräzise, ja ungerecht. Solange die Ehe intakt war, gab es in ihrem Leben keine anderen Männer neben meinem Vater. Die ständigen kleinlichen Konflikte, ihre Eifer- und Zanksucht absorbierten ihre Energie. Selbstverständlich genoss sie als ausgesprochen schöne Frau die offenen und verdeckten Avancen ihrer zahlreichen Verehrer. Sie ignorierte sie, ließ sie höchstens die eine oder andere handwerkliche oder sonstige alltagsübliche Dienstleistung erledigen. Mehr als ein charmantes Lächeln oder schmeichelnde Worte gab es dafür nicht.

Der Schock, den meines Vaters Scheidungswunsch bei ihr hervorrief, löste nach kurzer Erstarrung vielfältige Aktivitäten aus. Die verbliebene Liebe dem Mann gegenüber schlug um in Hass, der so stark wurde, dass es ihr am Ende nicht mehr gelang, das aufwendige und unwürdige Scheidungsverfahren in ihrem Sinne zu beeinflussen. In den Sechzigerjahren wurde noch nach dem Schuldprinzip geschieden. Noch gab es keinen Versorgungsausgleich. Die unterlegene Seite hatte bestenfalls Anspruch auf den Unterhalt für die Kinder. Aber statt sich eine Arbeit zu suchen, verzettelte sich meine Mutter in zahlreichen Unternehmungen.

Um die drohende Schuldzuweisung im Scheidungsverfahren abzuwenden, wurden die Dienste eines Rechtskundigen in Anspruch genommen, der als Sohn einer der Freundinnen meiner Großmutter schon früher gelegentlich bei den häuslichen Kaffee- und Teerunden zugegen war. Bei uns Kindern war Herr Burckhardt ein gern gesehener Gast. Er war nett und zudem ein blendender Erzähler. Stets brachte er eine Kleinigkeit mit. Vor Weihnachten nestelte er kleine Schokoladennikoläuse aus einer der Taschen seines schweren Tweedmantels. Dessen grobes Fischgrätmuster stellte mich immer wieder neu vor die Frage, wie etwas Derartiges so detailgenau hergestellt werden konnte.

Zu anderen Zeiten erhielten wir meist eine Stange *Storck Rahmbonbons*. War es die längere und auch noch die mit Nussgeschmack, war das kleine Glück vollkommen. Burckhardt war Kettenraucher. Die Unterlagen, die er in der Scheidungssache mitbrachte, entnahm er mit nikotingelben, zittrigen Fingern einer verschlissenen ledernen Aktentasche. Welche Umstände ihn zu einem Gescheiterten gemacht hatten, blieb uns Kindern verschlossen. Der kluge Geist, dessen Sachverstand auch von Stuttgarter Juristen geschätzt wurde, schlug sich aufgrund fehlenden Staatsexamens mit kleinen Zuarbeiten durch. Streng genommen war die rechtliche Beratung, wie er sie meiner Mutter und wohl auch anderen gewährte, eine Form verbotener Rechtsbesorgung.

Wenn er den Kopf hob und dabei spielerisch mit der Hand ausholte, in der er seine in ein kräftiges dunkles Gestell gefasste Brille hielt, ähnelte er Fritz Bauer, dem Initiator des Frankfurter Auschwitzprozesses, was mir freilich erst Jahrzehnte später bei der Betrachtung entsprechender Filmaufnahmen auffiel. Er kam häufig nach Murrhardt, genoss die Bewirtung durch meine Großmutter, die ihm bei jedem Besuch einen kleinen Betrag zusteckte, der wohl als Entlohnung für seine Bemühungen gedacht war. Burckhardt trug, während er nach dem Essen oder während des Kaffeetrinkens rauchte, das Erarbeitete vor, dozierte in gesetzten Worten, mit tiefer, gutturaler Stimme und elaborierter Wortwahl. Ob der Gehalt seiner juristischen Ausführungen von Wert war, konnte ich als Kind nicht beurteilen. Das spielte letztendlich auch keine Rolle.

Unsere Mutter verdarb den Prozess in jeder Phase durch ihre ungezügelte Wut und ihre von tief greifendem Hass geprägten Auftritte vor Gericht. In dem Maße, wie ihre Sache aussichtsloser wurde, scheute sie auch nicht davor zurück, den Richter einer einseitigen Parteinahme für den Vater zu bezichtigen, was im Verlauf des Verfahrens in ihrem Ausbruch gipfelte: »Da steckt der eine *Kreuzkopf* mit dem anderen unter einer Decke.«

»Mit dieser Frau ist kein Prozess zu gewinnen«, jammerte Burckhardt mehr als einmal in schierer Verzweiflung. Er sollte recht behalten. Leni wurde schuldig geschieden. Immerhin verblieb ihr das Sorgerecht für uns Kinder.

Bereits während des langwierigen Scheidungsverfahrens tauchten Männer auf, die unsere unverändert attraktive Mutter umschwärmten oder begehrten. Eine Zeit lang kam ein junger Mercedesfahrer ins Haus, der für uns Knaben nur von geringem Interesse war. Er unternahm mit uns keine Ausflüge, brachte nichts mit, mithin ein Mann ohne Wert. Auf Weisung der Mutter hatten wir ihn als *Onkel Doktor* anzusprechen. Unklar blieb, ob und welcher Art dieser Besucher ein Doktor war und ob er so angesprochen werden wollte. Sein Interesse beschränkte sich einzig und allein auf die Frau. Wir Kinder waren ihm gleichgültig, vielleicht sogar lästig. Er war deutlich jünger als Leni, besaß gute Umgangsformen und war bestens gekleidet. Wir gaben ihm zur Begrüßung die Hand und machten uns davon. Sein Kommen schuf Spielräume.

Weitaus mehr Zuwendung erfuhren wir von einem Mann mittleren Alters, den Leni uns als *Onkel Eugen* vorgestellt hatte. Er war mittelgroß, braun gebrannt, dunkelhaarig und äußerst kräftig. Gelegentlich machte er sich einen Spaß daraus, die Arme um unsere Mutter, meinen Bruder und mich zu legen und das Trio ohne Mühe hochzuheben. Wenn Leni sich mit ihm verabredete, kam dieser Onkel nie ans Haus. Er wartete an der Bushaltestelle am Altersheim, die von den Hausbewohnern nicht eingesehen werden konnte. Meist stand der grau-beige Opel Kombi mit laufendem Motor schon am verabredeten Platz. Uns Kinder bereitete es großes Vergnügen, in den betagten Wagen zu steigen, wuchsen wir doch in einer Familie auf, die bis zu unserer eigenen Automobilisierung kein Auto ihr Eigen nannte. Auch der Vater, der das Fahren bereits in den Dreißigerjahren auf firmeneigenen Lastwagen erlernt und früh den Führerschein gemacht hatte, besaß zeitlebens keinen eigenen Wagen. Die Ausflüge mit *Onkel Eugen* erfolgten in abgelegene Gebiete des Schwäbischen Waldes. Es wurden Wiesen und Lagerplätze angesteuert, die nur wenige Wanderer und Erholungssuchende anzogen. Es war offensichtlich, dass Leni diesen Mann vor anderen verheimlichen wollte.

In großen Abständen tauchten weiterhin zwei alte Bekannte meiner Mutter auf. Rampacher, der mir von dem mutigen Eingreifen meiner Mutter zugunsten zweier russischer Kriegsgefangener erzählt hat, war ein lebensfroher, fröhlicher Zeitgenosse. Zum Leidwesen meines Vaters besuchte dieser Mann uns auch gelegentlich in den Sechzigerjahren. Mein Vater verhielt sich in Gesprächen zurückhaltend und reserviert. Er schien ihn nicht leiden zu können. Hatte es etwas mit einer problematischen Funktion zu tun, die er während des Krieges innegehabt hatte? Oder ahnte er etwas von einer intimeren Vorgeschichte? Mir war Rampacher sympathisch. Aus Gründen, die sich mir nicht erschlossen, befasste er sich gerne mit mir. Und immer brachte er reichlich Schokolade mit. Dabei beging er die Torheit, mich gelegentlich üppiger zu beschenken als meinen Bruder und die auch einige Zeit bei uns lebende Halbschwester. Kam er in der Weihnachtszeit, erhielten die Geschwister kleine Schokoladennikoläuse, ich hingegen einen großen. Besser kann man Missgunst unter Kindern nicht fördern.

Ob er als Jurist in die Amsterdamer Vorgänge involviert gewesen war, kam nie zur Sprache. Meine Mutter verstand es meisterhaft, ihre Vergangenheit im Verborgenen zu lassen. Wenn Rampacher Anstalten machte, Weiteres aus alten Zeiten zu berichten, war er einer Schimpfkanonade meiner Mutter ausgesetzt. Er sprach von ihrem Mut mit sichtlichem Respekt und berichtete von den Vorfällen in einer Weise, die mir als Zehnjährigem eingängig war. Die Schilderungen des ehemaligen Kriegsgerichtsrats bestätigte später Lenis einzige gute Freundin Evi, die ebenfalls zu der in Amsterdam stationierten Einheit gehört hatte.

Ein besonderer Kauz unter den regelmäßigen Besuchern meiner Mutter war jener Pforzheimer Goldhändler, dem Leni in der Nachkriegszeit das aus der Schweiz geschmuggelte Gold geliefert hatte. Unter welchen Umständen meine Mutter und Zipse sich erstmals begegnet waren und wie die Anbahnung der Geschäftsbeziehung vonstattengegangen war, blieb im Dunkeln. Der schlanke, große Mann besuchte meine Mutter bis weit in die Sechzigerjahre hinein. Meinen Respekt gewann er dadurch, dass er für einen Pforzheimer Traditionsverein in der Amateuroberliga Fußball gespielt hatte.

Er irritierte uns mit seinem krankhaften Verfolgungswahn. Wann immer er mit meiner Mutter auf einen Plausch im Wohnzimmer saß, rannte er im Halbstundentakt in die Küche, um von dort aus nachzuschauen, ob sich niemand an seinem cremefarbenen Ford zu schaffen machte. Manchmal beauftragte er meinen Bruder oder mich, zu kontrollieren, ob sich jemand dem Wagen näherte. Unsere beschwichtigenden Meldungen genügten ihm nicht. Er tänzelte unruhig durch die Wohnung und warf immer wieder einen Blick durch das Küchenfenster.

Eine engere oder gar erotische Beziehung zwischen Leni und diesen in unterschiedlichen Zeitabständen wiederkehrenden Besuchern schien nicht oder zumindest nicht mehr zu bestehen. Die Begegnungen fußten auf dem Interesse der Männer, mehr aber noch auf Lenis Kalkül, an die früher recht einträgliche geschäftliche Zusammenarbeit anknüpfen zu können.

Die größte Ausdauer im Umgang mit Leni hatte Eugen Heinzmann, ein Stuttgarter Rentner, der eher der Generation meiner Großmutter angehörte. Er war im Ersten Weltkrieg Marinesoldat auf einem U-Boot gewesen und hatte nach Befehlsverweigerungen auf seinem Schiff im November 1918 am Kieler Matrosenaufstand teilgenommen. Mehr und häufiger als von diesen Ereignissen erzählte er von der schrecklichen Angst bayerischer und schwäbischer Matrosen, die man eigens auf die U-Boote verpflichtet hatte, weil sie nicht schwimmen konnten und deshalb – so das Kalkül – das Boot bis zu dessen Sinken nicht verlassen würden.

Der Kontakt zwischen Heinzmann und meiner Mutter war durch Burckhardt, den im Scheidungsverfahren tätig gewordenen Rechtsberater, angebahnt worden, als der langjährige Witwer zu vereinsamen drohte. Burckhardt hauste für ein paar Mark Miete in einem möblierten Zimmer, das ihm Heinzmann überließ. Auf Anordnung Lenis hatten mein Bruder und ich den alten Mann *Daddy* zu nennen, was wir, ohne zu zögern, taten, denn er war uns Kindern gegenüber überaus großzügig, freundlich und gütig.

Anfangs trafen wir drei ihn regelmäßig in Stuttgart. Er erwartete uns am Hauptbahnhof. War es um die Mittagszeit, wurde im nahe gelegenen *Wienerwald* gegessen. Wir konnten auswählen, was wir wollten – in der Regel lief es auf ein halbes Hähnchen mit Pommes frites hinaus. Und wir durften uns eine Cola bestellen. Hin und wieder stiegen wir sofort in die Straßenbahn und fuhren auf den Killesberg. Während die Erwachsenen Kaffee tranken, tollten wir Kinder auf einem großen Spielplatz herum. Hatte Leni mit dem alten Herrn noch etwas zu bereden, wurde uns wertvolle Zeit geschenkt, die wir an den uns unbekannten Spielgeräten verbrachten.

Nur selten nahm Heinzmann uns mit nach Hause. Dies lag weniger daran, dass es sich um eine zwar große, aber unsanierte Wohnung in einem der wenigen Vorkriegsbauten handelte, die die Bombardierungen des Zweiten Weltkriegs heil überstanden hatten. Im selben Haus wohnte auch Heinzmanns Schwester, die unserer Mutter unumwunden auf den Kopf zugesagt hatte, dass sie lediglich hinter dem Geld ihres Bruders her sei. Das entsprach ohne Abstriche den Tatsachen. Eugen Heinzmann ignorierte das und bemühte sich mit viel Taktgefühl und Güte um die fünfundzwanzig Jahre jüngere Frau. Dabei wurde er von ihr ausgenommen wie eine Weihnachtsgans. Er übersah Lenis Marotten und Stimmungsschwankungen – ich habe ihn nie übellaunig gesehen – und ließ sich von ihr wie ein Tanzbär am Nasenring durch den Zirkus des Lebens führen. Gelegentlich fuhr er mit ihr in Urlaub. Mein Bruder musste mit. Ich hingegen hatte das große Privileg, bei der Großmutter bleiben und allerlei Freiheiten bei bester Verköstigung genießen zu können. Während der Reisen nach Italien, ins österreichische Bad Gastein oder in die Schweiz konnte es passieren, dass Leni den alten Mann mit fadenscheinigen Begründungen vorab nach Hause schickte – er ließ es geschehen –, um sich tags darauf mit einem anderen Verehrer oder Gönner zu treffen.

Unmittelbar nach der Scheidung unserer Eltern trat ein ernster Heiratskandidat auf den Plan, ein verwitweter Unternehmer aus dem Raum Göppingen. Zu einer ersten Begegnung kam es am Ebnisee. Der Mann hatte zwei Söhne, der eine so alt wie ich, der andere nur wenig älter. Das hatte seinen Reiz. In der Zeit, in der sich die Erwachsenen mit sich beschäftigten, hatten wir annähernd altersgleiche Spielkameraden. Rasch kam es zu gegenseitigen Besuchen. Wir betraten in Adelberg ein neu errichtetes Haus. Mein Bruder und ich waren berauscht von dem Luxus, den wir antrafen. Jeder der Jungen hatte ein eigenes, großes Zimmer. Ein fremder, uns bislang unbekannter Geruch lag in der Luft. Die Ausdünstungen neuer Teppichböden erschienen uns als der Odem der Moderne. Kleine Nachteile nahm man in Kauf. Wenn dort übernachtet wurde, wurde mir ein Bett in einem ansonsten leeren Zimmer zugewiesen. In den Sommermonaten erstickte ich beinahe unter dem Gewicht einer alten, muffigen Daunendecke. Ich fand auch deshalb lange keinen Schlaf, weil aus einem nahe gelegenen Teich lautes Froschgetöse zu vernehmen war und sich von dem Gewässer Myriaden von Stechmücken erhoben.

Auch in einer heißen Nacht im Juli 1965 lag ich lange wach. Unmittelbar vor der geplanten Hochzeit meiner Mutter mit dem zwanzig Jahre älteren Mann stand eine Urlaubsfahrt bevor. Nach Italien ging es, nach Lido di Pomposa in der Provinz Ferrara, einem kleinen Ort, der bereits in den 1950er- und 1960er-Jahren Opfer des Tourismusbooms und einer scheußlichen Hotelarchitektur geworden war. Es sollte mein erster Auslandsaufenthalt werden – und ein eindrücklicher dazu.

Im Vorfeld nahm unsere Mutter meinem Bruder und mir das Versprechen ab, keinem Menschen zu sagen, wohin wir fahren würden. »Sagt einfach, wir fahren in die Schweiz.« Zwei Tage vor der geplanten Abfahrt traf ich Tante Liese. Sie war stets großzügig zu uns armen Schluckern gewesen. Als ich erklärte, wir führen in die Schweiz, kramte sie in ihrem Portemonnaie, fand ein Zweifrankenstück und drückte es mir in die Hand. Es begleitete mich die ganze Reise hindurch.

Ich war zu wenig welterfahren, um eine Bank oder Wechselstube zu betreten und die Münze gegen die begehrten Lire einzutauschen. So war ich wohl am Meer, erlebte aber Tage vollkommener Knappheit, ohne einen einzigen Centesimo. Die Mutter verließ sich auf den künftigen Ehemann. Wir waren darauf angewiesen, dass er uns hin und wieder ein Eis oder ein Getränk spendierte. Seine Söhne hatten Erspartes und Taschengeld dabei, beides stand meinem Bruder und mir nicht zur Verfügung.

Nach den ersten Strandtagen entdeckte ich einen kleinen Rummelplatz, der mich von nun an magisch anzog. Dort standen bekannte, aber auch mir neue Fahrgeschäfte. Oft lungerte ich an einem betagten Autoscooter herum, ohne mir auch nur eine einzige Fahrt leisten zu können. Und es zog mich zu einem altmodischen zweistöckigen Pferdekarussell. Dabei interessierte mich das ausschließlich für Kinder gedachte Konstrukt nicht im Geringsten, auch wenn es kunstvoll geschnitzt, aufwendig lackiert und somit hübsch anzuschauen war. An dem historischen Karussell arbeitete ein Mädchen in meinem Alter. Sie half einer Frau, wohl ihrer Mutter, die Chips an Fahrwillige verkaufte. Beim Anfahren des Karussells sammelte das Mädchen die Wertmarken ein. Sie war klein, flink und hatte lange, fast schwarze Haare. Sie gefiel mir. Manchmal sah sie mich an. Wollte sie mich zu einer Fahrt animieren? Oder hatte sie Interesse an dem scheuen, fremden Kind?

Damit es nicht zu sehr auffiel, verließ ich nach einiger Zeit meinen Standort, ging zu den Buden oder anderen Fahrgeschäften hinüber, um dann nach einer Weile wieder zu den Holzpferdchen und zu dem Mädchen zurückzukehren. An einem der darauffolgenden Tage sprach sie mich auf Italienisch an. Ich verstand sie nicht, sie verstand mich nicht. Sie lachte. Ich grinste verlegen. Adriana hieß sie wohl. Nun hatte ich vor dem Einschlafen ihr Bild vor Augen. Meine völlige Mittellosigkeit war nun weitaus besser zu ertragen.

Zudem wurde diese nach einigen Tagen zu einem nachrangigen Problem. Der Adelberger Witwer entpuppte sich als lebensfroher Zeitgenosse. Er sang ausgezeichnet, trank gerne und spielte nach dem Abendessen im Wechsel mit seinem ältesten Sohn auf der Ziehharmonika, die er eigens aus Deutschland mitgebracht hatte. Lustig und fröhlich zu sein, Alkoholgenuss und lauter Gesang waren meiner Mutter zuwider. Es kam zum Streit, der eskalierte, als Leni den Begierden des Mannes nicht nachgab. Er sei wohl von allen guten Geistern verlassen, solches in Erwägung zu ziehen, wenn sich im engen Hochhausappartement vier Jungen aufhielten.

Nach etwas mehr als einer Woche traten wir überstürzt die Heimreise an. Vier Knaben drängten sich – wie bereits auf der Herfahrt – auf der Rückbank des Mercedes. Unterschiedlicher konnten zwei Fahrten nicht sein. Die Reise hatte in Adelberg fröhlich und voller Erwartungen begonnen. Die Rückfahrt litt qualvolle Stunden unter dem Gezänk der Erwachsenen. Der Witwer blieb der rasenden Streitsucht und den Schimpfkanonaden unserer Mutter nichts schuldig. Ich schmiegte mich an die rechte hintere Tür und war froh um jeden Kilometer, den wir zurückgelegt hatten. Ich war fest davon überzeugt, dass der Mann uns bei der nächstbesten Gelegenheit rauswerfen oder nach einem Zwischenhalt stehen lassen würde.

Eine unsägliche Erleichterung erfasste mich, als der Wagen im Morgengrauen Murrhardt erreichte, durch die noch unbelebte Stadt kurvte und in der Römerstraße zum Halten kam. Bei laufendem Motor luden wir unsere Sachen aus. Gleich danach fuhr der Mercedes ab. Wir schleppten das Gepäck in die kleine Wohnung im dritten Stock und ließen es einvernehmlich erst einmal im Flur stehen.

Die geplante Hochzeit fand nicht statt. Einige Jahre später bekam meine Mutter von ihrem Beinahe-Ehemann aus unerfindlichen Gründen einen bereits in die Jahre gekommenen Collie namens Harry. Aus einer vorübergehend geplanten wurde eine dauerhafte Überlassung. Von nun an kam mir das Tier im Treppenhaus entgegengerannt, wenn ich vom Mittagstisch meiner Großmutter nach Hause kam. Ich durfte die Wohnung erst betreten, wenn ich den Spaziergang mit dem Hund erledigt hatte.

Jahre später schien Leni endlich den idealen Bräutigam gefunden zu haben. Pfarrer S. war schon seit Längerem verwitwet. Seine Kinder waren erwachsen und bereits aus dem Haus. Er war ebenfalls mehr als zwanzig Jahre älter als unsere Mutter, längst im Ruhestand und – was für die Braut von herausragender Bedeutung war – Bezieher einer stattlichen Pension. Mein armer Vater war genötigt worden, die Zimmerausstattung für meinen Bruder zu finanzieren, der mit ins Haus des Pfarrers ziehen sollte. Um meine Zukunft schien sich meine Mutter nur wenige Gedanken gemacht zu haben. Zwei Möglichkeiten standen im Raum: Entweder ich verblieb in der alten Wohnung oder zog ein weiteres Mal zu meiner Großmutter. Ersteres entsprach meinen heimlichen Wünschen. Im Geiste sah ich bereits das muntere Leben in einer sturmfreien Bude. Doch ehe diesbezüglich eine Entscheidung gefallen war, geriet der Hochzeitswagen aus der Spur. Da meine Mutter nominell der neuapostolischen Kirche angehörte, hatte der bedächtige Mittsiebziger den Vorsteher der neuapostolischen Gemeinde aufgesucht. Nicht Fragen und Probleme einer überkonfessionellen Ehe hatten ihn zu diesem Schritt bewogen, sondern die Höflichkeit eines gebildeten Konservativen. In seiner überkorrekten Art hatte er danach meiner Mutter von dieser Unterredung berichtet. Hätte er sie besser gekannt, wäre ihm klar gewesen, dass er damit einen Konflikt vom Zaun brach. Das mit immer neuen Vorwürfen gespickte Gezänk hielt so lange an, bis Pfarrer S. schweren Herzens die Entscheidung traf, in seinem fortgeschrittenen Alter nicht nochmals eine Ehe einzugehen. Das veranlasste meine Mutter, »Intrigen eifersüchtiger Betschwestern« ins Feld zu führen, die vereint die Vermählung ihres alten Pfarrers hintertrieben hätten.

Nichts war es mit meiner sturmfreien Bude. Die bereits für meinen Bruder beschafften Möbel ersetzten die bescheidene Ausstattung meines winzigen Zimmers, worin sie eng aneinandergeschoben gerade noch Platz fanden. Mein Bruder musste auf ein eigenes Zimmer warten, bis ich unmittelbar nach dem bestandenen Abitur auszog. Aber das ist eine andere Geschichte, wie auch der Sachverhalt, dass Leni später doch noch heiratete.

Erwin, ihr zweiter Mann, war der beste Freund ihres gefallenen Bruders Otto gewesen. Schon in früher Jugend hatte er für die Schöne geschwärmt, die ihn damals kaum beachtete. Dafür, dass er Leni doch noch bekam, handelte sich Erwin vierzig schauerliche Ehejahre ein. Der arme Mann durfte in seinem eigenen Haus noch nicht einmal das Wohnzimmer betreten, das Leni stets verschlossen hielt.

Erwin wurde als uneheliches Kind geboren. Seine Mutter war, wie damals üblich, nach der Schulzeit in einem fremden Haushalt in Stellung gewesen. Der Junior der angesehenen Familie schwängerte, wie damals auch nicht gänzlich unüblich, das leichtgläubige junge Mädchen. Daraufhin wurde das Dienstverhältnis beendet und der junge Mann angeblich nach Amerika geschickt, wo er bei einem in Geschäften erfolgreichen Verwandten Auslandserfahrung sammeln sollte. Doch Halt! Andreas Kozliks Forschungsergebnisse über die Murrhardter Amerikaauswanderer wiesen diesen Namen nicht aus. Auch weitere Nachforschungen förderten eine derartige Reisetätigkeit von Erwins Erzeuger nicht zutage. Besteht eine Lücke in Kozliks Forschung? Das ist möglich, aber äußerst unwahrscheinlich. Eher kommt in Betracht, dass eine falsche Fährte gelegt worden war. Ein *Fake*, um die Schwangere in die Irre zu führen? Erwins bis ins hohe Alter unternommenen Versuche, als Verwandter anerkannt zu werden, wurden von der Stiefschwester brüsk zurückgewiesen.

Der kleine Erwin verlebte in Ebni eine harte, arbeitsreiche Kindheit. Seine Mutter verstarb früh. Nach der Schulzeit begann er eine Lehre bei der Murrhardter Waagenfabrik Soehnle. Sommers wie winters musste er um vier Uhr aufstehen, um zu Fuß am Ebnisee vorbei und schließlich das Felsenmeer hinunter rechtzeitig an den Arbeitsplatz zu gelangen. Wenn die verschneiten Wege gänzlich unpassierbar wurden, logierte er bei seiner Tante Luise Schäf, die oben am Riesberg, dort wo der Weg zum Felsenmeer abzweigt, ein kleines Haus bewohnte, das erst in den letzten Lebensjahren der *Schäfa Luis'* an die öffentliche Wasserversorgung angeschlossen wurde. Bis weit in die zweite Hälfte des 20. Jahrhunderts hinein holte die Alte in einem auf einen Leiterwagen montierten Messingfass ihr Wasser an einer Quelle, die, an einem Wanderweg gelegen, in eine steinerne Fassung lief.

Wenn Erwin abends in Ebni ankam, war sein Arbeitstag noch nicht zu Ende. Im Stall war immer Hand anzulegen, das Geziefer musste versorgt werden. Auch deshalb schwärmte Erwin später noch von seiner Zeit in der Hitlerjugend. Wenn

Gruppenabende und andere Unternehmungen anstanden, musste ihn sein Großvater zähneknirschend ziehen lassen.

Während seiner Lehrzeit freundete sich Erwin mit dem ein Jahr älteren Otto Doderer an. Über diesen lernte er dessen Schwestern Leni und Liselotte kennen. Otto und Erwin wurden beste Freunde. Als der Krieg ausbrach, versprachen sie sich, alles daranzusetzen, um an der späteren Hochzeit des jeweils anderen teilnehmen zu können – nach dem *Endsieg*, wohlgemerkt.

Erwin kam schon bald aus der Gefangenschaft zurück. Bauern wurden früher entlassen als die anderen. Erwin gab an, ein solcher zu sein. Er verlobte sich bald darauf, und die Hochzeit stand noch zu einer Zeit an, zu der Lebensmittel rationiert und nur mit Bezugskarten zu erhalten waren. Doch man war auf dem Lande, hatte vorgesorgt. Von dem, was im Gasthaus in Welzheim an prächtigen Speisen auf den Tisch kam, hatte die Familie zumindest das Fleisch geliefert. Zuvor war schwarzgeschlachtet worden. Mit mancherlei List hatte Erwins Großvater die strengen Kontrollen umgangen.

Otto galt damals als *vermisst*. Meine Großmutter ging fest davon aus, dass er eines Tages wieder vor ihr stehen würde.

Erwin sprach in Murrhardt bei den Doderers vor. Er berichtete von dem gegenseitigen Versprechen der beiden Freunde. Auch er hoffe inständig, dass der Otto wiederkäme. Aber nun stünde die Vermählung an. Ob statt des Freundes eine der Schwestern kommen könnte? Da Leni dies entschieden ablehnte, erklärte sich Liselotte bereit, für ihren Bruder einzuspringen. Im alten Trainingsanzug machte sie sich frühmorgens auf den oft begangenen Weg, den Riesberg hoch, an Luise Schäfs Haus vorbei, über das Felsenmeer nach Ebni. Die feine Kleidung trug sie in jenem Köfferchen, das sie schon während des Pflichtjahrs und des Kriegshilfsdienstes begleitet hatte.

Es wurde ein rauschendes Fest. Als die letzten Gäste aus dem Welzheimer *Lamm* torkelten, fiel der Großmutter des Bräutigams mit einem Mal ein: »Liselotte, mir hän ganz vergessa, dass du a Bett brauchsch. 's Haus isch voll bis oba na.«

Am Ende wurde eine Lagerstatt gefunden. Rasch war ein Feldbett in der Speisekammer aufgeschlagen. »Über mir«, hat Liselotte später erzählt, »baumelten Schinken, Rauchfleisch und etliche Würste.«

* * *

Bielefeld

Mein Großvater war 1966 gestorben. Ohne dies gewünscht oder gefordert zu haben, durfte ich in den darauffolgenden Sommerferien mit meinem Vater nach Sennestadt, wo er seit der Scheidung einen Großteil seiner Ferien bei seiner Mutter, deren Schwester Frieda und seinem Bruder Hans verbrachte. Mir stand eine aufregende Reise bevor. Der Aufenthalt schien auch deshalb vielversprechend zu werden, weil *Ebu* mitkam, mein Vetter Eberhard, das jüngste Kind von Rita und Felix, ein kleines, lustiges Kerlchen. Einer, der immer zu Faxen aufgelegt war und schon bald als Einziger jene Grenzen sprengte, die ein enges katholisches Elternhaus ihm und seinen Geschwistern setzte. Wir fuhren mit der Bahn. Mit dem Eilzug nach Stuttgart, dann mit dem D-Zug nach Köln, von wo es über Hamm nach Gütersloh ging. Damals war das eine Tagesreise. Die Fahrt führte über die alte Rheinstrecke. Schiffe, Berge, Burgen, immer wieder war Neues, Aufregendes zu sehen. Ein Höhepunkt war der Besuch des Speisewagens. Würstel mit Kartoffelsalat, Cola dazu.

Onkel Hans holte uns in Gütersloh ab. Nach kurzer Fahrt erfolgte ein großer Empfang durch Großtante Friedel und Großmutter Rosa, die wir Enkel *Omi* nannten, im *Kuckucksweg*, aus dem einige Jahre später nach der umstrittenen Eingemeindung nach Bielefeld der *Lahnweg* wurde.

Sennestadt war in den Sechzigerjahren eine Modellstadt, über die mehrere Fernsehreportagen berichteten. In zwei Jahrzehnten war in der Senne, in der nur einige Häuser und Höfe auf sandiger Flur gestanden hatten, eine neue Stadt aus dem Boden gestampft worden, in der Vertriebene und junge Familien eine neue Heimat gefunden hatten. Tante Friedel und Omi, die von ihren Kindern im schlesischen Dialekt stets mit *Muddl* angesprochen wurde, begrüßten uns Ankömmlinge im Vorgarten des neuen Reihenhauses, das sie mittels ihrer Ersparnisse, günstiger Kredite und überschaubarer Leistungen des Lastenausgleichsgesetzes gebaut hatten. Zwanzig Jahre nach der Vertreibung nochmals im eigenen Haus. Sie wirkten zufrieden. Der Garten hinter dem Haus war noch unfertig, was für uns Jungen zu Arbeiten unter der Regie von Onkel Hans führen sollte. Die anfallenden Lasten hielten sich in Grenzen. Die Parzelle war klein, der Onkel gab uns Arbeiten, die auch deshalb rasch erledigt waren, weil der Boden vorwiegend aus Sand bestand. Leichter Hand stachen wir Unkraut aus und gruben es zur Bodenverbesserung unter. Kein Vergleich mit den schweren, lehmigen Böden des Murrtals.

Meine Verwandten, zu denen ich aufgrund der von meiner Mutter hochgehaltenen erbitterten Feindschaft bislang nur wenig Kontakt gehabt hatte, begegneten mir freundlich, ließen mir Freiräume, setzten aber auch in einer noch nicht erlebten Weise Grenzen. Im ersten Bielefelder Sommer profitierte ich von meinem Vetter Ebu, der mit seinen Späßen und Faxen die Erwachsenen erheiterte und dadurch gelegentlich strenge Grenzziehungen, etwa beim Essen oder beim Fernsehen, aushebelte.

Es war der Sommer 66. Die Fußballweltmeisterschaft war in vollem Gange. Der wenig bis gar nicht an Fußball interessierte Familienteil bewies große Toleranz, allen voran Onkel Hans, der zeitweilig feste Sehgewohnheiten außer Kraft gesetzt sah.

Im Sennestädter Haushalt waren noch Elemente einer alten Ordnung spürbar, die sich wohl in den Jahren nach dem Ersten Weltkrieg herausgebildet hatte. Rosa Simon, die Großmutter, war unverändert die Patronin, die sie gezwungen war zu werden, nachdem ihr Mann Paul früh den Tod gefunden hatte. Auch im Alter war sie noch immer unangefochtene Autorität, hatte Macht über ihre Söhne und ihre Tochter. Selbst der weltgewandt und selbstbewusst auftretende Schwiegersohn Felix wagte selten, ihr zu widersprechen. Ich erlebte sie als strenge Großmutter. Aber sie hatte Humor und wusste zu feiern.

Ganz anders war Tante Friedel, Rosas ein Jahr ältere Schwester. Sie war von kleiner, gebückter Gestalt. Zahlreiche Falten und Fältchen spielten in ihrem Gesicht. Zu uns Kindern war sie freundlich, einfach lieb. Jahre später, als ich in den Ferien hin und wieder mit Bus und Straßenbahn alleine ins Bielefelder Zentrum fuhr, steckte sie mir manchmal verstohlen einen Fünfer zu: »Kannst ins Kino gehen oder dir was kaufen.« Sie hörte viel Radio und machte leidenschaftlich gerne Kreuzworträtsel. Die beiden Schwestern sahen sich nicht sonderlich ähnlich, wohl auch eine Folge gänzlich unterschiedlicher Lebensverläufe. Sie waren noch Kinder, als ihre Eltern starben.

Die Mutter Anselma war gerade mal einunddreißig Jahre alt geworden. Ein älterer Bruder kam eine Zeit lang ins Heim, dann zu anderen Leuten. Er schlug sich früh alleine durch, ging später nach Berlin. Die beiden Mädchen wuchsen von nun an in verschiedenen Familien auf. Rosa Latte, die Jüngere mit dem dichten, lockigen schwarzen Haar, wurde von dem kinderlosen Ehepaar Kastner adoptiert, einem wohlhabenden, schon älteren Kaufmannsehepaar. Nach arbeitsreicher Kindheit und Jugend wurde Rosa Alleinerbin.

Die ein Jahr ältere Frieda kam zu einfachen Leuten, der Familie Seidel. Putzen, Schrubben, Waschen, Schuften, was der kleine Körper hergab. Nach der Schule war sie in Stellung, lernte Köchin. Sie galt als Schönheit, hatte zahlreiche Verehrer. In den Nachkriegswirren wurde sie schwanger, gebar ihren Sohn Günter. Zur Armut kam die Schande, einen *Bankert* geboren zu haben. Sie schlug sich weiter alleine durch, blieb unverheiratet. Ihre Schwester unterstützte sie, holte sie aber weder ins Haus noch in den florierenden Betrieb.

Als 1946 die große schlesische Vertreibung durchgeführt wurde, besaßen beide Schwestern wieder gleich viel: nichts als einen Koffer und die Kleider, die sie am Leib trugen. In Güterwagen rollten sie nach Westen. Nach Lageraufenthalten landeten sie im Bielefelder Stadtteil Heepen. Sie schlugen sich durch, bis Jahre später Hans aus russischer Gefangenschaft dort eintraf. Er habe nur noch aus Haut und Knochen bestanden, was man ihm später nicht mehr ansah. Die Widrigkeiten der russischen Gefangenschaft überstand er überhaupt nur aufgrund seiner Kochkünste, die gelegentlich dazu führten, dass er zu besonderen Anlässen für russische Offiziere oder Wachmannschaften kochen musste. Um sich für seine Aufgabe als künftiger Firmenchef zu qualifizieren, hatte er noch vor dem Krieg bei Nestlé eine kaufmännische Ausbildung absolviert. Und bei dieser Firma konnte er wieder anfangen. Er reiste in Sachen Kindernahrung, was den Nichten und Neffen zugutekam.

Onkel Hans entsprach dem Stereotyp des Gemütsmenschen. Er aß und kochte gerne, liebte sein *Herforder Pils*, hörte lustige Schlager und Operetten, lachte viel und brachte mit klugen Witzen auch andere zum Lachen. Leicht konnte man mit ihm in Streit geraten. Man musste lediglich die Namen Brandt und Wehner in den Mund nehmen oder sich nicht kritisch genug über die DDR auslassen. Als ich mit sechzehn letztmals einen Teil der Sommerferien in Sennestadt verbrachte, gerieten wir oft aneinander. Sein Neffe, mit dem er gerne und viel Quatsch gemacht hatte, nun deutlich *links*? Und dann noch die langen Haare! Selbst mit meinem Vater, der zeitlebens ein überzeugter CDU-Wähler war, stritt er gelegentlich, bezeichnete ihn zum Amüsement der Anwesenden als Linken. So rasch, wie er aus der Haut fahren konnte, ebbten die Emotionen auch wieder ab. Ich mochte ihn so, wie er war, denn er war großzügig und niemals nachtragend.

Meine Mutter, stets bemüht, die verhasste Verwandtschaft ihres nach Trennung und Scheidung noch verhassteren Ex-Ehemannes zu diskreditieren, bezeichnete ihn als homosexuell. Er blieb zeitlebens ledig, lebte streng katholisch. Das Leben im katholischen Internat und die langjährige Lagerhaft waren mögliche Brutstätten homosexueller Kontakte. Für die Behauptung der Mutter gab es freilich keinen einzigen belastbaren Hinweis.

Mit dem Onkel verbindet mich eine kleine Peinlichkeit. Gleich zweimal schenkte ich ihm dasselbe Buch, zu aufeinanderfolgenden Geburtstagen. Er selbst hat charmant geschwiegen. Erfahren habe ich es erst nach seinem Tode, als wir das Haus im Bielefelder Lahnweg vollständig räumten.

Er starb im Schreibtischstuhl seines ebenerdig gelegenen Arbeitszimmers. Die Nachbarin, die ihn einige Tage nicht gesehen hatte und sich Sorgen machte, fand ihn, als sie durchs Fenster sah, vor dem – anders als sonst – der Rollladen nicht heruntergelassen war.

Zu den schönsten Erlebnissen gehörten sonntägliche Besuche bei Tante Martha, einer Cousine von Werner, Hans und Rita. Sie hatte als Vertriebene mit zwei Töchtern Unterschlupf bei Jupp gefunden, der in dem winzigen Flecken Westerholte eine kleine, schon damals nicht mehr zeitgemäße Landwirtschaft betrieb. Im Stall standen nur wenige Kühe und ein oder zwei Schweine. Man begegnete ihnen, wenn man das an den Kuhstall angrenzende Klo aufsuchen musste. Auf schmalen Wiesen liefen Gänse, Enten und Hühner. Nahe am Haus war ein Teich. Betrat man die niedrige Stube, zog man unwillkürlich den Kopf ein. Mehrere Tische bildeten eine lange Tafel, die alles bot, was das Haus hergab. Tante Martha, dick und asthmatisch und auch am Tisch noch mit einer umgebundenen weißen Schürze sitzend, war eine vorzügliche Köchin. Suppen, Knödel, Kraut, Fleisch und Soßen in schmackhaftester Zubereitung. Und nie fehlte der schlesische Kartoffelsalat. Und wehe, jemand schwächelte und verdrückte beim nachfolgenden Sonntagskaffee nicht wenigstens drei Stück Kuchen.

Marthas Zornbeben war auch in der Männerwelt gefürchtet. Jupp war ein gutmütiger Mann, der die forschen Auftritte seiner Lebensgefährtin gelassen hinnahm. Uns brachte er einige Brocken eines unverständlichen Platt bei. *Pulsgepuggen* ist mir in Erinnerung geblieben, was *Kaulquappen* heißen soll. Jupp hatte sich um Marthas Töchter wie um eigene gekümmert. Einer der Nachgeborenen hat wohl lange nicht gewusst, dass nicht Marthas erster Mann sein Vater war, sondern Jupp, was mich schon in jungen Jahren wunderte, sprachen doch die Jahreszahlen eine eindeutige Sprache.

Drinnen im Haus dominierte an solchen Sonntagen das Schlesische über das westfälische Platt. Die Alten *pauerten*, sprachen glücklich wie schon lange nicht mehr ihre Mundart, derber noch als früher. Lachten über alte Witze, die wir Jungen nicht verstanden, redeten von längst vergessenen Originalen: *Pofietz, Puschnatz, Borschta-Jippl.*

Wie die Mehrzahl der Schlesier war Martha 1946 vertrieben worden. Schon einige Jahre hatte sie den Sichelhof nahe Glatz ohne ihren Mann bewirtschaftet, von dem zum Zeitpunkt der Vertreibung niemand wusste, ob er noch lebte, sich in Gefangenschaft befand oder gefallen war. Der Sichelhof war ein prächtiges Anwesen, das die Verwandtschaft wegen der schon damals berühmten Kochkünste Marthas bis in die ersten Kriegsjahre hinein gerne besuchte.

Das Jahrhunderte währende Bestehen des Hofes ist durch einen Zufallsfund belegt. Der emeritierte Professor Aloys Bach, der als Konvikt-Regens des katholischen Gymnasiums in Glatz gewirkt hat, das ein knappes Jahrhundert später von meinem Vater und meinem Onkel besucht wurde, erwähnt dies in seinen Aufzeichnungen zur Kirchengeschichte der Grafschaft Glatz:

»Den Hof Freudenau, heut der Sichelhof genannt, damals von weit größerem Umfange, kaufte im J. 1325 vom K. Johann von Böhmen ein Bürger zu Glaz, Niklas Lange.«

Auch in alten Wegbeschreibungen durch das Sudetengebirge findet man Hinweise auf den Sichelhof:

»Ziemlich beschwerliche Str. stets bergan 2½ M. durch Grund, Sichelhof, über die Steina, durch Steinwitz, zwischen dem Hartwigsberge (links) und der Kegelkoppe (rechts) hinan.«

Letzter deutscher Bauer auf dem Hof war Marthas erster Mann Amand Raschdorf. In den Familienerzählungen finden sich Hinweise darauf, dass Amand nach der Vertreibung der Deutschen nochmals gesehen worden sei. Zeugen hätten behauptet, er sei mehrfach auf dem Hof erschienen. Auch von Streit mit den neuen polnischen Besitzern war die Rede. Und auf einmal sei er nicht mehr gesehen worden. Es wurde gemunkelt, er könne umgebracht worden sein. Für keines dieser geschilderten Ereignisse finden sich Belege.

Dass die frühere Großbäuerin den größeren Teil ihres Lebens in einer winzigen Bauernkate an der Grenze zwischen Ostwestfalen und dem Osnabrücker Land verbrachte, ist eines der zahllosen Beispiele für die verschlungenen Wege menschlicher Existenz.

* * *

Unter Frauen

Nach dem Tod des Großvaters war ich zu Hause vorwiegend von Frauen umgeben: Die Mutter, vor allem aber die Großmutter und mehrere Tanten bestimmten den Alltag. Zum Umfeld der Großmutter gehörten auch noch etliche alte Witwen. Ab dem Sommer, in dem ich erstmals nach Sennestadt durfte, nahmen die Kontakte zum Vater zu. Es waren angenehme Begegnungen. Ich mochte meinen Vater, aber ich vertraute ihm nicht.

Im Umgang mit meiner Mutter hatte ich ihn hilf- und machtlos erlebt. Meine Schwester hatte er nicht schützen können. Diese Erfahrungen hinterließen tiefe Spuren. Somit wurde ich nach dem Tod des Großvaters hauptsächlich von Frauen erzogen, wobei der Mutter selbst eine rudimentäre Erziehungsfähigkeit abzusprechen war. Hinzu kam, dass wir auch während der ersten drei Schuljahre ausnahmslos von Frauen unterrichtet wurden. Die sprunghafte Verbesserung meiner schulischen Leistungen in der vierten Klasse war eindeutig auf den fördernden Stil meines ersten männlichen Lehrers Peter Frank zurückzuführen.

Im Kern stand dem willkürlich-konturlosen und völlig unberechenbaren »Erziehungsstil« der Mutter die versorgende, aber ängstliche Großmutter gegenüber, die über das Erleben der eigenen ökonomischen und sozialen Deklassierung zu einer ausgeprägten Furchtsamkeit und zu einem religiösen Rigorismus gefunden hatte. Das im ersten Gymnasialjahr von der Englisch- und Religionslehrerin Gaupp begonnene Auswendiglernen religiöser Zitate setzte die Großmutter mit strengem Abfragen fort und untermalte dabei meinen kindlichen Alltag mit Sinnsprüchen, die ich später in heiter-ironischem Kontext meinen eigenen Kindern zu Gehör brachte:

Was ein Dorn werden will, spitzt sich bei Zeit. – Das Bäumchen biegt sich, doch der Baum nicht mehr. – Müßiggang ist aller Laster Anfang.

Immerhin, eine ihrer pietistischen Lebensweisheiten ist mir auch in späteren Jahren gelegentlich in ernsten Angelegenheiten zur Richtschnur geworden:

Gutmütigkeit ist ein Stückle von der Liedrigkeit.

Die in ihrer zurückgezogenen Häuslichkeit gefangene Großmutter ging selten aus, hatte aber häufig Gäste. Neben dem Vetter August und weiteren Verwandten waren es die verwitweten Alten sowie in beachtlicher Zahl auch religiöse Fanatiker: Bibelforscher, Neuapostolische und Siebenten-Tags-Adventisten. Deren verschwurbelte Welt- und Gottessicht prasselte auf mich als Knabe in einer Weise ein, dass mir Religion schon früh ein für alle Mal verleidet wurde. Hinzu kam in den Ferien die in Sennestadt streng zu befolgende Praxis sonntäglicher katholischer Gottesdienstbesuche.

Unter den fanatischen Christen gab es auch etliche markante Persönlichkeiten, die, wenn sie vom religiösen Traktieren abließen, Interessantes zu berichten wussten. Ganz in der Nähe wohnten die letzten noch lebenden Angehörigen der Schreinerfamilie Wohlfahrt, die zur Generation meiner Großmutter gehörten. Friederike und Sophie waren unter großen Widrigkeiten für ihren Glauben eingestanden. Der Vater und ein Bruder waren als *Ernste Bibelforscher* im KZ gewesen.

Aufmerksam hörte ich immer dann zu, wenn Friederike aus der Zeit vor dem Ersten Weltkrieg berichtete. Auf der Suche nach religiöser Erfüllung hatte sie mehrere Jahre in Palästina verbracht. Sie kannte die historischen Stätten der monotheistischen Religionen und hatte Kontakt zu pietistischen und zionistischen Siedlungen und Gemeinschaften, die sich in den biblischen Wüsteneien eingerichtet hatten. Zu diesen gehörten auch Adventisten- und Templerkolonien. Letztere bestanden vorwiegend aus württembergischen Auswanderern, darunter einige vom Kirschenhardthof, die nahe den historischen Stätten der Wiederkunft Christi harrten. Aus ihnen gingen nach der Machtübernahme der Nationalsozialisten etliche palästinensische NSDAP-Ortsgruppen hervor, was die englische Mandatsmacht dazu veranlasste, während des Zweiten Weltkriegs zahlreiche Templer nach Australien zu deportieren, wo heute noch Nachfahren ehemaliger Württemberger leben. Der sich neu konstituierende Staat Israel hat 1950 die Mehrzahl der noch im Land verbliebenen Templerschwaben ausgewiesen.

Friederikes lebendige Schilderungen über ihr abenteuerliches Leben zwischen Christen unterschiedlicher Ausrichtung, Juden und der muslimischen Mehrheitsbevölkerung knüpfte an die Bilder an, die uns Karl May so fantasievoll vor das kindliche Auge geführt hatte. Als praktizierende Krankenschwester war sie häufig mit Krankheit und Tod konfrontiert, worüber sie schonungslos und offen berichtete, dabei die Blicke und Gesten der Großmutter ignorierend, die dem Enkel die Schilderung mancher Scheußlichkeit ersparen wollte.

Noch ein weiterer Gast faszinierte und erschreckte mich mit ungeschönten Berichten. Hulda Neumann, die Schwiegermutter der mir sehr zugewandten Tante Liese, besuchte Lina regelmäßig. Hüftkrank, füllig und asthmatisch mühte sie sich die Treppen hinauf. Manchmal kam sie in Begleitung ihres schweigsamen Mannes Oswald.

Hulda und Oswald Neumann waren das, was man *Zonenflüchtlinge* nannte. Sie kamen aus Sachsen und waren ebenfalls *Ernste Bibelforscher*. Hulda war die Erste, die mich im Kindesalter auf den Alltag der Zuchthäuser und Konzentrationslager aufmerksam machte. Man hatte von der Existenz dieser Lager reden und munkeln hören. Ich hatte auch schon Fotos in Büchern gesehen, die mir in der Stadtbücherei zugänglich waren.

Hulda berichtete ausführlich und detailversessen von ihrer Haft in Bautzen und Stadelheim, von den täglichen Routinen, von Drangsal, Kälte und Hunger. Sie sparte auch die Grausamkeit der Wachmannschaften nicht aus und berichtete ausführlich vom Sadismus des weiblichen Wachpersonals. Als die Großmutter durch leises Wispern und beschwichtigende Gesten einmal mehr zur Schonung des Gemüts des anwesenden Enkels aufforderte, setzte sich Hulda resolut darüber hinweg: »Das kann der Junge ruhig hören.«

Ein Satz, der mir bis heute in den Ohren klingt.

Wenn Hulda Neumann im Erzählfluss war, saß sie aufrecht mit gespreizten Beinen auf einem weiß lackierten Hocker in der Küche. Ich hatte im hölzernen Sessel des Großvaters Platz genommen. Meine Großmutter hantierte emsig in der Küche, räumte auf, bereitete das Essen vor, schenkte dem Gast Tee nach und mühte sich meist vergeblich, einen Themenwechsel einzuleiten. Hulda war nicht zu bremsen. Einmal demonstrierte sie ausführlich mit unterschiedlich großen Spannen zwischen Daumen und Zeigefinger, wie viel jene 250 Gramm Brot waren, die sie täglich bekamen. Später waren es nur noch 200, am Ende gar nur 150 Gramm. Dazu gab es meist eine kärgliche Suppe aus Gemüseabfällen.

Gemütlich und ungezwungen wurde es immer dann, wenn sich Verwandtschaft angekündigt hatte. Nach dem Tod ihrer älteren Schwester kamen Linas Esslinger Verwandte oft und gerne nach Murrhardt. Die Schwester Friederike hatte einen Friedrich geheiratet. Er und sein Sohn Karl waren charmante Erzähler. Onkel Friedrich, schmal, Brille und Bärtchen tragend, galt als gewitzter Kopf und Genießer. Wenn er ungestört erzählen konnte, dabei eine Zigarre paffend und gelegentlich am Rotweinglas nippend, war er in seinem Element. Meine Großmutter begeisterte die Gäste stets mit ihrem *einmaligen* Kartoffelsalat.

Dazu gab es im Wechsel Saiten, Bratwürste oder Hackbraten. Und dazu meist noch Endiviensalat, den wir Genießer mit dem Kartoffelsalat vermengten. Hin und wieder wurden Russische Eier serviert, auf *deutsche Art* freilich: Auf einer Lage Fleischsalat wurden halbierte hart gekochte Eier angerichtet, die mit Mayonnaise, falschem Kaviar und Lachsersatz belegt wurden. Auch das schmeckte und zeugte von Gastlichkeit.

Mich freute, wenn Inka dabei war, die Enkelin von Onkel Friedrich, zwei Jahre jünger als ich, eine hübsche und dazu noch eine ruhige Spielkameradin, mit der man unauffällig von der festlichen Tafel schleichen konnte. War Tante Liselotte anwesend, ging sie meist mit uns hinunter zum *Holubek*, kaufte der entfernten Cousine ein kleines Püppchen und mir eine Taschenlampe in Marienkäfergestalt, an der ich spätestens dann das Interesse verlor, wenn die Batterie leer war. Mir fehlte regelmäßig das Geld für die Ersatzbeschaffung. Bei einem späteren Besuch der Esslinger gab es dann wieder eine neue.

Karl war der Lieblingscousin von Liselotte. Er war ein ernster Mann, anders als sein Vater Friedrich, der heitere, charmante Plauderer. Karl sprach über Themen des Alltags und über Politik. Nach allem, was mir in Erinnerung geblieben ist, war er der Einzige in meiner Familie, der die Themen aus sozialdemokratischer, vor allem aus gewerkschaftlicher Perspektive anging.

In diesen geselligen Runden wurde viel Wein getrunken und viel geraucht. Als mein Großvater noch lebte, betäubte er die Tischgesellschaft regelmäßig mit dem Qualm billiger Stumpen oder, schlimmer noch, mit den stinkenden Schwaden von Zigarrenanschnitten. Diese musste ich ihm regelmäßig in Geigers Tabakladen besorgen. Sie wurden in einer maisgelben Tüte verkauft, die eine Mark kostete. Der Großvater rauchte die Anschnitte in einer zerkauten Stummelpfeife. An den lebhaften Tischgesprächen beteiligte er sich kaum. Er saß schweigend am Rand, nach dem Essen oft vom Tisch abgerückt in seinem

Sessel am Ofen. Nur wenn er direkt angesprochen wurde, gab er knappe Antworten. Anderen Meinungen widersprach er nie. Und niemals fiel er jemandem ins Wort.

Die in größeren Abständen stattfindenden Besuche dieser Verwandten waren soziale und kulinarische Höhepunkte. Lieber noch waren mir gelegentliche Zusammenkünfte in der Küche. Sie waren geprägt von Intimität, vermittelten Geborgenheit und hatten etwas Heimeliges.

Die kleinste Konstellation bestand lediglich aus meiner Großmutter und mir. Ich saß meist auf der braun lackierten Holzbank am blanken Küchentisch mit seiner flachen, ausgeschliffenen Vertiefung, die ihre Ursache wohl in einem unsachgemäß abgestellten heißen Bügeleisen hatte. Im reichhaltigen, in Kästen und Schränken verwahrten Fundus befand sich eines, das durch eine verschließbare Öffnung mit glühenden Kohlen oder Brikettstückchen beheizt wurde. Ein solches einmal achtlos abgestellt, konnte, was Form und Maß nahelegten, eine derartige Vertiefung eingebrannt haben.

Meist saß ich bereits auf der Bank, wenn die Großmutter kochte und des Großvaters Arbeitslärm vom Hof heraufschallte. Jahreszeitabhängig wurde – des Sommers – mit dem Gasherd und im Winter, wenn auch die Heizfunktion gefordert war, mit dem alten Holz-Kohle-Herd gekocht, auf dessen matt glänzender Oberfläche reichlich Platz für Pfannen und Töpfe war. Hier wurde eine breite Auswahl gängiger Gerichte in vorzüglicher Qualität zubereitet. Schnitzel, Koteletts, Fleischküchle, Bratwürste, alle Arten von Braten, auch Spinat mit Kartoffeln und Spiegelei – was ich gerne aß. Hinzu kamen schwäbische Klassiker wie Linsen mit Spätzle, wobei die Linsen niemals aus der Dose kamen, sondern als Trockenfrüchte am Vorabend in einer Schüssel eingeweicht worden waren. Natürlich gab es Maultaschen mit ihrem berühmten Kartoffelsalat, häufig Sauerkraut und außerdem heute nur noch wenig bekannte Süßspeisen wie Dampfnudeln, Ofenschlupfer, Pfitzauf und – was ich ganz besonders mochte – Grießschnitten. Musste es mal schnell gehen, gab es dicke Nudel- oder Markklößchensuppen mit Rindfleisch und reichlich Peterling. Hin und wieder sorgte auch der Großvater für eine Mahlzeit. Dann gab es gebackenes Hirn, Schweinebäckchen, selbst gemachte Sülze oder einen Wurstsalat aus schwarzer Wurst und reichlich frischen Zwiebeln, die er stets feiner hackte, als es der Großmutter gelang.

Kam zur Unzeit Besuch, wurde der in der Küche empfangen. Während die Großmutter ihre begonnene Arbeit fortsetzte, saßen die Besucherinnen – oft waren es Hulda Neumann oder Tante Liese, die nach einer Besorgung rasch noch vorbeischauten – auf Großvaters weiß lackiertem Küchenstuhl. Die Frauen erzählten vom Alltag, von dem, was von der Familie zu berichten war. Bei den Essensvorbereitungen sprach meine Großmutter wenig. »Ach so«, hieß es oft, was mit einem Frage- oder Ausrufezeichen versehen werden oder eine von leichter Enttäuschung begleitete Bestätigung sein konnte.

Als Liselotte noch nicht im Haus, sondern in einer Werksunterkunft der Firma *ARWA* in Unterrot wohnte, kam sie gelegentlich alleine oder in Begleitung ihres Liebhabers zu Besuch. Auch in dieser Konstellation saß man oft in der Küche. Dass sie nicht in der Stube empfangen wurden, war eher Ausdruck einer besonderen Vertrautheit. Vor dem erfolgreichen Geschäftsmann Mühlbauer hatten meine Großeltern große Achtung, wenngleich meine Großmutter bis an das dramatische Ende dieser Beziehung nicht billigen konnte, dass ihre jüngste Tochter ein Verhältnis mit einem verheirateten Mann hatte, der nach Meinung der Alten seine Geliebte an der Nase herumführte. Waren Mühlbauer und Liselotte anwesend, saßen beide mit auf der braun lackierten Holzbank. Ich kauerte gedrängt neben ihnen. Rechts von mir saß der Großvater, nun nicht auf seinem hölzernen Sessel, sondern auf einem der beiden Hocker. Auf dem anderen saß die Großmutter, die als dienstbarer Geist immer wieder aufsprang, um Speisen nachzuschöpfen oder Gläser zu füllen. Mühlbauer war Biertrinker. Das brachte es mit sich, dass mir meine Tante hin und wieder einen kleinen Schluck einschenkte. Bislang hatte ich lediglich ab und an am Mosthumpen des Großvaters nippen dürfen, was mir damals nicht mundete.

Mühlbauer sprach viel mit mir, fragte mich nach der Schule. In der Vorweihnachtszeit wünschte er sich einmal, dass ich alle Strophen des Liedes *Ihr Kinderlein kommet* vorsang. Mir gelang das textsicher, worauf ich zwei Mark bekam.

Nach dem Tod des Großvaters verebbte das Leben in der Küche. Man saß nicht mehr dort, sie war nur noch Arbeitsort. Auch während der Schultage wurde mir das Essen in der Stube aufgetragen. Und weil ich zumeist alleine aß, begann ich schon früh damit, während des Essens die *Murrhardter Zeitung* zu lesen. Später kaufte ich mir einige Jahre montags den *Kicker*, in dem ich mehrere Tage lang während und nach dem Essen schmökerte.

* * *

Tanten und Onkel

Tante Liselotte war mir zeitlebens eine enge Vertraute. Sie litt als Kind, als Jugendliche und selbst noch im hohen Alter unter der Exzentrik und Hinterhältigkeit meiner Mutter, die sie stets aufs Neue zu übervorteilen versuchte.

Liselotte schien leichtsinnig zu sein. Sie war nicht so berechnend wie ihre Schwester, großzügig und in ihrer manchmal naiven Gutmütigkeit leicht auszunutzen. Lina war oft in Sorge und zerbrach sich den Kopf darüber, ob ihre Jüngste den rechten Umgang pflege. Sie hoffte inbrünstig, dass ihr Sohn, von dem es schon lange kein Lebenszeichen mehr gegeben hatte, noch lebte und endlich aus der Gefangenschaft oder sonst woher nach Hause käme. Auf der Rückkehr des *Ottole* ruhten all ihre Hoffnungen auf eine bessere Zukunft. Der ältere Bruder, der so stolz auf seine beiden schönen Schwestern gewesen sein soll, sei zudem der Einzige gewesen, der noch einen Rest mäßigenden Einflusses auf Leni gehabt und damit gleichsam eine Schutzfunktion für die kleine Schwester ausgeübt habe. Aber das *Ottole* kam nicht zurück. Liselotte lernte allmählich, sich gegen die ichbezogene Perfidie der älteren Schwester zu behaupten.

Leni war spontan, improvisierte blitzschnell, fand Auswege notfalls auch durch aberwitzige Lügen. Liselotte trotzte der Bevormundung, den Kränkungen und den unberechenbaren Raubzügen durch Beharrlichkeit und Fleiß, vor allem aber dadurch, dass sie Abstand suchte und fand, indem sie früh das Elternhaus verließ. Sie lebte die Rolle der selbstbewussten, schwer schuftenden Arbeiterin, die unabhängig war, weil sie das Wenige, was sie brauchte, selbst verdiente. Sie nahm sich auch das Recht heraus, Spaß zu haben, tanzen zu gehen, Freundschaften zu pflegen und Männer zu lieben. Auf ihre Weise war sie wenigstens so unabhängig wie ihre ältere Schwester, deren große Schwäche zeitlebens war, sich nicht anstrengen zu wollen. Was Leni nicht mit leichter Hand gelang, was ihr nicht zuflog, scheiterte, kam nicht zustande. Der eingetretene Misserfolg wurde von ihr niemals als das Resultat eigener Faulheit und eigenen Unvermögens angesehen. Stets machte sie andere dafür verantwortlich.

Liselotte wirkte auf alten Bildern wie das schöne Arbeitermädchen aus einem *Film noir*. Sie war hübsch, hatte aber nichts Mondänes an sich. Sie kleidete sich geschmackvoll, aber nicht extravagant. Sie rauchte, trank und feierte, was ihre Schwester nie tat. Entgegen den regelmäßig geäußerten Befürchtungen ihrer Mutter schlug sie nur selten über die Stränge und behielt stets die Kontrolle über das, was in ihrem Leben Bedeutung hatte.

In einem Jahr, in dem ich an warmen Nachmittagen häufig eine mädchenhafte, kurze rote Hose mit weißen Punkten trug, die mir meine Mutter verpasst hatte, begann der von Liselotte initiierte Ausbau der unteren *Bühne* zu einer modernen Wohnung. Dort oben fand sich nicht nur dachbodentypisches Gerümpel, sondern auch eine halbe Lastwagenladung alten Blechspielzeugs. Der Großvater hatte dieses irgendwann unverkäuflich gewordene Zeug angesammelt. Wenn Langeweile herrschte, gingen wir Kinder auf die dunkle *Bühne* und suchten uns mal dieses, mal jenes aus. Am häufigsten haben wir uns kleine Spielzeugpistolen besorgt, in die einzelne Zündblättchen eingelegt wurden. Das war im Vergleich mit unseren Platzpatronen zerknallenden Trommelrevolvern geradezu rückständig. Die gesamte Ladung Blechspielzeug wurde auf den Müllplatz am Friedhof gefahren. Unter Sammlern wäre sie heute gefragt und ein kleines Vermögen wert.

Trotz Liselottes Fleiß und Sparsamkeit wäre der Ausbau des Dachstocks ohne Mühlbauers finanzielle Unterstützung nicht möglich gewesen. Die Baustelle wurde nun mein regelmäßiger Aufenthaltsort. Ich sah den Handwerkern zu, half der Großmutter bei der Darreichung von Vespern und Getränken und war gefordert, als die Ziegel für das neue Dach nach oben geschleppt werden mussten. Jede Hand wurde gebraucht, selbst die eines Kindes. Gearbeitet wurde ohne Kran und Flaschenzug. Alle Materialien wurden umständlich durchs Treppenhaus geschleppt. Der Ausbau, der in meiner kindlichen Wahrnehmung nimmer enden wollte, gedieh allmählich. Ich erinnere mich an frierende Maurer, die bei Minusgraden letzte Lücken zwischen dem angehobenen Dachstuhl und der darunter ausgemauerten Wand mit Mörtel verschlossen, an unappetitliche Probleme mit dem Anschluss an die neue Kanalisation und an Dachfenster bislang nicht gekannter Qualität.

Es kam der Tag, an dem Liselotte wieder in das Haus zog, das sie früh verlassen hatte. Sie kam als Eigentümerin zurück, hatte die Verwandtschaft ausbezahlt und überließ großzügig ihrer Mutter die Miete, die Holubeks für ihren Laden und das von ihnen bewohnte Zimmer entrichteten. Ich hatte nun eine Vertraute dauerhaft in der Nähe, der ich bereits als Kind mehr erzählen konnte als den Eltern oder der Großmutter. Ihr konnte ich die erste Zigarette abluchsen, die ich mit wenig Genuss unten im Hof rauchte, womit ich mir gleich danach eine Ohrfeige der Großmutter einhandelte. Unerfahren, wie ich war, hatte ich angenommen, bloßes Ausspülen mit ein paar Schluck Wasser genüge, um den verräterischen Geruch zu beseitigen.

Ich mochte so um die elf Jahre alt gewesen sein, als etwas Überraschendes geschah: Die seit der Nachkriegszeit anhaltende Liebesbeziehung zwischen Mühlbauer und Liselotte ging in die Brüche. Er war ihr noch bei der Einrichtung der Wohnung behilflich gewesen, hatte an der geschmackvollen Ausstattung des gemeinsamen Liebesnestes mitgewirkt. Liselotte hatte endlich begriffen, dass Mühlbauer, entgegen zahlloser Ankündigungen und Schwüre, sich nicht von seiner Frau scheiden lassen würde. Wenn meine Tante Jahrzehnte später darauf zu sprechen kam, räumte sie mit einem neckischen Augenverdrehen ein, sie sei doch etwas naiv gewesen.

Das Ende vollzog sich als *Finale furioso*. An einem Nachmittag ertönte im Obergeschoss des Hauses gewaltiger Lärm, nahm kein Ende, was mich in Erstaunen, die Großmutter in Angst und Schrecken versetzte. Sie ergriff meine Hand. Gemeinsam begaben wir uns ins Treppenhaus. Von oben dröhnte Mühlbauers mächtiger Bass. Sein unverständliches Gebrüll wurde von deutlich leiseren Zwischenrufen der Tante begleitet. Gläser und Keramik gingen zu Bruch.

»Der wird ihr doch nichts antun«, jammerte die Großmutter. Dann vernahmen wir laute Schläge, Splittern und Bersten. Noch einmal dröhnte Gebrüll. Wenige Augenblicke blieb es still. Es folgte das Stakkato rascher Männerschritte. Mühlbauer stürmte herunter. Die Großmutter wich zur Wohnungstür zurück. Ich blieb, wie zur Salzsäule erstarrt, auf dem Treppenabsatz stehen. Fast streifte er mich. Wort- und grußlos verschwand er im unteren Treppenhaus, ging dahin für alle Zeit. Als die neue Haustür ins Schloss fiel, löste ich mich aus meiner Erstarrung und ging nach oben. Die Großmutter folgte mir. Auf dem obersten Treppenabsatz wurde der Wuschelkopf meiner Tante sichtbar. In den Händen hielt sie einen Schmuckteller.

»Vorsicht! Geht zur Seite.« Ihre Stimme klang ruhig, kontrolliert.

Die Großmutter verharrte auf halbem Wege. Ich wich ein paar Schritte zurück, konnte aber sehen, wie Liselotte den Teller in den Treppenschacht fallen ließ. Er war ein Geschenk Mühlbauers gewesen, hatte im Esszimmer als Wandschmuck gedient. Nachdem ihr Ex-Liebhaber Teile der Kücheneinrichtung demoliert hatte, nahm meine Tante, wie um mit einem symbolischen Akt das Zerstörungswerk zu Ende zu bringen und die Trennung zu besiegeln, den Schmuckteller von der Wand und warf ihn ihrem ehemaligen Liebhaber hinterher. Großes Kino. Allein für diese Szene liebte ich meine Tante bis an ihr Lebensende. Ein halbes Jahrhundert später starb sie sehr gefasst und sagte bei unserer letzten Begegnung an ihrem Todestag: »Ich hab mei Leba g'lebt. Adieu, Bub.«

Auch wenn Liselotte die Trennung von Mühlbauer souverän und mit Haltung bewältigte – oder sich jedenfalls nichts anmerken ließ –, wird sie darunter gelitten haben. In dieser Phase machten sich zwei alte Weiber zur Aufgabe, das wilde Huhn auf den Pfad der Tugend und in den Hafen der Ehe zu bringen. Meine Großmutter und Helene Schenk, ihre langjährige Vertraute, schmiedeten Ränke. In der Innenstadt lebte der schüchterne Alfred, ein fleißiger Arbeiter, ruhig im Umgang, ein freundlicher, sparsamer und verlässlicher Mann. Er war fünf Jahre jünger als Liselotte. Na und? Sie hatte sich trotz ihres unsteten Lebenswandels gut gehalten. Den beiden Alten gelang es, ihre Kuppelei erfolgreich zu Ende zu bringen. Zur Überraschung vieler wurde die Hochzeit verkündet und vollzogen. Alfred zog bei Liselotte ein.

Für mich erwuchs daraus ein schönes, durchgängig konfliktfreies Onkel-Neffe-Verhältnis. Unverändert war ich regelmäßig bei der Tante zu Gast. Sie hatte schon immer vorzüglich gekocht. Jetzt kochte sie mit noch mehr Hingabe, was dem Gatten und dem Neffen gleichermaßen zugutekam. Auch später, als die Haare länger und die Ansichten radikaler wurden, blieb Onkel Alfred ein tolerantes Gegenüber.

Die von den Betschwestern arrangierte Partnerschaft war innig. Die beiden führten eine glückliche Ehe. Sie reisten viel, machten Ausflüge und stritten so gut wie nie. Doch Alfred hatte ein schwaches Herz. Als er starb, war er noch keine sechzig Jahre alt. Eine Zeit lang lebte Liselotte alleine. Die alten Kupplerinnen wurden erneut aktiv. Helene Schenks Sohn Hans war ebenfalls verwitwet. Erneut gelang die Anbahnung einer Beziehung. Auch diese Ehe funktionierte, wenngleich das Verhältnis zwischen meiner Tante und ihrem zweiten Mann nicht jene Innigkeit besaß, die die Beziehung zwischen ihr und Alfred bestimmt hatte.

In meiner Kindheit hatte neben Tante Liselotte auch Tante Liese eine große Bedeutung für mich. Die Geschwister Herbert und Liese wuchsen zusammen mit Otto, Leni und Liselotte auf, waren im wachsenden Maße in der Obhut meiner Großmutter. Obwohl ihre Mutter bettlägerig war, legte sie großen Wert auf die Bildung ihrer Kinder. Liese war eines der wenigen Mädchen, die die Lateinschule besuchten. Ihr Bruder wurde Arzt, war später Chefarzt des Sindelfinger Krankenhauses. Liese war äußerst sprachbegabt. Pflichtjahr, Kriegshilfsdienst und die Versorgung der Mutter verhinderten eine akademische Laufbahn.

In den Sechzigerjahren machte ich mich häufig alleine oder in Begleitung der Großmutter auf den zwanzigminütigen Weg von der Fornsbacher Straße auf den Hofberg. Ein Besuch bei Tante Liese und ihrer Familie führte uns nach Ansicht der Großmutter zum reichen, erfolgreichen Teil der Verwandtschaft. Ein piekfeines, modernes Haus erwartete uns, hoch über der Stadt gelegen und mit einer Aussicht, die sich über die östlichen Stadtgebiete, die Altstadt, die sich immer weiter ausdehnende westliche Siedlung und die rahmende Landschaft erstreckte.

In den Nachkriegsjahren hatte Liese ihren späteren Mann Günter kennengelernt, den einzigen Sohn der beiden Bibelforscher Oswald und Hulda Neumann, die es nach dem Krieg von Sachsen nach Murrhardt verschlagen hatte. Liese wurde schwanger. Günter war wenig an Vaterschaft und Ehe gelegen. Es bedurfte mehrerer Interventionen von außen, bis Günter zur Eheschließung bereit war. Der alte Schreiner Wohlfahrt – unter den Bibelforschern war er eine herausragende Persönlichkeit – sprach nachdrücklich mit den Eltern. Gleiches tat Lydia Nüssle, eine engagierte Geschäftsfrau, die auch über ihren Mann, einen aus dem amerikanischen Exil zurückgekehrten Sozialdemokraten, eine besondere Autorität besaß. Darüber hinaus war sie mit Courage und einer außergewöhnlichen Ausstrahlung ausgestattet. Liese machte mindestens einmal in der Woche einen kurzen Besuch bei meiner Großmutter. Ich selbst weilte gerne auf dem Hofberg. Dort mit den beiden Cousinen und dem Vetter verbrachte Nachmittage und aufwendig gefeierte Kindergeburtstage gehörten zu den Freuden meiner Kindheit.

Günter war beruflich sehr erfolgreich. Nach der Kriegsgefangenschaft kam er als Fremder in den Ort, in dem auch seine Eltern untergekommen waren. Mit noch nicht einmal vierzig wurde er ins Direktorium der aufstrebenden Firma IBM berufen. Er repräsentierte die große weite Welt. Zusammen mit dem rührigen Oswald wurde das Haus am Hofberg gebaut. Günter fuhr bald einen nagelneuen Mercedes. Den alten bekam Liese als Familienkutsche. Dies führte – je nach Einstellung – zur Anerkennung oder zur Verwunderung der alteingesessenen Schickeria. Der Onkel war viel geschäftlich unterwegs, flog auch häufig in die Staaten, besuchte Meetings und Trainings in der Konzernzentrale. Nebenbei erstellte der Rastlose noch zwei Mehrfamilienhäuser.

Tante Liese blieb bescheiden. Mit ihr konnte ich Themen besprechen, für die die Mutter und die Großmutter entweder nicht aufgeschlossen oder nicht gebildet genug waren. Wenn Liese ihre Tante Lina besuchte und ich zugegen war, kramte sie oftmals ihre Geldbörse aus der Hand- oder der Einkaufstasche und besserte meine karge Barschaft deutlich auf. Am Hofberg spielte ich mit dem Vetter und den Cousinen Spiele, die ich nicht besaß. Gleich nach dem Erscheinen der deutschen Ausgabe war *Monopoly* angeschafft worden. Bei gutem Wetter saßen wir oft stundenlang auf dem weiträumigen Balkon. Wir achteten nicht auf das imposante Panorama, sondern schauten gebannt auf die Würfel, die mehr noch als Geschick und strategisches Entscheidungsvermögen auschlaggebend für Sieg oder Niederlage im Millionenspiel waren.

Zum Zwecke der sportlichen Ertüchtigung seiner Kinder hatte Günter eingangs des Grundstücks ein fünf Meter hohes Klettergerüst aufstellen lassen. Getragen von gewaltigen, hellblau gestrichenen Stahlpfosten konnte zwischen Stangen geklettert oder an einem aufgehängten Seil geschwungen werden. Der Aufwand für dieses Gerät stand in keinem Verhältnis zu den Spiel- und Trainingsoptionen, die es in sich barg. Die anstrengenden Varianten der Ertüchtigung wurden nicht gepflegt. Es wurde geklettert, bestenfalls mit eingehängten Kniekehlen gehangen oder, auf einem Knoten des Taus sitzend, hin- und hergeschaukelt.

Tante Liese war sehr darum bemüht, ein harmonisches Familienleben in Gang zu halten. Doch gelegentlich kam ihr Mann schlecht gelaunt nach Hause, richtete, gedanklich immer noch in seiner Arbeit steckend, barsche Worte an Frau und Kinder und verschwand hinter der doppelten Schiebetür, die das riesige Wohnzimmer von seinem Arbeitszimmer trennte.

Mir ist ein Kindergeburtstag in Erinnerung, der die familiäre Situation treffend charakterisierte. Ein harmonischer Nachmittag war zu Ende gegangen. Spiele waren gespielt, Geschenke waren ausgepackt worden. Es hatte Kuchen und Kakao gegeben. Mit Einbruch der Dunkelheit wurden Schnittchen gereicht, fein zubereitet, wie ich es nicht kannte, mit verschiedenen Wurstsorten, Schinken, Gürkchen und sonstiger Garnierung. Und dazu gab es wieder Coca-Cola.

Die Kinder mampften. Die Tante schaute sichtlich zufrieden in die Runde.

Da kam Günter nach Hause. Schon folgten derbe Worte. Irgendetwas fand er nicht so vor, wie er es sich vorgestellt hatte. Störte ihn die Kinderschar?

Hilflosigkeit stand im Gesicht der Tante. Sie tat, als sei nichts geschehen, versuchte, die Anspannung, die uns Kinder erfasst hatte, mit Freundlichkeit und Humor zu lösen. Aber das Empfinden, es habe sich ein kalter Hauch über die fröhliche Stimmung gelegt, blieb.

1969 starb Günter an Krebs. Er wurde nur sechsundvierzig Jahre alt. Zwei Episoden blieben mir von ihm in Erinnerung. Einmal nahm er mich ohne besonderen Grund mit nach Gaildorf, wo er wegen einer Bausache eine längere Besprechung hatte. Vielleicht wusste er von meiner Begeisterung für Autofahrten.

Das andere Ereignis ist durch ein Foto dokumentiert, das später in der Zeitung veröffentlicht wurde. Günter wird durch den Salzgehalt des Toten Meeres, an dem das Foto aufgenommen worden war, so weit aus dem Wasser gehoben, dass er in Rückenlage eine mit auf die Reise genommene Ausgabe der *Murrhardter Zeitung* lesen kann, ohne dass diese nass zu werden droht.

Nach dem Tod ihres Mannes wurde Liese sprichwörtlich wie real mit zahlreichen Baustellen konfrontiert. Alles war auf ihren Mann ausgerichtet gewesen. Nun hatte sie zu regeln, zu funktionieren, zu finanzieren. Sie bekam die Dinge in den Griff.

Eine andere Tante, die in meiner Kindheit eine – wenngleich nachgeordnete – Rolle spielte, war Tante Emmi. Vom Alter her war sie eher eine Großtante. Und der Grad der Verwandtschaft war weitläufig. Tante Emmi verkehrte meist bei meiner Großmutter. Gelegentlich besuchte sie auch meine Mutter, war somit, wenn man von Lenis Liebhabern, Gönnern und Verehrern absah, einer der wenigen Gäste in der Römerstraße.

Tante Emmi kam mit dem Zug aus Stuttgart. Dort lebte sie allein. Von einem Mann, Partner oder Verflossenen war nie die Rede. Bis ins hohe Alter habe sie in einem feinen Etablissement serviert und darüber Umgang mit Stuttgarts besserer Gesellschaft gepflegt. Der Begriff *Etablissement* klang geheimnisvoll.

Wenn Tante Emmi zu Besuch kam, trug sie stets ein altmodisches dunkles Kostüm und wechselnde, ausnahmslos schwarze Hüte. Um den Hals schmiegte sich ein zerzauster Fuchs, dessen präparierter Kopf genau über ihrem Herzen lag. Der Blick in die toten Augenhöhlen des Balgs, die mir Zehnjährigem auf Augenhöhe begegneten, war oftmals die erste Herausforderung des von der Tante inszenierten Begrüßungsrituals. Die nächste bestand darin, dass sie mich küsste. Dieser Begrüßungskuss wurde nicht dezent, flüchtig, als zarter Hauch gegeben. Er war nicht feucht, er kam als triefnasser Schmatz. Stets spürte ich die Altweiberspucke auf meiner Wange. In der flüchtigen Nähe wurden Gerüche frei. Die Ausgasungen von Mottenpulver oder Mottenkugeln, die dem Kostüm oder dem Fuchs anhafteten, mischten sich mit dem Geruch eines Altfrauenparfüms, der mir fremd und zuwider war. Die in meiner Kopfhöhe dominante Geruchsmischung aus Mottenmittel und schlechtem Parfüm wurde von unten her dezent von einem nur schwach wahrnehmbaren Uringeruch ergänzt. Es *seichelte*, leicht zwar nur, aber mit kindlich ausgeprägtem Geruchssinn doch wahrnehmbar. Manchmal schrumpfte das Geruchsterzett zu einem Duett der Ausdünstungen des Mottenschutzes und des billigen Parfüms. Mit dem Eintauchen in diese Geruchswelt war der schlimmste Akt der Begrüßungszeremonie noch nicht überstanden. Tante Emmi wollte nun auch von mir geküsst werden. Ein weiteres Mal hatte ich mich den toten Augen des Fuchses zu nähern und hauchte einen Kuss auf die überschminkte schlaffe Wangenhaut.

Da die Abschiedszeremonie nahezu identisch mit dem Begrüßungsritual verlief, war mein Bemühen stets, die Wohnung noch vor dem Aufbruch der Tante zu verlassen. Das war auch deshalb geboten, weil die Gefahr bestand, dazu aufgefordert zu werden, die Tante zum Bahnhof zu begleiten, was diese gerne annahm, machte ihr doch ein Hüftleiden schwer zu schaffen. Obwohl sie hinkte, lehnte sie einen Stock oder eine andere Gehhilfe strikt ab. Deren Gebrauch wäre nicht damenhaft.

Oft war die Begleitung zum Bahnhof nicht abzuwenden. Ich ging zur Haustür voran. Tante Emmi bestand darauf, die Treppen ohne fremde Hilfe zu bewältigen. Nach dem Verlassen des Hauses hakte sie sich bei mir mit energischem Griff unter oder hielt sich mit knochig harter Hand unterhalb meines Ellenbogens fest. Stets erinnerte sie mich daran, dass der Herr links von der Dame zu gehen habe. Waren die regelvermittelnden Belehrungen abgeschlossen, erzählte sie von einzelnen mehr oder weniger prominenten Persönlichkeiten, mit denen sie zu tun gehabt hatte. In ihre Ausführungen flocht sie kleine Mahnungen ein, die meinen Gang, die Weise, wie ich den führenden Arm zu halten hatte, und weitere Benimmregeln betrafen. Die Haltung, die ein Mensch einnehme, sei ein Spiegel seines Inneren. Ich sagte dazu meist nichts. Mein Los besserte sich erst, nachdem ich ihr in den abfahrbereiten Zug geholfen hatte. Gelang es mir sogar, die Tür so rasch hinter ihrem ausladenden Hintern zuzuschlagen, dass sie mich nicht nochmals mit einem feuchten Kuss traktieren konnte, schlenderte ich beschwingt die Hauptstraße hoch.

Als der Großvater noch lebte, bereitete uns die Großmutter an einem sonnigen Frühsommertag eine ungewöhnliche Überraschung. Sie, die bislang nie in Urlaub und höchstens alle zwei

Jahre nach Stuttgart gefahren war, ließ die verblüffte Verwandtschaft wissen, sie gehe zwei Wochen in die Sommerfrische und sie werde dies nicht mit Franz, sondern mit Emmi tun. Der Großvater machte freilich nicht den Eindruck, als sei er mit dieser Entscheidung unzufrieden. Der Name des gewählten Ferienortes erschien mir merkwürdig: Oberdorf bei Oberstdorf. Emmi habe dort in einer guten und preiswerten Pension ein Zimmer mit getrennten Betten reserviert, groß genug, dass man vierzehn Tage miteinander zurechtkommen könne. Nach einer kurzen, hektischen Periode, in der Koffer und Taschen erst gepackt, dann teilentleert und schließlich in neuer Sortierung wieder gefüllt wurden, kam der Tag der Abreise. Die Großmutter reiste alleine nach Stuttgart. Emmi würde sie erwarten. Gemeinsam würde man in den Zug nach Ulm steigen, von wo aus die Reise weiter ins Allgäu führte. Der Großvater begleitete seine Frau mit dem Leiterwägelchen, das mit Taschen und dem Koffer beladen war, zum Bahnhof. Er half der aufgeregten Lina in den Zug, reichte ihr das Gepäck und zog das leere Wägelchen frohgemut wieder nach Hause. Dort angekommen, schnitt er eine Pappe zurecht, befestigte daran eine Schnur und hängte sie außen an die Wohnungstüre. »Sind in Ferien« stand darauf geschrieben.

Besucher trafen meinen Großvater stets in heiterer Stimmung an. Mit Bedacht bereitete er kleine Speisen zu. Dazu trank er bereits mittags ein Viertele, vielleicht auch zwei.

Gerade mal eine Woche war verstrichen, als eines Vormittags an der Glastür geschellt wurde. Der Briefträger hatte sich bereits Zutritt ins Haus verschafft.

»Ein Telegramm für Franz Doderer, wohnhaft in der Fornsbacher Straße 3, 7157 Murrhardt.« Ob er selbiger sei.

Der Verdutzte bejahte und quittierte den Empfang.

»Komme Dienstag, Abholung Bahnhof, Lina«, lautete die überbrachte Botschaft. Als es an der Zeit war, holte Franz das

Leiterwägelchen aus dem Hof und ging zum Bahnhof. Liselotte berichtete später, sie habe den Vater im Hausflur angetroffen, als dieser im Begriff war, das Schild von der Türklinke zu nehmen.

»Jetz' isch unser Urlaub wieder vorbei«, habe er geseufzt.

Anfangs hieß es, die Großmutter sei schwer erkältet. Emmi habe nachts immer das Fenster geöffnet. Später war davon die Rede, die beiden hätten einen schlimmen Streit miteinander gehabt. Eine Trübung im Verhältnis zwischen den beiden alten Damen ist mit Sicherheit eingetreten. Tante Emmi blieb lange weg und kam später nur noch sporadisch.

Jahre später, ich war schon im Beruf, traf ich meine hochbetagte Großmutter in völliger Auflösung an. Der Tod Tante Emmis war zu beklagen. Man habe sie leblos gefunden, nackt zwischen Flur und Badezimmer liegend. Die ängstliche Großmutter glaubte an ein Verbrechen. Sie war davon nicht abzubringen, obwohl es für ihre Annahme keine Indizien gab. Und immer wieder aufs Neue betonte sie, dass man Emmi *splitternackt* gefunden habe.

Die Großmutter zeigte sich zeitlebens nie unbekleidet. Wenn sie sich wusch, schloss sie sich in der Küche ein und reinigte sich gründlich mit dem auf dem Herd erwärmten Wasser, das sie in eine voluminöse Waschschüssel schüttete, die ansonsten ihren festen Platz auf dem Waschtisch im Schlafzimmer hatte. Dort bürstete die Alte ihr immer noch volles Haar jeden Morgen mit hundert Strichen. Dann flocht sie dünne Zöpfe, die zu einem Kranz hochgesteckt wurden. Es folgten eine kurze Gesichtsgymnastik sowie ein mehrmaliges, zur Spitze hin ausgerichtetes Massieren der Nase, was beidseitig mit Daumen und Zeigefinger praktiziert wurde und – wohl ohne Erfolg – dazu beitragen sollte, dem hübschen Stupsnäschen etwas mehr Länge zu geben.

* * *

Der Weltumbummler

Tante Emmi blieb Murrhardt fern, wenn ein Besuch ihres Bruders angekündigt war. Onkel Eugen war ein lebensfroher Mensch. Mit großen Augen lachte er seine Umgebung an. Hin und wieder überkam ihn eine so heftige Rührung, dass er in Tränen ausbrechen konnte, obwohl er soeben noch herzlich gelacht hatte.

Eugen war ein überzeugter Kommunist. Er lebte in Ostberlin, und man behauptete von ihm, er habe Ulbricht persönlich gekannt. Und sei per Du mit ihm gewesen. Meine Mutter bezeichnete ihn gelegentlich als *Idealkommunisten*. Wenn damit gemeint war, dass er den Idealen dieser Weltanschauung nachhing, aber kein Mann der Tat war, konnte sie recht haben.

Onkel Eugen hatte Murrhardt bereits in den Zwanzigerjahren in Richtung Berlin verlassen. In einer in den Siebzigerjahren vom früheren Gymnasialdirektor Dietward Schwäble zusammengestellten und von Hans Kupczyk herausgegebenen Auswahl alter Murrhardter Fotografien findet man ein Foto, das am alten Germaniaeck zwischen dem damaligen Gasthaus *Germania*, der Bäckerei Kinzer und dem Banzhaf'schen Haus aufgenommen wurde, einem Ort also, der sich in unmittelbarer Nähe zur Fornsbacher Straße 3 befand. Die Ansicht zeigt eingangs der Brunnengasse das imposante, später abgerissene Fachwerkhaus und den *Löwen*.

Eine große Menschenmenge hatte sich eingefunden. Die Stadtkapelle spielte auf, um einen jungen Mann zu verabschieden, der den ehrgeizigen Plan umzusetzen gedachte, um die Welt zu reisen und dabei weite Strecken zu Fuß zu bewältigen. Im Städtle wurde für ihn Geld gesammelt und ihm als Zehrgroschen feierlich überreicht. Nun galt es, Abschied zu nehmen. Der im Begriff war, loszuwandern, war Eugen Krissler, unser

Onkel Eugen, der in den Zwanzigerjahren, wie viele andere auch, ohne Arbeit war und nun versuchte, das Beste aus dieser Malaise zu machen.

Eugen kam freilich nur bis Ulm. Bei seiner Rückkehr war die Verwunderung groß. Als ehrliche Haut rückte er alsbald mit der Wahrheit heraus und ward fortan der *Weltumbummler* genannt.

Ob seine wenig später erfolgte Übersiedelung nach Berlin mit dem ihm unerträglich gewordenen, überreichlichen Spott der Daheimgebliebenen zusammenhing, mit den Scherzen, die nun über den verhinderten Weltreisenden gemacht wurden, ist nicht gesichert, darf aber angenommen werden.

Erst in Berlin scheint sich Eugen radikalisiert zu haben. Er trat in die KPD ein und war während der NS-Zeit ein Jahr im Gefängnis. Nach dem Bau der Mauer besuchte Eugen Krissler Murrhardt erst wieder, nachdem es ihm im Rentenalter gestattet war, aus der DDR auszureisen. Nun bekam ich auch genauere Kenntnis davon, was *Interzonenzüge* waren und auf welchen Strecken sie fuhren. Im Kreise der entfernteren Verwandtschaft schwärmte er mit Leidenschaft von den Errungenschaften des Sozialismus. Dennoch nahm er gerne die Präsente an, die man ihm auf die Rückreise mitgab, etwa Bohnenkaffee – am besten schon gemahlen – und Nylonhemden.

Eugen war ein begabter und begeisterter Geschichtenerzähler, der es verstand, sein Publikum zu fesseln und zu unterhalten. Wenn die anderen ihm gebannt zuhörten und er mit einem Reichtum an Gesten das Geschilderte untermalte, leuchteten seine warmhellen Augen. Er war ganze Nachmittage und oftmals auch die frühen Abende bei meiner Großmutter zu Gast, wohl auch, weil die Bewirtung reichlich und von bester Qualität war.

Gelegentlich – es dürfte sich dabei um Samstage oder Sonntage gehandelt haben – fuhr er mit meiner Mutter und uns Kindern an den Ebnisee. Eugen lag dann nur mit einer Badehose bekleidet in der Sonne und erzählte unverdrossen seine Geschichten. Eine handelte davon, dass alle rund um den Erdball verstreut lebenden Krisslers und Kreißlers miteinander verwandt seien. Auch Walter Percy Chrysler, der Begründer des gleichnamigen Automobilkonzerns, habe deutsche Vorfahren gehabt, die zu dieser verzweigten Ahnenreihe gehörten. Doch schon einer meiner Spielkameraden namens Krissler fühlte sich nicht mit dem *Weltumbummler* verwandt.

Erstaunlich war, dass Onkel Eugen eine enge Freundschaft mit dem letzten *Anker*-Wirt Friedrich *Frieder* Ellinger pflegte. Der in der Seegasse im Übergang zum heutigen *Platz am oberen Tor* gelegene *Anker* war ein schlichtes Traditionslokal mit angeschlossener Metzgerei. Für wenig Geld gab es eine sättigende Wurstmahlzeit. Von nicht wieder erreichter Qualität war seine in dicken Scheiben dargereichte grobe Leberwurst. In dem früher vor allem von Sportlern frequentierten Lokal verbrachten wir beachtliche Teile unserer Jugendzeit. Es gab billiges Bier. Und im Unterschied etwa zur resoluten *Eichen*-Wirtin Trudl Lamprecht achtete Frieder Ellinger nicht auf das Alter der jugendlichen Biertrinker. Dennoch endeten eines Tages unsere Aufenthalte im *Anker*. Der Wirt brachte seinen Unmut über unsere seiner Ansicht nach zu langen Haare zum Ausdruck, worauf wir das Lokal verließen.

Aus dieser Bekundung sprach auch seine frühere Weltanschauung. Bereits früh war er Mitglied der SA geworden. Wichtiger aber noch: Frieder Ellinger war ein hervorragender Sportler gewesen. Er gehörte zur Weltspitze im Steinstoßen und war – das ist gesichert – württembergischer Ringermeister. Auch sei er *Internationaler Schweizer Meister* gewesen, wofür sich allerdings ebenso wenig ein Beleg finden lässt wie für eine Geschichte, die er selbst zum Besten gegeben hat. Er habe sich, so erzählte Frieder Ellinger, im Frühjahr 1936 für einen in Stuttgart anberaumten Ausscheidungskampf qualifiziert. Der

Sieger hätte sich das Startrecht bei den Olympischen Spielen 1936 erworben. Aus Geldmangel habe er bis nach Stuttgart zu Fuß gehen müssen, während sein Gegner bereits am Vortag mit dem Zug angereist und somit ausgeruht in die Qualifikation gegangen sei. Allein deshalb habe er den Kampf verloren und sei nicht nur um sein Startrecht, sondern auch um einen möglichen Medaillengewinn in seiner Gewichtsklasse gebracht worden. Wahrheit oder Legende?

Der frühere Meistersportler und SA-Mann Frieder Ellinger sowie der unverändert leidenschaftlich für den Sozialismus eintretende Eugen Krissler waren von klein auf beste Freunde. Dass sie es geblieben sind, hat sicher auch damit zu tun, dass Onkel Eugen noch vor der *Kampfzeit* nach seinem *Weltumbummler*-Desaster Murrhardt verlassen hat. Es gab keinen späteren Aufenthalt in seiner früheren Heimatstadt, bei dem Eugen nicht ganze Nachmittage und Abende bei *seinem Frieder* verbrachte. Auch im *Anker* gab es gute und reichhaltige Verpflegung. Stets wanderten etliche Wurstbüchsen in den Osten.

Bis ins hohe Alter kam Eugen nach Murrhardt. Später habe ich ihn während mehrtägiger Berlinaufenthalte in der Hohenschönhauser Straße besucht, wo er mit seiner zweiten Frau lebte. Das letzte Mal geschah dies in den Wochen der Olympischen Sommerspiele 1988. Er hatte einen leichten Schlaganfall überstanden und empfing mich in einem blauen Trainingsanzug, der denen der DDR-Sportler nicht unähnlich war. Voller Stolz schwärmte er von den Erfolgen der ostdeutschen Athleten. Wenige Wochen nach dieser Begegnung erhielten wir die Nachricht von seinem Tod. Ich habe ihm gegönnt, dass er den Untergang der DDR nicht mehr erleben musste.

* * *

Freunde, Cliquen, Banden

Bis in meine Schulzeit hinein war ich ein behütetes Kind. Die ängstliche Großmutter und die durch Wegsperren jeden Erziehungsaufwand vermeidende Mutter verursachten mit ihren so unterschiedlichen Herangehensweisen dasselbe: Ich hatte bis zur Einschulung gelegentliche Spielkameraden, aber keine Freunde. Auch der Umstand, dass ich keinen Kindergarten besuchen durfte, war der Herstellung von Beziehungen zu Altersgenossen nicht förderlich.

Wenn ich im Höfle meiner Großeltern spielte, fanden sich gelegentlich andere Kinder ein, die neugierig auf das waren, was sich in dem von der Straße einsehbaren Geviert abspielte. Als groß gewachsenes, aber schüchternes Kind kam ich in die Schule. Dass ich nicht umgehend das Opfer der rauflustigen Buben wurde, die sich mit ihresgleichen bereits im Kindergarten angefreundet und mit anderen gekabbelt hatten, verdanke ich zwei gleichaltrigen, groß gewachsenen Mädchen, die mich während der ersten Schulwochen unter ihre Fittiche nahmen. Sie ergriffen für mich Partei, wenn ich wegen der wenig jungenhaften Kleidung, mit der mich meine Mutter in die Schule schickte, zum Gespött der anderen wurde.

»Mädleskapp, Mädleskapp«, schallte es mir entgegen, als ich im ersten Schulwinter mit einer roten gestrickten Mütze auftauchte, die über beide Ohren reichte und darüber hinaus noch mit zwei Bändeln versehen war, die unter dem Kinn zu einer Schlaufe gebunden wurden. Ich wäre am liebsten im Erdboden versunken. Lediglich das energische Eingreifen der Mädchen ließ mich nicht sofort umkehren. Zudem behandelte mich die junge Klassenlehrerin mit großer Milde, wenn ich mal wieder nicht das Benötigte dabeihatte – weil meine Mutter es nicht für nötig befand, den geforderten Schulbedarf rechtzeitig zu besorgen.

Obwohl ich schon lesen konnte, war ich in der ersten Klasse nur ein durchschnittlicher Schüler. Freies Sprechen, Vorlesen und Vortragen fielen mir unendlich schwer – nicht, weil ich das Geforderte nicht konnte, sondern weil meine Gehemmtheit mir die Stimme verschlug. In dem Maße, wie sich dies und damit auch die Noten besserten, wurde ich selbstbewusster und entwickelte Kontakte zu Mitschülern.

In der dritten Klasse gelang mir der Durchbruch zu den Klassenbesten. Ich wurde mutiger und hatte Freunde. Einige von ihnen lebten damals am Rande der Gesellschaft in einer Unterkunft, die in der früheren Faselviehscheuer des Murrhardter Klosters eingerichtet worden war. Später wurde daraus das Feuerwehrgerätehaus. Heute befinden sich darin die örtliche Jugendmusikschule und die kulturfördernde Riebesam-Stiftung.

Zwei Jahre lang hatte ich auch einen starken Draht zu gleichaltrigen Siegelsbergern, vor allem zu *Männe* Eisenmann. Männe hieß eigentlich Werner. Sein älterer Bruder, der viele Jahre zu den Gefürchteten gehörte, hieß *Manne*. Es gab noch einen Nachzügler, der damals zu jung war, um mit uns herumzuziehen. Der impulsive Bursche raste Jahre später mit stark überhöhter Geschwindigkeit mit dem Motorrad in die damals noch nicht zur Fußgängerzone umgewidmete Hauptstraße. Er fuhr den *Tschui* über den Haufen, Lebenskünstler und Murrhardter Legende. Der Kleine neigte, wie sein großer Bruder, zum Jähzorn. Ganz anders der Werner, der Männe. Das war ein Bedächtiger, Friedlicher, ganz Zuverlässiger. Mit ihm, dem *Schuppa-Hugo*, Walter Rau und etlichen anderen waren wir im Siegelsberger Gelände unterwegs, trugen Kämpfe aus, spielten Fußball, streiften durch die umliegenden Wiesen und fuhren winters vom frühen Nachmittag bis zur pechschwarzen Dunkelheit auf den Siegelsberger Hängen Schlitten.

Wenn Männe gut gelaunt war, und das war er meistens, nahm er mich mit in seinen Taubenschlag, den man über eine

Leiter erreichte. Er zeigte mir, wie Jungtauben beringt wurden, und manchmal wartete er gebannt auf die Rückkunft einer überfälligen Fliegerin.

Mit dem Wechsel aufs Gymnasium schliefen die Kontakte zu den Siegelsbergern ein, während die zu den wilden Burschen aus der Unterkunft in der Faselviehscheuer noch geraume Zeit anhielten. Rainer gehörte zu ihnen, auch die Cousins Mike und Klaus. Wenn wir den Ball gegen eine der Ausfahrten des gegenüberliegenden Feuerwehrgerätehauses donnerten, kam oft *Muli* hinzu, der immer da zu finden war, wo ein Fußball rollte. Er war älter als wir, sprach holprig, aber wir konnten ihn immer dann heranziehen, wenn es galt, sich gegen andere Banden – so nannten sich die Cliquen – zu behaupten. Wir zogen mit dem Ball in den Stadtgarten, spielten dort so lange, bis ein Erwachsener uns aus der Parkanlage scheuchte. Wir nisteten uns unter den Bögen der Brücke ein, die am unteren Friedhof entlangführte und in die Friedhofsstaffel überging.

Ich hatte meine Schüchternheit überwunden, war wach, wurde mutiger, frecher und schlug mich, wie die anderen auch, mit den jeweiligen Gegnern. Wir bastelten Schilder, Schwerter und fantasievolle Schlagwaffen, mit denen wir herumstolzierten. Gelegentlich schlugen wir aufeinander ein. Es war bloßes Glück, dass in dieser Zeit nichts Schlimmes passiert ist. Ich spürte, dass ich mich behaupten konnte. Ich, das bislang stille Kind, begann lauter zu sprechen, entwickelte Meinungen zu den Dingen und Vorgängen, die ich auch an anderer Stelle vortrug. Mancher Unsinn wird dabei gewesen sein.

Aber ich erinnere mich noch heute an eine Situation, in der ich früh Courage zeigte. Es war in der dritten Klasse. Wir hatten Unterricht bei Fräulein Ende. Während einer morgendlichen Schulstunde kam mit einem Mal Getuschel auf. In der großen Pause erkannte ich die Ursache. Während alle anderen wie befohlen das Klassenzimmer verließen, blieb ein Mitschüler auf seinem Platz. Er hatte wohl in die Hose gemacht. Der Urin sammelte sich in der hölzernen Sitzschale seines Stuhls und floss darüber hinaus auf den Holzboden. Der Junge saß in seinem *Seich*. Mit gebeugtem Rücken verbarg er voller Leid und tiefer Scham das Gesicht zwischen den Armen. Als wir aus der Neunuhrpause ins Klassenzimmer zurückkehrten, verharrte er noch immer in dieser Haltung. Jetzt musste etwas geschehen. Aber es geschah nichts. Fräulein Ende führte ihren Unterricht fort. Sie kümmerte sich nicht um den Jungen, beließ ihn in seiner Zwangslage. Wollte sie ihn auf diese Weise strafen? Den Gedemütigten in seiner Demütigung belassen?

Etwa nach der Hälfte der begonnenen Schulstunde meldete ich mich und stand auf.

»Ich bringe ihn nach Hause«, sagte ich, auf den Zusammengekauerten weisend. Ich ging zu dem Mitschüler, der einige Reihen vor mir saß und zog ihn am Arm. Er stand auf. Sein verweintes Gesicht rührte alle. Niemand spottete. Zu meiner Überraschung erhielt ich keinen Tadel. Als ich mit dem Jungen der Tür des Klassenzimmers zustrebte, trat die Lehrerin wortlos einen Schritt zur Seite. Ich begleitete ihn bis zum Gartentor des mütterlichen Anwesens und ging dann ins Grabenschulhaus zurück. Fräulein Ende fragte nichts. Ich ging wortlos auf meinen Platz.

In dieser Zeit habe ich auch den von vielen gefürchteten *Baltes* zur Raison gebracht. Einen seiner Angriffe wehrte ich ab, indem ich ihm ein Holzscheit auf den Kopf schlug. Während andere ihn aus Furcht mieden, konnte ich ihm nach diesem Ereignis gelassen begegnen, weshalb er des Öfteren meine Nähe suchte. Einmal tollten wir durch die Hinterhöfe und Winkel. Dabei war auf die Abdeckungen der geschlossenen Fäkalgruben zu achten. Manche waren nur mit Brettern abgedeckt, von denen etliche morsch waren. Wir jagten zwischen der Kronen-Metzgerei und dem Nachbarhaus hindurch, ich voran, der Baltes hinter mir her. Er sprang auf eine Holzabdeckung, die brach. Mit einem Bein steckte er in der randvollen Jauchegrube. Ich half ihm heraus. Seine dreiviertellange Lederhose war bis übers Knie verunreinigt, ebenso ein Schuh und die darin steckende grobe Wollsocke. Er fing zu heulen an, fürchtete den brutalen Vater. Meine Großmutter muss den Vorgang vom Küchenfenster aus beobachtet haben. Sie kam mit einem Eimer warmem Wasser und einem Sorgobesen auf den Hof, überschüttete das Bein, bürstete die Anhaftungen ab, so gut es ging. Der Junge weinte ohne Unterlass. Ich bot ihm an, ihn nach Hause zu begleiten. Gemeinsam betraten wir die Wohnstube, in der der *Achttag-Schreiner* saß.

»Dem Rolf ist was Blödes passiert«, sagte ich leise. Der alte Doderer stand auf, sah auf seinen heulenden Sohn und erkannte das Malheur. Ohne auf meinen schüchternen Vermittlungsversuch einzugehen, ging er in den Flur, nahm einen Riemen vom Kleiderhaken und schlug schier endlos auf den Buben ein, der sich bereits nach den ersten Schlägen heulend auf dem Boden wälzte. All das tat Rolfs Vater schweigend.

»Er kann nichts dafür«, brachte ich mit Mühe hervor, was den Alten keineswegs innehalten ließ. Er verhielt sich so, als sei ich gar nicht im Raum. Auch nachdem er die Prügelorgie beendet hatte, sagte er kein Wort. Ich zog mich leise zurück, hastete die hölzerne Außentreppe hinunter.

Im vierten Schuljahr kam es immer wieder vor, dass mich der Lehrer Frank ausschickte, wenn Rainer bis zur Neunuhrpause noch nicht in der Schule war. Ich begab mich dann in die Notunterkunft im Klosterhof, wo mich dessen Mutter häufig noch in einem rosaroten Morgenmantel empfing, aus dem ein ungestützter üppiger Busen quoll. Sie mochte mich, reichte mir, während Rainer sich anzog, eine Tasse Kaba. Waren wir nach der großen Pause gemeinsam im Klassenzimmer angekommen, bestand mein weiterer Schulvormittag darin, ihm das beizubringen, was ich in den ersten Stunden selbst gelernt hatte.

Meine Rolle hatte sich geändert. Ich war nun für andere wichtig, weil ich mich um sie kümmerte. Und ich lernte zu argumentieren und bei Bedarf zu verhandeln. So auch in der Zeit, in der verschiedene Fußballcliquen eine Art Stadtliga ausspielten. Wir vom Riesberg hatten eine gute Mannschaft. Die Reiß-Buben waren dabei, und für einige Spiele hatten wir Kurti Hackenbeck verpflichtet, der als technisch versierter Spieler galt. Als Platz hatten wir ein freies, ebenes Gelände an der Fornsbacher Straße ausgeguckt, auf dem erst Jahre später ein Supermarkt erstellt werden sollte. Wir begannen mit der Platzpflege, beseitigten Unebenheiten, schoben Pfützen zu, gingen mit einem alten handbetriebenen Rasenmäher darüber und – ganz wichtig – streuten die Linien mit Sägemehl. Das hatte ich im Sägewerk Nolff erfragt und in nahezu beliebiger Menge erhalten. Noch ehe wir unser erstes Spiel gegen den FC Feuersee oder den FC Linderst austragen konnten, beschwerten sich Anlieger. Fenster gingen auf, Köpfe erschienen. Ein Nachbar untersagte uns das Spiel. Das Grundstück gehöre dem Soehnle. Einer der Firmeneigner wohnte damals noch ganz bescheiden in einer gegenüberliegenden kleinen Villa.

Mir klopfte das Herz bis zum Hals, als ich dort das erste Mal klingelte. Niemand machte auf. Erst anderntags trat ein älterer Herr an die Haustür und fragte mich, was ich wünsche. Offensichtlich gelang es mir, die Probleme unserer Mannschaft anschaulich zu beschreiben. Der alte Soehnle erlaubte uns die Benutzung des Geländes. Die Mittagsruhe sei einzuhalten. »Und am Sonntag wird nicht gespielt.«

Tags darauf erschien erneut der uns schon bekannte Kopf im Fenster des Nachbarhauses. Er habe uns doch deutlich gesagt, dass wir auf dem Platz nicht kicken dürften. Stolz wie Bolle entgegnete ich: »Herr Soehnle hat es uns erlaubt.«

In diese Rolle geriet ich nun häufiger. Ich verhandelte in kritischen Situationen mit Erwachsenen. Und die gab es mit der Klosterhofclique regelmäßig.

Vor Beginn des vierten Schuljahres waren die Klassen unseres Jahrgangs nochmals neu zusammengestellt worden. Günter war jetzt in meiner Klasse. Mit ihm entwickelte sich eine lose Freundschaft, die bis zu seinem Tod anhielt. Günter war der Kleinste, ich war der Größte in der Klasse. Günter war kleinwüchsig. Er wurde nicht groß. Und er wurde aufgrund eines angeborenen Lungenleidens auch nicht sehr alt. Wenn andere auf dem Pausenhof mit Hänseleien oder Schlimmerem anfingen, stand ich für ihn ein. Und noch einer stellte sich – mehr noch als ich – vor den Kleinen: der Wenzel, fast so groß wie ich, immer fröhlich. Aber derb, wenn es darauf ankam.

Ich wusste mich nunmehr zu behaupten, auch in Raufereien. Schlüsselmoment war die erfolgreiche Gegenwehr gegen den gefürchteten Baltes gewesen. Mit einem Mal hatte ich das Gefühl, niemanden fürchten zu müssen. Zwei waren allerdings stärker. Der eine war Eugen Grün, ein guter Sportler, der zeitweilig in meine Klasse ging. Ihn brauchte ich nicht zu fürchten. Mit unbändiger Kraft rang er mich manchmal in verabredeten Kämpfen im Stadtgarten nieder.

Aber es gab noch einen anderen, den *Affen-Jack*. Er war zwei Jahre älter als ich, was im Alter von zehn bis vierzehn erheblich ist. Im Grunde genommen hatte ich mit ihm nie Probleme. Aber sein Ruf war so unglaublich böse, dass ich nicht nur die Straßenseite wechselte, wenn ich ihn erspähte, sondern, wenn es irgendwie möglich war, einen völlig anderen Weg einschlug. Diejenigen, die er auf den Kieker nahm, hatten schon verloren, sobald sie in sein Blickfeld gerieten. Es war aussichtslos und zugleich problemverschärfend, davonzurennen. Er war schneller als die anderen. Die, die er nicht mochte, winkte er mit knappen Gesten zu sich heran. Meist schlug er sie nicht. Er hielt seine Opfer kurze Zeit fest, was diesen wie eine halbe Ewigkeit vorkam. *Affen-Jack* litt offensichtlich unter chronischer Mandelentzündung. Nicht anders war zu erklären, dass er nach schrecklichen Sekunden des Wartens einen *Grünen* – ekelhaften, grünlichen – Schleim hervorrotzte. Nochmals sah er die Verängstigten, die er unverändert festhielt, wort- und regungslos an. Dann spie er ihnen den stinkenden Auswurf ins Gesicht und ließ sie ziehen. Mir hat er nie etwas getan. Aber er war der Einzige, vor dem ich nicht nur Respekt hatte. Ich fürchtete ihn.

Jahre später tauchte er bei uns auf dem Schulhof auf. Das damalige Pro-Gymnasium befand sich im heutigen Amtshaus. Wollte er jemandem auflauern? Hatte er mit einem, der zu bedauern war, eine Rechnung zu begleichen?

Er wartete bis zur nächsten Pause. Dann sah man ihn ein Mädchen in den Arm nehmen und küssen, eines, das etliche aus meiner Klasse auch gerne umarmt und geküsst hätten. Er war lammfromm. Der *Affen-Jack* strahlte in diesem Moment keine Gefahr aus. Einige Jahre später starb er in Schweden an einer Überdosis.

In der Zeit, in der ich mich stärker zu fühlen begann, gab es genügend Ereignisse, die mich davor bewahrten, übermütig zu werden. Die schon erwähnte Bandenzugehörigkeit hielt bei mir noch die ersten Jahre auf dem Gymnasium an. Wir hatten bei der Herstellung von Schildern, Holzschwertern und anderen Schlagwerkzeugen eine gewisse Kunstfertigkeit entwickelt. Ich selbst hatte lange gezögert, mich auf diese Weise auszustatten. Prügeleien ja, aber mit Schlagwerkzeugen? Es siegte der Wunsch, dazuzugehören. Im Holzstall meines verstorbenen

Großvaters fand ich alles, was ich benötigte. Bretter waren noch vorhanden, Werkzeug war da, auch Nägel, Schrauben, Fett und Farben.

Außer einem guten Schwert fertigte ich mir einen exzellenten Schild. Ich wählte die komplizierte Form des normannischen Langspitzschildes. Schier endlos arbeitete ich daran, eine Wölbung herauszuarbeiten. Eine Radkappe wurde zu einem famosen Schildbuckel gehämmert, den ich mit kurzen Nägeln befestigte. Lederbänder dienten als Armriemen. Die Innenseite verkleidete ich vollständig mit zurechtgeschnittenen Lederabfällen, die ich mir in der Zuschneiderei der örtlichen Lederfabrik »für Bastelarbeiten« erbettelt hatte. Als die Farbe getrocknet war, zog ich los, präsentierte den Schild voller Stolz meinen Kumpels und hatte ihn bei kleinen Fehden im Einsatz.

Mein Schild machte Eindruck. Er schmückte und beflügelte mich. Und weil seine Herstellung und sein Besitz mich mit Stolz erfüllten, trug ich ihn gelegentlich auch dann, wenn gar keine Bandenkämpfe ausgefochten wurden.

»Hochmut und Stolz wachsen auf einem Holz«, sagte meine Großmutter. In meinem Fall kam der Hochmut alsbald vor dem Fall. Mit dem Holzschwert im Gürtel – ein breiter, roter, den mir Tante Liselotte überlassen hatte – und dem Schild am Arm wagte ich mich zu weit ins gegnerische Terrain. Ich war gerade im Begriff, in Höhe der Drogerie Ehrmann von der Haupt- in die Grabenstraße einzubiegen, als mir sechs Jungs begegneten, die als Hoss-Schreier-Clan den Graben und die umliegenden Gassen dominierten. Zwei der Hoss-Brüder, der *Bottich* und der *Pudel*, waren älter als ich. Sie kreisten mich ein und verlangten den Schild. Ich machte einen plumpen Ausbruchsversuch, wurde in den Kreis zurückgestoßen. Einige Schläge trafen mich. »Den Schild, gib den Schild her.«

Ich drückte einem den Schild ins Gesicht und stieß einem anderen mit dem Holzschwert in den Unterleib. Daraufhin bezog ich so lange Dresche, bis ich Schild und Schwert ablegte. Die seelische Qual darüber war größer als der körperliche Schmerz.

Diese Clique bereitete mir nur wenig später eine weitere Peinlichkeit. Man hatte mitbekommen, dass meine Großmutter ausgesprochen freundlich zu meinen Freunden und Begleitern war. Nach netten Gesprächen, die sie vom Küchenfenster mit uns führte, warf sie manchmal für jeden – auch für mich – ein *Fuffzgerle* in den Hof.

Die Burschen umringten mich vor dem Kino. Sie taten mir nichts, bugsierten mich in den rückwärtigen Hof der Fornsbacher Straße. Meine Großmutter erschien, wohl durch das Geplapper und Geschrei der Jungen aufmerksam geworden, umgehend am Fenster. Ein Größerer ergriff das Wort. Ich hätte den Kleinsten geschlagen, den Manfred – allgemein bis zu seinem Tode als *Hossa-Manne* bekannt. Ich hatte ihn nicht angerührt. Ich empörte mich, widersprach energisch dieser dreisten Behauptung. Begeistert von dem kühnen Vorstoß des Wortführers stimmte nun die ganze Bande ein. Doch, ich hätte ihn geschlagen. Er sei noch ganz benommen. Meine weiteren Versuche, der Wahrheit zum Erfolg zu verhelfen, gingen im Geschrei und Gezeter unter.

Dass meine Großmutter ihnen und nicht mir glaubte, meinte ich an ihrem Gesichtsausdruck zu erkennen. Sie ging vom Fenster weg, kam mit ihrem Geldbeutel zurück und warf etliche Münzen in den Hof, nach denen sich die Jungs eifrig bückten. Ein *Fuffzgerle* für mich war dieses Mal nicht dabei. Ich war gleich doppelt gedemütigt worden. Die Bande hatte mich für einen kühnen Streich missbraucht. Und meine Großmutter schenkte mir auch später keinen Glauben, sondern traktierte mich mit Belehrungen und ihren berüchtigten Sprüchen: »Lügen haben kurze Beine.« – »Was ein Dorn werden will, spitzt sich bei Zeit.« Sie sah mich auf schlechten Wegen und in übler Gesellschaft.

Ich fand es keineswegs ehrenrührig, als böser Bube zu gelten, war ich doch zu lange schon ein braves, folgsames Kind gewesen.

Wie während der beiden ersten Grundschuljahre war ich auch zu Beginn meiner gymnasialen Schulzeit ein Außenseiter. Flüchtig freundete ich mich mit zwei Jungs an, die aus abgelegenen Weilern stammten. Beide überstanden die Probezeit nicht, sie mussten das Gymnasium nach einem halben Jahr verlassen.

In den Kreisen, in denen ich bislang verkehrte, erfuhr ich eine ungewollte Aufwertung. Ich galt jetzt als *Gescheiter*. Vor allem die Mütter meiner Freunde umschmeichelten mich in Gegenwart ihrer Söhne mit Lobhudeleien. Mir war das unangenehm.

In der Clique waren Jungen verschiedener Altersstufen. Das führte auch dazu, dass wir Jüngeren mit den sexistischen Zoten, Sprüchen und Praktiken der Älteren konfrontiert waren. Hätten Eltern oder meine Großmutter davon erfahren, wären Entrüstung, der Vorwurf, *sittlich verwahrlost* zu sein, und ein Umgangsverbot die Folge gewesen. Meine bisherigen frühkindlichen Erfahrungen mit Fragen der Sexualität bewegten sich zwischen den religiös-prüden Tiraden der Großmutter, dem freizügigen Körperkult der Mutter und dem kindlich-experimentellen Umgang mit der Schwester. Wenn meine Großmutter in strenger Verklausulierung davon sprach, dass es *Schmutz und Sünde* gebe, von denen man sich fernhalten müsse, brachte ich dies nicht mit den intimen Berührungen in Einklang, zu denen mich meine Schwester einst animiert hatte.

Der Zotenreichtum meiner Clique stand in strengem Gegensatz zur Prüderie der Zeit. Wenn wir durch den Stadtgarten und die angrenzenden Straßen und Gassen pirschten oder die – heute nicht mehr vorhandene – rückwärtige Staffel der Stadtkirche in Beschlag nahmen, wurden gelegentlich derbe

Sprüche geklopft. Wer zugehörig sein wollte, musste die wüsten Reime vom *Rot der Liebe* und den halluzinierten Gegebenheiten in der *Berliner Fickanstalt* aufsagen können.

Nachmittags, wenn der Vater bei der Arbeit und die Mutter anderweitig außer Haus waren, folgten wir häufig Rainer in die elterliche Wohnung und hörten Musik. Oft wurde der neue Hit von Drafi Deutscher aufgelegt. *Marmor, Stein und Eisen bricht* ertrug ich noch ganz gut. *Aber unsere Liebe nicht* grölte ich schon nicht mehr mit. Voller Inbrunst sangen die Jungs weiter. Manchmal stimmten auch Rainers jüngere Schwestern ein. *Doch wir sind uns treu*, sangen die Jungen und Mädchen aus den zerrütteten Elternhäusern, die Kinder alleinerziehender Mütter, die sich mühevoll durch das Dickicht aus Ächtung und Armut kämpften.

Eines Nachmittags kam Rainer mit einer aufregenden Botschaft auf den Klosterhof, wo wir ausdauernd Bälle gegen die Doppeltüren des Feuerwehrgerätehauses droschen.

»Melina«, so hieß die ältere der beiden Schwestern, »kriegt jetzt Schamhaare. Wir können zugucken, wie die wachsen.«

Alle stürmten in die ebenerdige Wohnung. Von den Eltern keine Spur. Melina hatte eigentlich keine Lust, sich von so vielen Blödhammeln betrachten zu lassen. Doch nach Aufforderung ihres Bruders hob sie den Rock und schob den Schlüpfer so weit hinunter, dass die kindliche Vulva bloßgelegt war.

»Da wächst doch nichts«, sagte einer.

»Doch, hier«, verteidigte sich Rainer, der Anstifter, und wies auf eine Stelle, an der von meiner Position aus nichts als blasse Haut erkennbar war.

Ich spürte bei diesem Ereignis das erste Mal, dass mir meine ersten richtigen Freunde, die Jungs der Klosterhofclique, fremd zu werden begannen. Ich drängte mich nicht vor, wenn es noch einige Male hieß: »Wir schauen zu, wie Melinas Schamhaare wachsen.« Es interessierte mich nicht. Das hier war *Schnulli.*

Bereits im Alter von sechs Jahren hatte ich meinen Kopf auf die Scham meiner Schwester gelegt, ihr Schamhaar an meinen Wangen gespürt.

Meine Ahnung, dass es Melina unangenehm sein könnte, behielt ich für mich. Ich war noch nicht so weit, gegen die Mehrheit der Freunde Partei zu ergreifen. Unmerklich glitt ich aus dem Kreis derer heraus, die mir das erste Mal das Gefühl von Freundschaft vermittelt hatten. Auch mit Männe, dem Taubenfreund, traf ich mich nur noch selten. Dazu gab es keinen Anlass. Er war ein Stiller, ein Guter. Aber es fehlten die Orte und Gelegenheiten, sich zu nachmittäglichen Abenteuern zu verabreden.

War das das Ende der Kindheit?

* * *

Wir Kinder des Übergangs

Im Juni 1973 brachte ich meine letzte mündliche Abiturprüfung hinter mich. Ich hatte mein Ziel erreicht. Mit minimalem Aufwand und ohne elterliche Unterstützung hatte ich das Zeugnis der Reife erworben, ohne jemals eine Klasse wiederholen zu müssen. Erstmals im Leben hatte ich das Gefühl, dass mir die Welt offenstünde und ich den Kalamitäten meiner Kindheit und Jugend entrinnen könnte.

Wenige Tage, nachdem die örtliche Zeitung die Liste der erfolgreichen Abiturienten und Abiturientinnen veröffentlicht hatte – für die Stadt war es etwas Besonderes, denn wir waren der erste Abiturjahrgang dieser Schule –, schlenderte ich den gewohnten Weg von der mütterlichen Wohnung in die Innenstadt.

Ich war gerade in die Riesbergstraße eingebogen, als mich Frau Nüssle erblickte. Sie hatte erst vor Kurzem den kleinen Lebensmittelladen aufgegeben, der eingangs der Riesbergstraße seinen Ort gehabt hatte. Schon von Weitem bemerkte ich ihr strahlendes Gesicht.

»Titus«, rief sie statt einer Begrüßung. »Ich darf doch noch Titus zu dir sagen?«

Verlegen nickte ich dieser wunderbaren Frau zu, die für mich die Herausragende unter denjenigen war, die mich niemals hatten spüren lassen, dass ich in prekären Verhältnissen aufgewachsen war.

Seit frühester Kindheit gehörte das Erledigen von Einkäufen zu meinen Pflichten. Das war nichts Ungewöhnliches. In einer Zeit, in der noch nicht mit dem Familienauto vor den Einkaufszentren vorgefahren, sondern in kleinen Läden eingekauft wurde, erledigten dies oftmals die Kinder. Wenn meine

Mutter mich einkaufen schickte, unterschied sich dies von den Aufträgen anderer dadurch, dass sie mir bereits als Fünfjährigem eine lange Liste aushändigte, die sie mit dem von ihr gerne benutzten roten Kopierstift auf ein liniertes Blatt Papier geschrieben hatte. Auch das war nichts völlig Unübliches. Erst der Umstand, dass sie mir oftmals kein Geld mitgab, machte diesen Einkauf zu einem besonderen. Meine Mutter verlangte von mir, dass ich anschreiben ließ, wovon sie allerdings niemals sprach.

Sie sagte: »Frau Nüssle soll alles aufschreiben. Ich komme dann vorbei.«

Betrat man Frau Nüssles Geschäft, so fand man sich in einem Krämerladen des frühen 20. Jahrhunderts wieder, dem ähnlich, der in der Verfilmung von Erwin Strittmatters Romantrilogie *Der Laden* im Mittelpunkt stand. Wer hereinkam, stand vor einer hölzernen Ladentheke, hinter der die Regale so weit unter die Decke reichten, dass die Ladeninhaberin einen Teil der Ware nur unter Zuhilfenahme einer Leiter aus den oberen Ablagen herunterholen konnte.

»Was noch?«, fragte sie freundlich und wartete geduldig, wenn ich anfangs noch Schwierigkeiten hatte, die eigenwillige Handschrift meiner Mutter zu entziffern. Wenn ich gar nicht zurechtkam, beugte sich die alte Frau selbst über den Zettel und stellte die benötigten Waren zusammen.

Brachte ich dann mein verlegenes »Alles aufschreiben« hervor, machte sie die notwendigen Notizen und sagte freundlich: »In Ordnung«. Oder sie wählte eine sinngleiche Formulierung, die ebenso unverfänglich war. Nie ließ sie mich spüren, dass diese Art einzukaufen eigentlich unüblich und in der auftretenden Permanenz ungehörig war. Nie sagte sie: »Es wird Zeit, dass deine Mutter wieder einmal ihre Ausstände begleicht.«

Dabei war es längst nicht selbstverständlich, dass meine Mutter ihre Schulden zeitnah bezahlte. Es kam immer wieder vor, dass meine Großmutter einsprang, auf deren Bitten manchmal auch meine Tante Liselotte, um die *Schand* abzuwehren.

Seit diesen Tagen habe ich Lydia Nüssle als mir stets zugewandte, mich aufmunternde Persönlichkeit erlebt. Als sie mir nach dem bestandenen Abitur auf der Riesbergstraße begegnete, nahm sie mich gleichermaßen herzlich wie energisch bei der Hand. Ihre Freude darüber, dass ich *unter diesen Umständen* das Abitur bestanden hatte, verdeutlichte mehr als alles andere, dass das, was ich als Normalität des Aufwachsens wahrgenommen hatte, keineswegs normal, sondern eine Katastrophe gewesen war. Doch so hatte ich es nie empfunden. Immer gab es Rückzugsorte, darunter auch imaginäre, die ich in meiner Fantasie oder in den Büchern fand. Stets bewegte ich mich in Kreisen Erwachsener, die mir anstelle meiner versagenden Mutter Orientierung und Halt gaben. Obwohl ich anfangs ein schüchternes, verträumtes Kind gewesen bin, habe ich gelernt, mich zu behaupten, zu wehren, und ich entwickelte Vorstellungen darüber, wie ich der immer wieder unwirtlichen Situation entfliehen konnte. Ausgehend von meiner eigenen Kindheitsgeschichte wurde mir Jahre und Jahrzehnte später in sozialarbeiterischer Praxis und in meiner Tätigkeit als Wissenschaftler und Hochschullehrer die Auseinandersetzung mit den Faktoren wichtig, die helfen, dass Menschen – egal welchen Alters – besser mit ungünstigen Entwicklungsbedingungen, Schicksalen und Krisen fertigwerden können. Gefordert ist *Resilienz*, die Fähigkeit, besondere Erschwernisse erfolgreich zu bewältigen. Ausgehend von der Beobachtung, dass etliche der Menschen, die unter hoch belasteten Bedingungen aufgewachsen sind, scheitern, andere hingegen nicht, wurden die Widerstandskräfte jener genauer angeschaut, denen es gelungen war, sich von den Hemmnissen ihres Herkunftsmilieus nicht bezwingen zu lassen.

Mehrere der in der Auswertung großer Feldversuche als förderlich beschriebenen Faktoren hatten in meiner Kindheit eine große Bedeutung.

Eine früh entwickelte Lesefähigkeit verschaffte mir Rückzugsmöglichkeiten in meine eigene kleine Welt. Ich las unendlich viel. Ich las, bis das Licht auszumachen war, und ich tat es noch bei Taschenlampenlicht unter der Bettdecke. Ich las früh anspruchsvolle Literatur und auch solche, die meinem Alter nicht entsprach.

Dann hatte ich bei meinen Großeltern in der Fornsbacher Straße 3 einen Rückzugsort, der mir die Sicherheit und die Versorgung garantierte, die mir meine Mutter nicht gewähren wollte oder konnte. Als Kind sah ich darin nichts Ungewöhnliches. Zu keinem Zeitpunkt machte ich mir Gedanken darüber, weshalb meine Mutter mir kein Frühstück machte und ich das Mittagessen meist bei den Großeltern einnahm. Das war nun mal so. Zudem, die Großmutter kochte wesentlich besser. Und der Großvater war mir bis zu seinem Tod Ersatz und Ausgleich für den schwachen und nicht präsenten Vater.

Hinzu kam ferner das Vorhandensein anderer Erwachsener, die mir freundlich und zugewandt begegneten, die mich Erfahrungen machen ließen und meinem Alltag Kontur und Rahmung gaben. Dazu gehörten meine Tanten und Lydia Nüssle, aber auch jene Handwerker, die tolerierten, dass ich durch ihre Werkstätten stromerte, und mir Erfolgserlebnisse verschafften, indem sie mir kleine Aufgaben stellten, die ich bewältigen konnte. Derartiges ist unter heutigen Produktions- und Arbeitsbedingungen kaum mehr denkbar. Daraus aber abzuleiten, es habe eine »gute alte Zeit« gegeben, ist abwegig.

Scheinbar gemächlich verstrichen die frühen Sechzigerjahre, die erfüllt waren von der versteckt vermittelten oder auch offen formulierten Botschaft: »Wir haben es nach der schlimmen Zeit wieder zu etwas gebracht.« Dieser Kernsatz der frühen Bundesrepublik Deutschland, so berechtigt er im Einzelfall auch gewesen sein mag, trug erheblich zur kollektiven Verdrängung des Faschismus, des Krieges und des millionenfachen Mordens bei. Dies hatte Konsequenzen für fast alle, die damals Kinder, also zu Erziehende und zu Fördernde waren. Unsere Eltern, Lehrer und Erzieher waren von den Erlebnissen der Kriegs- und Nachkriegszeit beschädigt. Die Kindheit meiner Generation fiel in die Wirtschaftswunderjahre, in denen viele Erwachsene ihre Verluste, ihren Schmerz, ihre Trauer und ihre Traumata hinter einem dünnen Vorhang vermeintlich wiederhergestellter Normalität verbargen. Das ist menschlich, daraus ist kein Vorwurf abzuleiten. Aber es wurde die Möglichkeit verstellt, die Verletzungen aufzuarbeiten, die die Menschen als Folge ihrer dramatischen Erfahrungen in Faschismus, Krieg und Nachkriegszeit mit sich herumtrugen. Nur so sind die kalte Ichbezogenheit meiner Mutter, die mit religiösen Fantasien unterlegte Ängstlichkeit meiner Großmutter, die alltägliche Gewalt, die in vielen Haushalten herrschte, und das rastlose Schuften vieler zu erklären, die ein »Wir sind wieder wer« über das Verdrängte, aber in Millionen Psychen immer noch Nachwirkende legten. Diese seelisch massiv beeinträchtigen Menschen waren unsere Eltern, die uns zu erziehen hatten, aber vielfach für diese Aufgabe äußerst ungünstige Voraussetzungen mitbrachten.

Wir wurden in eine Gesellschaft hineingeboren, in der bereits die gröbsten Mängel beseitigt, aber die Spuren des Krieges noch überall sichtbar waren. Wir waren Kinder des Übergangs. In unserer Kindheit fuhren noch Bauern mit Ochsenkarren durch die Murrhardter Innenstadt, aber wir haben bereits früh die Mondlandung erlebt. Unsere Großeltern haben uns noch Erinnerungen und Erfahrungen aus der Kaiserzeit vermittelt. Die mit ihren unbewältigten Kriegserlebnissen behaftete Elterngeneration hat vieles unter den Teppich gekehrt. Wir selbst haben den Übergang einer autoritären hin zu einer weltoffenen, liberalen Demokratie erlebt und mitgestaltet, deren Bestand in den Tagen, in denen unsere Alterskohorten in Rente gehen, wieder angegriffen oder zumindest infrage gestellt wird. Das Röhrenradio, die Schallplatte und mechanische Geräte waren die technischen Standards unserer Kindheit. Das Fernsehen war anfangs noch Luxus. Heute leben wir in einer sich immer schneller technologisch wandelnden Welt, deren größte Herausforderung neben der Gestaltung akzeptabler Umweltbedingungen darin besteht, dass die Menschen die Kontrolle über die Formen der Kommunikation nicht gänzlich verlieren. Wir müssen im digitalen Zeitalter immer wieder neu Orte analoger, realer Kommunikation schaffen. Die Auseinandersetzung über das *Früher*, das uns hat werden lassen, was wir sind, gehört dazu.

Berichte über die Kindheit sind zahlreich geworden. Besonders häufig sind Veröffentlichungen über das Aufwachsen in der Kriegs- und der Nachkriegszeit. Die Kinder der Sechzigerjahre berichten seltener, wohl auch, weil ihre Kindheit trotz der genannten Besonderheiten im Vergleich zu früheren Generationen leidlich *normal*, nicht in ähnlich extreme und existenzielle Erlebniswelten eingebettet daherkam. Es ging nicht um Leben und Tod, um Hunger, Vertreibung und Flucht. Es ging in doppelter Weise darum, den Übergang von der Kindheit ins Erwachsenenalter zu bewältigen. Neben der Bewältigung der anthropologisch und gesellschaftlich vermittelten Entwicklungsaufgaben sind wir mittlerweile über Sechzigjährigen früher oder später auf die Frage gestoßen, welche Auswirkungen die Verstörungen der Traumatisierten auf uns, die Nachfolgegeneration, gehabt haben. Die Antworten sind vielfältig, etliches wird nicht zu klären, manches auch nicht mehr von Interesse sein. Immerhin ist es uns gelungen, die Erziehungstradition früherer Generationen zu brechen. Den Prügelorgien in den Elternhäusern, in der Schule und im weiteren Alltag der Kinder wurde Einhalt geboten. Das war schon mal ein Anfang.

Verwendete und weiterführende Literatur

Der vorliegende Text ist kein wissenschaftliches Werk, sondern eine autobiografische Erzählung. Dennoch gebietet es sich, auf Quellen zu verweisen, die zur Absicherung der historischen Rahmung herangezogen wurden:

Architektur und Kunst = L'Oeuvre: architecture et art, Heft 7/1930, als PDF am 24.7.2018 verfügbar gemacht durch die Bibliothek der ETH Zürich (Alexander von Senger betreffend)

A. Bach, Kirchengeschichte der Grafschaft Glaz. Von der Urzeit bis auf unsere Tage, Breslau 1841 (Schreibweise des Städtenamens wie im Original)

C. Basso, La Conexión chilena. Historias de Espías, Santiago 2018 (von Sengers Kontakte zur chilenischen Diktatur betreffend)

J.C.G. Berndt, Wegweiser durch das Sudeten-Gebirge, Breslau 1828

CIA-Papier 85 7023178, Info Priority Director, Subject: Josef Mengele (u. a. die Chile-Connection Hugo von Sengers betreffend)

C. Dinter / R. Nowotny (Hrsg.), Bad Reinerz. Ein Buch der Geschichte und Erinnerung, o. O. 1953

Die Grafschaft Glatz, Einwohnerbuch 1942, digitalisiert und Reprint: R. Welzel, Stockach 2011

B. Grüger, Gemeindevorsteher von Järker, über seine Erlebnisse in den Jahren 1938–1953, handschriftliche, in einem Kontobuch festgehaltene Aufzeichnungen, transkribiert und digitalisiert von R. Welzel, Stockach 2012

Interview mit Leo Aue (1945/46 Amtsverweser in Kirchenkirnberg, später Kämmerer und Finanzbeigeordneter der Stadt Murrhardt), Schwerpunkt: »Der Wiederbeginn der öffentlichen Verwaltung nach 1945« (unveröffentlicht)

Interview mit Willi Müller (Spechtsbauer), Schwerpunkt: »Kleinbäuerliche Landwirtschaft in der Vor- und Nachkriegszeit« (unveröffentlicht)

Interview mit Liselotte Schenk (Tante des Verfassers), Schwerpunkt: »Kriegszeit, Pflichtjahr, Nachkriegszeit« (unveröffentlicht, Anregungen sind in den Roman »Kirmeskind« eingeflossen)

F. Knoll, Fluchttagebuch 1945 (unveröffentlicht)

H. Kupczyk (Hrsg.), Bilderbuch der Erinnerung. Murrhardt zwischen 1850 und 1950, Gaildorf und Murrhardt o. J.

K.-H. Marquart, »Behandlung empfohlen«. NS-Medizinverbrechen an Kindern und Jugendlichen in Stuttgart, Stuttgart 2015

Militärgeschichtliches Forschungsamt (Hrsg.), Das Deutsche Reich und der Zweite Weltkrieg, Band 5/2, Stuttgart 1999

H. Neumaier, Aus der Zeit, in welcher vom »Bundesverdienstkreuz« noch keine Rede war, in: Stadt Murrhardt (Hrsg.), 1945. Das Ende des Krieges in den ehemaligen Gemeinden Murrhardt, Fornsbach und Kirchenkirnberg, Schriftenreihe »Murrhardt – Vergangenheit und Gegenwart«, Horb 1995

Protokoll des Gesprächs mit Renate Leßlauer 3/2018 (unveröffentlicht)

Protokoll des Gesprächs mit Susi Liebhardt 3/2017 (unveröffentlicht)

Protokoll des Gesprächs mit Dr. Rolf Schweizer 2/2017 (unveröffentlicht)

Protokoll des Gesprächs mit Volker Spingler 2/2017 (unveröffentlicht)

Protokoll des Gesprächs mit Doris und Wilhelm Wieland 1/2018 (unveröffentlicht)

C. Scheytt, Wohin wir gehen. Geschichte einer Fahnenflucht, Münster und Ulm 2013

G. Schmidt, Siebenknie. Eine Kindheit und Jugend in Kriegs- und Nachkriegszeiten, Norderstedt 2016

R. Schweizer / C. Schweizer, Murrhardter Wirtshausgeschichte(n), Murrhardt 2009

T. Simon, Wie Murrhardterinnen und Murrhardter das Kriegsende erlebten, in: Stadt Murrhardt (Hrsg.), 1945. Das Ende des Krieges in den ehemaligen Gemeinden Murrhardt, Fornsbach und Kirchenkirnberg, Schriftenreihe »Murrhardt – Vergangenheit und Gegenwart«, Horb 1995

Hierfür zugrunde liegend: die unveröffentlichten Langfassungen der Interviews mit

Lore Schurr (Tierarztwitwe)

Getrud Lamprecht (Eichenwirtin)

Luise Neumann (Tante des Verfassers)

Klaus Hirrlinger (Murrhardter Zeitzeuge)

Lydia Nüssle (Murrhardter Zeitzeugin und guter Geist meiner Kindheit)

Rita Knoll (Tante des Verfassers)

T. Simon, Erlebnisse zwischen Natur, Technik und Militär, in: P. Becker/K.-H. Braun/J. Schirp (Hrsg.), Abenteuer, Erlebnisse und die Pädagogik. Kulturkritische und modernisierungstheoretische Blicke auf die Erlebnispädagogik, Opladen und Farmington Hills 2007

W. Simon, Erinnerungen an meine Zeit mit dem ND, maschinengeschriebenes Typoskript, Backnang o. J.

A. Teut, Architektur im Dritten Reich 1933–1945, Berlin/Frankfurt/Wien 1967

www.andreas.kozlik.de/murrhardt-amerika.html (Murrhardter Auswanderer nach Amerika)

www.chronologie.gra.ch (die Schweizer Neonaziszene und deren Huldigungen Hugo von Sengers betreffend)

www.doew.at/cms/download (Hugo von Senger betreffend)

www.familie-welzel.eu/ksiazki/obrazy/reinerz (Adressbuch Bad Reinerz 1942)

www.forum.ahnenforschung.net (Adressbuch Murrhardt 1925)

www.halsteadhistory.org.uk (das Kriegsgefangenenlager Sudbury nahe Derby betreffend)

www.stiftung-bg.de/below (den Todesmarsch der Häftlinge des KZ Sachsenhausen betreffend, den der Murrhardter Friedrich Wohlfahrt überlebt hat)